Alois Uhl
Papstkinder

Zu diesem Buch

Alois Uhl schlägt ein außergewöhnliches Kapitel der Kirchengeschichte mit sehr menschlichen Zügen auf. Bis heute hat die katholische Kirche ihre Schwierigkeiten damit, dass nicht wenige Heilige Väter auch leibliche Väter waren. Insbesondere die Päpste der glanzvollen und sinnenfrohen Epoche der Renaissance hatten zahlreiche Nachkommen. Aber wie lebten die Papstkinder? Wie standen sie zu ihren mächtigen Vätern? Und wie betrieben die Väter auf dem Papstthron mit der Familienpolitik auch Machtpolitik? Alessandro Farnese beispielsweise, der sich als Papst Paul III. im Angesicht der Reformation um eine Erneuerung der Kirche bemühte, ernannte drei seiner Enkel zu Kardinälen und seinen Sohn Pier Luigi zum Herzog von Parma und Piacenza. – Alois Uhl gibt in seinem Buch erstmals eine detaillierte, seriöse Übersicht über die Papstkinder, deren Leben durch die Wahl ihrer Väter zum Papst eine entscheidende Wende nahm. Und er berücksichtigt auch die Mütter, so weit die historischen Quellen über sie Auskunft geben.

Alois Uhl, geboren 1936, studierte Philosophie, Theologie und Pädagogik. Er war im Kirchen- und Staatsdienst tätig und lebt heute als freier Autor bei München. Er veröffentlichte zuletzt »Papstkinder«, »Die Päpste und die Frauen« und »Das Sterben der Päpste«.

Alois Uhl

Papstkinder

Lebensbilder aus der Zeit der Renaissance

Mit 21 Abbildungen

Piper München Zürich

Mix
Produktgruppe aus vorbildlich bewirtschafteten
Wäldern und anderen kontrollierten Herkünften
www.fsc.org Zert.-Nr. GFA-COC-1223
© 1996 Forest Stewardship Council

Ungekürzte Taschenbuchausgabe
Piper Verlag GmbH, München
Januar 2008
© 2003 Patmos Verlag GmbH & Co. KG
Artemis & Winkler Verlag, Düsseldorf und Zürich
Umschlag: Büro Hamburg, Heike Dehning, Stefanie Levers
Bildredaktion: Alke Bücking, Charlotte Wippermann, Daniel Barthmann
Umschlagabbildung: Bildarchiv Preußischer Kulturbesitz (Porträt »Ranuccio Farnese«)
Autorenfoto: Patmos Archiv
Satz: Typo Fröhlich GmbH, Düsseldorf
Papier: Munken Print von Arctic Paper Munkedals AB, Schweden
Druck und Bindung: Clausen & Bosse, Leck
Printed in Germany   ISBN 978-3-492-24891-4

www.piper.de

Inhalt

Einführung

Lucrezia und Cesare Borgia, diese bis heute unvergessenen Papstkinder leben fort zwischen Legende und Geschichte mit dem sehr zweifelhaften Ruf von Giftmischerei und sexueller Verderbtheit. Gift und Borgia, eine hartnäckige Verbindung, und es ist erstaunlich, wie negative Assoziationen fünfhundert Jahre überdauern können.

Aber gab es nicht noch andere Papstkinder? Hatten die beiden nicht Geschwister und waren nicht mehrere Päpste mit Kindern gesegnet? Eine schnelle Antwort auf solche Fragen ist schwer zu finden. Sicherlich sind die Papstkinder kein zentrales Thema der Kirchengeschichte; im Allgemeinen werden sie verschwiegen oder, wo es unvermeidbar ist, nebenbei erwähnt. Die übliche Papstliteratur will sich mit diesem heiklen Thema kaum befassen und den angeblich dunklen Fleck in der Geschichte nicht vorzeigen. Als ob Kinder nicht viel zu schade wären, um als öffentlich sichtbares Versagen ihrer Eltern angeprangert zu werden. Sind Kinder nicht grundsätzlich und immer positiv zu sehen, also keineswegs als Unglück oder Schaden, gleichgültig wie es um die kirchenrechtliche Position ihrer Erzeuger bestellt ist? Jedenfalls können auch Papstkinder getrost ihren Tabu-Bereich verlassen.

Um Missverständnissen vorzubeugen, soll die Definition klar sein: Papstkinder beschreibt die schlichte Tatsache, dass einige Päpste Kinder hatten. In der Regel handelt es sich dabei um erwachsene Kinder; nicht gemeint ist, dass die Kinder als Papstkinder geboren wurden. Sie machten den Aufstieg ihres Vaters gleichsam mit und Kardinalskinder erhielten den neuen Status Papstkinder. Nur von Papst Alexander VI. ist überliefert, dass er als Papst zwei Kinder gezeugt hat.

Zum ersten Mal wird der Versuch unternommen, eine detaillierte Übersicht über die Papstkinder zu erstellen, und zwar nicht nur im Stil einer biografischen Addition. Das Buch will den Fragen um die „Papstkinder" nachspüren, deren Situation analysieren und Hintergründe aufzeigen. Im Mittelpunkt stehen die Kinder der Päpste, nicht diese selber; aber ungewollt und unvermeidbar ist oft mehr von den übermächtigen Vätern die Rede, zumal die Quellenlage für die Kinder selbst nicht durchgängig reichhaltig ausfällt.

Ohne eine Auflistung der kirchenpolitischen Aktivitäten wird hier in einem neuen Ansatz gefragt: Wie handelten die Päpste in ihrer Rolle als Väter und was weiß man über ihre Nachkommen? Der Papst erscheint nicht als „Heiliger Vater", sondern als leiblicher Vater, wobei deutlich werden soll, wie sich diese Doppelrolle Vater und Papst auswirkte und die Politik des Heiligen Stuhles bestimmte.

Die systematische Darstellung der nicht wenigen Papstkinder wirkt enthüllend und sensationell. In der Tat lassen ihre Lebensbilder eine faszinierende Zeitepoche lebendig werden. Der päpstliche Nachwuchs wird hineingeboren in eine lebensbejahende, sinnenfrohe und kulturell glanzvolle Zeit mit einer unverkrampften Einstellung zur Sexualität. Bei aller berechtigten Kritik an der damaligen Kirche, sind die positiven Aspekte dieses Zeitalters zu sehen, das keineswegs als dekadente Vorstufe der Reformation zu gelten hat. Der klischeehafte Vorwurf von Lasterhaftigkeit trifft in den seltensten Fällen zu. Den Papsthof auf üppige Gastmähler und pompöse Feierlichkeiten zu reduzieren, kann nicht befriedigen. Die Kirche der Renaissance zeigt eine neue Weite des Denkens, eine unbekümmerte, natürliche Körperlichkeit und ist geprägt von einem erstaunlichen Bildungshunger und der Sehnsucht nach Entfaltung des Individuums; die vielen Schattenseiten sollen dabei nicht verschwiegen werden.

Wie war es möglich, dass Väter den Papstthron erklommen und als höchste moralische Instanz die Kirche leiteten, während ihre Nachkommen im Vatikan aus- und eingingen? Den einzelnen Pontifex wegen seiner Kinder zum Sünder zu erklären, ist wenig hilfreich. Die Papstkinder können auch nicht dazu herhalten, die Verdorbenheit der Renaissancepäpste zu belegen oder auch nur dazu, diese zu unterstreichen. Sind es nicht gerade diese Kinder, welche die als „Seine Heiligkeit" titulierten Herrscher auf dem Stuhl Petri sympathisch erscheinen lassen, wobei im höchsten Kirchenamt sehr menschliche Züge begegnen angesichts der Schwierigkeiten und Probleme, die den Alltag des Christenvolkes erfüllen?

Es geht nicht um eine moralische Etikettierung, um eine Rankingliste der Übeltäter nach Quantität, wobei die Kinderzahl die Messlatte abgeben würde. (Eine moralische Bewertung, wenn sie denn gewollt wäre, müsste anderen Themen sicherlich den Vorrang einräumen.) Keiner der Papstväter wurde formal ein Irrlehrer oder Häretiker, sie haben kein Dogma außer Kraft gesetzt, sie haben auch das Zölibatsgesetz belassen, es aber in ihrem vorpäpstlichen Leben schlichtweg nicht beachtet.

Die Geschichte der Papstkinder bietet keine simple Sittengeschichte, sondern beruht auf einer seriösen Datenerfassung mit genauen biografischen, durch Quellen belegten Angaben, wobei zwanzig Kinder von fünf Päpsten bekannt und dokumentiert sind, dazu kommen noch weitere Nachkommen mit ungenauen Angaben.

„Die Scheinheiligkeit des Systems ist institutionalisiert: Am Zölibat halten die Renaissancepäpste für ihre Kirche eisern fest, aber kein Historiker wird je herausfinden, wie viele Kinder diese ‚Heiligen Väter' zeugten, die da in ungeheurem Luxus, hemmungsloser Genusssucht und ungenierter Lasterhaftigkeit leben."[1]

„Wie viele Kinder"– einen Anspruch auf Totalerfassung kann ein fundiertes Werk nicht erheben, zu schnell gerät man in den Bereich der Spekulation. Im Folgenden wird eine beachtliche Zahl aufgeführt, wobei sorgfältig unterschieden wird zwischen Vermutungen und historisch gesicherten Überlieferungen. Eine „vollständige" Aufzählung nützt wenig, interessant ist das Schicksal dieser Kinder, welches innerlich zu berühren vermag. Aus einem Konklave ging damals nicht nur ein neuer Papst hervor, sondern über Nacht sahen sich junge Leute als Papstkinder, als Prinzen und Prinzessinnen des päpstlichen Hofes. Wie diese exponierte Stellung sich auswirken konnte, zeigt die Tatsache, dass drei Papstsöhne einem Attentat zum Opfer fielen.

Der Blick zurück in die Geschichte will nicht verurteilen und sich entrüsten, sondern versuchen, ein Phänomen zu begreifen. Dabei ist eine differenzierte Sichtweise angebracht. Erinnerung ist ein Wesensmerkmal der Kirche. Bischöfe und Päpste sehen sich in einer lückenlosen Sukzession und in dieser geistlichen Ahnenreihe tauchen Papstväter auf. Das Wissen um die Papstkinder ist ein Stück Wahrheitssuche und Ehrlichkeit in der Kirchengeschichte, ohne Zweifel verbunden mit einer Entheroisierung von Päpsten. Solches Wissen stützt die Erkenntnis, wie das Amt im Auf und Ab der Zeiten in diese eingebunden war und wie angepasst die Amts- und Lebensführung sich entwickelte. Als Regenten des Kirchenstaates agierten die Petrusnachfolger wie italienische Territorialfürsten. Sie errangen eine zentralistische, absolute Machtstellung, die im Grunde bis heute Bestand hat. Das Papsttum selber hat sich seitdem keiner echten Reform unterworfen, entsprechende Forderungen sind an den vatikanischen Mauern bisher abgeprallt.

Als die Päpste noch Kinder hatten, standen sie mitten im Leben. Ob sie damit insgesamt den Menschen näher gekommen sind, darf bezweifelt werden. Die Papstväter schauten mit Stolz, aber noch öfter mit Sorgen und Ärger auf ihren Nachwuchs. Es ehrt die Väter, dass sie sich zu ihrer Vaterschaft bekannt und auch als Kirchenoberhaupt ihre Kinder nicht verleugnet haben. Auch die päpstliche Sorge für diese ist positiv zu sehen, das rechtfertigt allerdings nicht, dass im großen Stil kirchliche Gelder, Vermögen und Ländereien dem Nachwuchs übereignet wurden. Dynastische Interessen standen zu offensichtlich im Vordergrund.

Der Vatikan, ansonsten ein sehr diskreter Amtssitz, erwies sich als ein exquisites Ambiente für rauschende Hochzeitsfeiern. Bedauerlicherweise fehlten dabei fast immer die Mütter, die in keiner Geburtsurkunde namentlich erwähnt werden und stets im Hintergrund bleiben. Um diese Problematik bewusster wahrzunehmen, beschäftigt sich ein eigenes Kapitel mit den Müttern.

Nicht die sexuellen Abenteuer der potentiellen Päpste führten zur Reformation, sondern die Reformunfähigkeit des Gesamtsystems Kirche. Für die Kinder seiner Vorgänger braucht sich heute kein Papst zu entschuldigen oder späte Reue zu zeigen. Aber diese Vorgänger ohne Vorurteile und unvoreingenommen zu sehen, ist sicherlich angebracht. Wahrhaftigkeit ist gefragt und die historische Wahrheit besagt: einige „Heilige Väter" waren auch wirkliche und echte Väter und manche waren es mit Leidenschaft.

Die Lebensbilder einzelner Papstkinder beleuchten auf neue Weise das Leben und die Amtsführung der Renaissancepäpste, die als überschwängliche Mäzene in die Geschichte eingegangen sind. Allein mit der berühmten Sixtinischen Kapelle haben sich zwei Papstväter verewigt.

Alle Papstkinder waren unehelich. Könnte nicht auch darin ein Fortschritt sich entwickeln, dass sie eines Tages als eheliche Kinder mit Vater und Mutter eine Familie bilden, was den bisherigen Papstkindern verwehrt blieb? Wie sehr sie als Jugendliche darunter gelitten haben, ist nirgends beschrieben.

Die Papstkinder, die ihren Vater im Vatikan besuchten oder einige Zeit bei ihm wohnten, können zu Visionen und Projektionen in die Zukunft anregen, dass eines Tages eine päpstliche First Lady im Papstpalast wohnt, nicht unbedingt im Appartamento Borgia, sondern in einem als Familiendomizil eingerichteten Palastteil. Und muss diese visionäre Frage abwegig sein: Würde beim Segen „urbi et orbi" eine Frau mit drei Kindern im Hintergrund sehr stören oder gar den Segen verderben?

I Epochen, Hintergründe, Familienpolitik

Papstkinder begegnen uns nicht im 20. Jahrhundert, obgleich zu allen Zeiten irgendwelche Gerüchte aufkamen. Hier sollen jedoch nicht ominöse Kinder ans Tageslicht gezerrt werden, beschrieben werden keine Fantasiekinder, sondern belegbare Nachkommen. Diese historisch fassbaren Kinder lebten nicht verstreut quer durch die Jahrhunderte, sie begegnen vielmehr zu bestimmten Zeiten. Das 10. Jahrhundert und die Zeit um 1500 sind grobe Anhaltspunkte.

Das 10. Jahrhundert: saeculum obscurum – das finstere, düstere Jahrhundert

Georg Denzler beschreibt diese Zeit mit der lapidaren Feststellung: *„Man kann das so genannte saeculum obscurum der Papstgeschichte – auch schon ‚Weiber- und Hurenregiment' oder ‚Zeitalter der Pornokratie' genannt – mit dem Mord an Papst Johannes VIII. im Jahr 882 beginnen und mit der Absetzung dreier konkurrierender Päpste im Jahr 1046 enden lassen. Von den 45 Päpsten wurde ein Drittel ihres Amtes enthoben, ein weiteres Drittel endete im Kerker oder im Exil oder starb durch Mörderhand."* [2]

Das Papsttum war fest in der Hand rivalisierender Adelsgeschlechter und einige Male wurden junge zwanzigjährige Männer auf den Papstthron gesetzt. Diese jugendlichen Päpste führten ungeniert ein sexuell sehr freizügiges Leben. Von Papst Johannes XII. heißt es beispielsweise: *„Mit einer verheirateten Frau im Bett liegend soll ihn der Schlag getroffen haben, der seinem Leben ein frühes Ende setzte; nach einer anderen Version erschlug ihn ein gehörnter Ehemann."* [3] In dieser Epoche mag es manche Papstkinder gegeben haben, die allerdings unbekannt geblieben sind.

Ein namentlich bekannter Papstsohn aus dieser Zeit ist zu erwähnen: Johannes XI. Von ihm schreibt Fuhrmann: *„Wenig später erhob man einen Papstsohn, Johannes XI. (931–935) auf den Stuhl Petri; seine Mutter war die mächtige Patricia und Senatrix Marozia, die damals die stadtrömische Szene beherrschte, sein Vater der Formosushasser Sergius III."* [4]

Da wurde also ein Papstsohn selber wiederum Papst, ein einmaliges Ereignis in der Geschichte der Kirche.

Die Dokumentenlage in dieser Zeit ist unvollständig und tendenziös, weshalb im Letzten offen bleiben muss, ob Johannes XI. wirklich der Sohn von Papst Sergius III. war. Franz X. Seppelt sieht in seinem Standardwerk über die Geschichte der Päpste Johannes XI. ebenfalls als Papstsohn an, und führt dazu aus: *„Volle Sicherheit wird sich in dieser Frage nicht gewinnen lassen; aber jedenfalls ist der schmähsüchtige Liutprand nicht die einzige Quelle, die uns diese illegitime Herkunft des neuen Papstes bezeugt und daher ist diese höchst wahrscheinlich."*[5]

Dies geschah vor ca. 1000 Jahren in wahrlich turbulenten Zeiten.

Die Zeit der Renaissance

Die wichtigste Papstkinder-Epoche ist schnell ausgemacht, es ist die der Renaissance. In dieser faszinierenden, lebensbejahenden, üppig-schwelgerischen Zeit sind einige Päpste auch Familienväter. Den Anfang macht Pius II. (geb. 1405), dessen Sohn Enea wahrscheinlich 1443 geboren wurde. Das väterliche Schlusslicht bildet Gregor XIII. (gest. 1585), dessen Sohn Giacomo Boncompagni der letzte historisch feststellbare Papstsohn ist. Er starb im Jahr 1612. Diese Phase der Papstkinder auf ist somit auf ca. 170 Jahre begrenzt. Papstkinder sind hier nicht Momentereignisse, nicht eine einmalige Panne eines ansonsten integren geistlichen Herrschaftssystems. Papstkinder gehören in dieser Epoche fest zum Leben der Kirche in Rom.

Die folgende Auflistung der einzelnen Päpste mit ihren Kindern geht nicht chronologisch vor, sondern folgt einer dokumentarischen Leitlinie: wie sicher sind diese Kinder nachweisbar, wie öffentlich war ihr Auftreten, hat es sie also wirklich gegeben, sind aussagekräftige Dokumente vorhanden oder sind Vermutungen im Spiel?

DIE RENAISSANCE – LEBENSRAUM DER PAPSTKINDER UND IHRER VÄTER

Der Lebensraum der Papstkinder deckt sich in etwa mit dem Zeitalter der Renaissance, jener faszinierenden Zeit der Aufbrüche (Entdeckung Amerikas) und der Umbrüche (Reformation). Hochzeitsfeiern im Vatikan, bei denen der päpstliche Vater für seine Kinder rauschende Feste veranstaltet, sind nur aus der Zeit heraus verständlich. Eine Beschreibung dieser bewegten und komplexen Epoche füllt nicht wenige Bücher, hier sollen nur stichwortartig einige Facetten zur Sprache kommen, die für die päpstliche Amts- und Lebensführung relevant erscheinen.

Unklar ist schon, wann der Beginn der Renaissance – hier als Epochebegriff verwendet – angesetzt werden soll und wie lange diese Periode andauert. Peter Burke hält zur Datierung des Beginns fest: *„Oft entscheidet man sich hier für das Zeitalter des Dichters und Gelehrten Francesco Petrarca, also die 1330er und 1340er Jahre."*[6] Volker Reinhardt sieht den Zeitrahmen enger, und zwar von 1430–1560.[7]

Die Rückbesinnung auf die Antike verändert nicht nur die künstlerischen Darstellungsformen, sondern erfasst alle Lebensbereiche, auch das Erscheinungsbild und Denken der Kirche. Diese glanzvolle Epoche führt zu einer Erneuerung der antiken Lebensfreude und lässt eine kleine Oberschicht sich zur Konsum- und Genussgesellschaft entwickeln. Unübersehbar entsteht eine auffallend päpstliche Macht- und Prunkentfaltung mit einer nicht selten protzigen Selbstdarstellung. Das lebensbejahende Zeitgefühl dringt auch in die Gemächer des päpstlichen Palastes ein, in dem statt Büßer und Asketen sehr lebens- und sinnenfrohe Gestalten Hof halten. Ein Papst hat es ehrlich und offen ausgesprochen: „Lasst uns das Papsttum genießen, nachdem Gott es uns geschenkt hat." Von Leo X. soll dieser Ausspruch stammen; auch wenn er erfunden ist, trifft er signifikant das Lebensgefühl einer ganzen Papstgeneration.

In dieser Gesellschaft konnten die Papstkinder öffentlich und ungeniert auftreten. Um ihre Lebenssituation zu begreifen, ist es unerlässlich, sich das gesamte Umfeld vor Augen zu halten, insbesondere die Amtsführung und Lebensweise ihrer Väter als Kardinäle und Päpste.

Kardinäle und Kurtisanen

Die Kardinäle als Elite der Kirche

Neben dem Pontifex waren die Kardinäle die höchsten Würdenträger der Kirche, wobei die Würde von weitem ins Auge fiel: der knallrote lange Talar mit dem Galero, dem riesigen, flachen, hellroten

Kardinalshut. Sie waren die Elite der Kirche, keineswegs eine theologische Elite, kein pastoraler Konvent, eher stellten sie einen Hofstaat dar mit viel Repräsentation. Die Kardinäle wählen den neuen Papst und bilden zugleich das Gremium, aus dem er hervorgeht; jeder Wähler kann sich also zugleich als potenziellen Nachfolger betrachten.

Bei der Papstwahl warteten beileibe nicht alle zurückhaltend und demütig auf eine, in gemeinsamer Beratung spürbare, höhere Eingebung, manche meldeten offen ihren Anspruch an wie z. B. Julius II. Er sagte deutlich, was er werden wollte: Papst und sonst nichts. Der Aufstieg zum Papstthron wurde oft von langer Hand geplant.

Seit 1059 haben die Kardinäle das Recht der Papstwahl. Das berühmte Papstwahl-Dekret von Papst Nikolaus II. hat dies festgelegt, um Einflüsse von außen möglichst fern zu halten. Ursprünglich die Spitzengruppe des römischen Klerus, werden die Kardinäle ein Wahlkörper und zugleich ein Beratungsorgan für den Papst. Die rechtliche Stellung des Kardinalskollegiums blieb immer unklar, ihre Mitwirkungsrechte konnten nicht eingeklagt werden. Verlangt wurde die Mitsprache bei den so genannten „causae maiores" (wichtigen Angelegenheiten). Die Kardinäle versuchten, durch Wahlkapitulationen wie 1484 bei der Wahl von Innozenz VIII. mehr Privilegien und Einfluss zu erhalten, aber die Päpste selbst gewannen zunehmend eine absolute, monarchische Stellung. Weder der Kaiser noch der französische König konnten so souverän auftreten wie das Oberhaupt der Kirche. Weil das Aufgabengebiet der Kardinäle unscharf definiert und ihre Kompetenzen rechtlich nicht abgesichert waren, blieben ihnen Beraterfunktionen, Verwaltungsaufgaben z. B. als Vizekanzler und Einsätze als päpstliche Legaten. Immer mehr aber dominierte äußerliche Repräsentation und so wurden sie zu Kirchenfürsten, d.h. sie fühlten sich nicht als Seelsorger, waren zwar zuständig für eine Titelkirche, aber kaum ein Kardinal wurde dort je predigend gesehen. In ihren jungen Jahren besaßen sie keine Priesterweihe und mussten sich im Kirchenraum mit bloßer Repräsentation begnügen, gleichsam als liturgische Assistenten.

Am 22. März 1492 zieht der 17-jährige Kardinal Giovanni de' Medici in Rom ein. Sein Vater Lorenzo il Magnifico, ein politisches Talent und ein kluger Beobachter, gibt seinem unerfahrenen Sohn einen umfangreichen Brief [8] mit auf den Weg in die Papststadt, „den Sammelplatz aller Übel", wie er sich ausdrückt. Die vielen Ratschläge verraten einen Kenner der römischen Verhältnisse: *„Es wird Euch nicht schwer fallen, zu erkennen, wie viel auf Person und Beispiel eines Kardinals ankommt. Wären die Kardinäle, wie sie sein sollten, so würde es besser stehen um die Welt; denn sie würden immer einen guten Papst wählen und so die Ruhe der Christenheit sichern.*

Ihr müsst Euch der Mäßigung befleißigen! Drum ist es nötig, dass Ihr Wohl und Ehre der Kirche und des Apostolischen Stuhles allen Dingen dieser Welt voranstellt.

Seide und Juwelen passen nur in wenigen Fällen zu Eurer Stellung; vielmehr einige treffliche Antiquitäten und schöne Bücher. Bedient Euch selber einfacher Speisen und macht Euch viel Bewegung!"

Die Purpurträger als Höflinge

Je nach Amtsdauer und Beziehung zum Papst hatten die einzelnen Kardinäle unterschiedlichen Einfluss. Das hatte auch mit ihrer Herkunft zu tun. Das Kardinalskollegium wurde zu einem Aristokratengremium, in ihm ist regelmäßig der römische Stadtadel vertreten durch die Colonna und Orsini, Papstneffen gehören dazu und adelige Familien mit klingenden Namen besitzen eine Art Abonnement auf einen Kardinalshut wie die Medici, Gonzaga, d'Este, Carafa und Cornaro. Immer wieder wurden auch Halbwüchsige zu Kardinälen ernannt, wie dies Paul III. mit seinen Enkeln tat.

Viele Kardinäle wurden reich und gedachten, dies auch zu genießen – und warum auch nicht mit Frauen?! Die Nachahmung des Adels war unübersehbar. Nur ein kleiner Teil der Kardinäle war religiös orientiert. Ihre Repräsentationspflichten verlangten eine aufwändige Hofhaltung. Das begann mit einer stilvollen Wohnung. Reiche Kardinäle ließen sich Residenzen erbauen wie den Palazzo Venezia oder Farnese. Diese imposanten Bauten waren im Grunde für einen einzigen Herrn errichtet, der allerdings einen eigenen Hofstaat mit einer zahlreichen Dienerschaft für seine fürstliche Lebensführung unterhielt.

„Die corte der Kardinäle erscheint als in striktem Sinn höfisch organisierte Famiglia. Höfisch aber leben die Purpurträger, weil sie die potenziellen Nachfolger des Papstes sind."[9]

Als Durchschnittswert für einen Kardinalshaushalt im 16. Jahrhundert wurden ca. 145 Mitglieder angesehen, die reichen Kardinäle hatten deutlich mehr. *„Der Haushalt des Farnese-Kardinals umfasste*

306 Personen."[10] Die Unterhaltung und Nutzung von Pferdeställen, leistungsfähiger Küche, Bibliothek, prächtig ausstaffierten Empfangsräumen und auch der Hauskapelle erforderte viel Personal. Ein Kardinal war daher ein bedeutender Arbeitgeber, von seinen vielen Angestellten seien einige aufgezählt: Kutscher, Stallburschen, Jagdaufseher, Küchenpersonal, Friseur, Hauskaplan, Zeremoniar, Krankenpfleger, Ärzte, Sekretäre, Sänftenträger, Hofmarschall, Mundschenk und dazu zur Unterhaltung Musikanten, Literaten, Hofnarren, Zwerge, Astrologen und andere. Es war auch insofern ein interessanter Haushalt, weil das Personal aus vielen Ländern kam, beispielsweise war Lorenz Behaim, Bruder des berühmten Globusherstellers Martin Behaim, bei Rodrigo Borgia beschäftigt: *„Nicht weniger als 22 Jahre bekleidete Lorenz Behaim, dieser Freund Reuchlins und Pirkheimers, das wichtige Amt eines Hausmeisters bei Rodrigo Borgia, der ihm die Würde eines Doktors des kanonischen Rechts verlieh.*"[11]

Der luxuriöse Lebensstil verschlang immense Summen. Feste, Feiern, Umzüge, Bankette, Jagdausflüge, Ausgaben für Künstler, für Sammlungen, Almosen und Stiftungen ..., fürwahr ein Fass ohne Boden, und es verwundert nicht, dass die Geldgier sich ins Uferlose steigerte. Das kirchliche Amt erwies sich dabei als unerschöpfliche Geldquelle.

Pfründenschacher und Ämterhäufung

Die Karriere als Purpurträger brachte nicht selten auffallenden Reichtum, der zudem leicht verdient war und einen hohen Lebensstandard garantierte. Immer schon gab es in der Kirche nichts umsonst. Im Laufe der Zeit entwickelte sich wie von selbst ein lukratives System von Abgaben und Gebühren. Pfründe nannte man die Nutznießung der mit einem kirchlichen Amt verbundenen Güter und mancher Bischofsstuhl war eine besonders einträgliche Pfründe wie z. B. der Bischofsstuhl von Valencia. Auf ihm saß Alonso de Borja, später Papst als Kalixt III., dann sein Neffe Rodrigo Borgia, der den Bischofsstab weitergab an seinen Sohn Cesare Borgia und nach dessen Verzicht wurde wieder ein Borgia Erzbischof. An diesem Beispiel zeigen sich deutlich familiäre Strukturen. Eine Vielzahl von Pfründen ließ die Geldquellen kräftiger sprudeln, z. B. besaß der Papstenkel Kardinal Alessandro Farnese dreizehn Bistümer und zahlreiche Abteien. Als dreizehnfacher Bischof ließ es sich gut leben. Ein Vertreter musste jeweils für einen Hungerlohn die geistlichen Aufgaben wahrnehmen, die Einkünfte gehörten dem eigentlichen Amtsinhaber, der aber seine Diözese oft nicht einmal gesehen hatte. Zunehmend wurden die Einnahmen wichtig, die Ausübung des Amtes selbst interessierte nicht. Papst, Kardinäle, Kurie: alle profitierten von diesem System der Ausbeutung. Am Ende wurde auch noch der Ablass als Geldquelle angezapft, was dann das Fass zum Überlaufen brachte und mit Recht heftige Kritik hervorrief, die Martin Luther in seinen Thesen dezidiert formulierte.

Geburt der Venus

Mit seinem Gemälde „Geburt der Venus" (um 1485) gehört der Florentiner Sandro Botticelli zu den wichtigen Wiederentdeckern des Venusmythos. Er kleidet die aus dem Meeresschaum geborene Liebesgöttin in die Gestalt der antiken Statue der Venus Pudica. Damit hat er einen Typus geschaffen, der Symbolcharakter erhält und die Stimmungslage der ganzen Epoche beschreibt. Die Kunst der Renaissance ist zwar noch überwiegend von religiösen Themen bestimmt, aber in Teilbereichen setzen sich in Anlehnung an die Antike erotische Themen durch. In ihren pompösen Palästen ließen nicht wenige Kardinäle Darstellungen der griechisch-römischen Mythologie anbringen. An der aufkommenden Freizügigkeit der Darstellung finden auch die obersten Kirchenvertreter Gefallen, z. B. gehörte Tizians Bild „Venus mit Orgelspieler" (um 1550) zu der Kunstsammlung des Kardinals Antoine Perrenot de Granvelle, eines Staatsministers von Karl V. Dieses Schmuckstück im Kardinalspalast zeigt die liegende, unbekleidete Venus, auf die ein Orgelspieler, vom Musizieren abgelenkt, mit Wohlgefallen seinen Blick richtet. Die Anregung für diese ungewöhnliche Kombination erhielt Tizian aus der zeitgenössischen Liebeslyrik und Madrigalmusik. Tizians Bild einer sinnlichen Lebensfreude erwarb der Kardinal nicht zufällig. *„Granvelles Briefe erwecken den Eindruck, dass er sich den Künsten nicht so sehr deshalb zuwandte, um an Status zu gewinnen, sondern dass es ihm um Vergnügen und Entspannung von den Sorgen des Staatsmannes ging."*[12]
Erinnert sei auch an das berühmte Bild „Amor und Psyche" in der Villa Farnesina, von Raffael 1518 vollendet. Der vom reichen Ban-

Sandro Botticelli, Die Geburt der Venus, um 1485, Uffizien, Florenz

kier Agostino Chigi erbaute Palast wurde von Kardinal Alessandro Farnese erworben.

Nacktheit in der Kunst, in der Gotik noch begrenzt auf einige wenige Darstellungen wie z. B. Adam und Eva im Paradies, Susanna im Bad oder das Martyrium des heiligen Sebastian, entwickelt sich in der Renaissance zu einem selbstverständlichen Thema, das in genialer Weise dargestellt und allgemein positiv aufgenommen wird.

Die Papstväter Julius II. und Paul III. haben Decke und Altarwand der Sixtinischen Kapelle im Vatikan ausmalen lassen. Michelangelo hat dieses gewaltige Werk geschaffen, bis heute von aller Welt bewundert und bestaunt. Beide Päpste haben sich nicht daran gestoßen, dass viele Figuren nackt waren – immerhin handelt es sich bei der Sixtina um einen Sakralraum, die päpstliche Palastkapelle. Die Hochrenaissance war auch in der religiösen Kunst sehr offen; das änderte sich allerdings schnell. Schon kurz nach Michelangelos Tod wurden seine nackten Figuren des „Jüngsten Gerichts" mit Tüchern bemalt. Der Maler Daniele da Volterra übernahm diese undankbare Korrektur und wird seitdem als „il braghettone", als Hosenmacher verlacht.

Auch erotisch geprägte Gedichte kommen in Mode, in dieser Zeit geniert man sich nicht und die Autoren freizügiger Texte zählten nicht selten zu den Mitgliedern des päpstlichen Hofes, als Prälaten und Bischöfe. In diesem klerikalen Rom war kein Raum für Asketen, sondern es wurde üppig gelebt und ein normales Sexualleben der formal Ehelosen war die logische Konsequenz.

Einer dieser Literaten, Enea Silvio Piccolomini, war später als Papst Pius II. nicht mehr erfreut, dass seine 1444 verfasste Novelle Euryalus und Lucretia[13] eine weite Verbreitung fand und begeistert gelesen wurde.

Lucretia ist eine verheiratete Frau von betörender Schönheit, Euryalus ein junger Mann im Dienste des Kaisers, der nach Siena kommt. Sie sehen sich flüchtig und verlieben sich heftig. Euryalus kommt als Diener verkleidet mit einem Mehlsack auf der Schulter in Lucretias Haus, geht in ihr Schlafzimmer: *„Und er küsste ihren Mund, Wangen und Augen ab, und manchmal hob er die Decke und weidete sich an dem Anblick der geheimen Teile, die er noch nicht gesehen hatte. ...Keinen Kuss, kein Wort ließ sie unerwidert. Sie kitzelte ihn da, sie kitzelte ihn dort und nach dem Liebesgenuss lagen sie nicht erschöpft da, zeigten sich nach gelieferter Schlacht desto hitziger."*[14]

Als Piccolomini diese Novelle an Kaspar Schlick, den kaiserlichen Kanzler, sandte, schrieb er in seinem Begleitschreiben: *„Wer nie der Liebe Glut gefühlt hat, ist ein Stein oder ein Tier, und man weiß, dass der glühende Funke auch durch der Götter Mark gezuckt ist."*[15]
Weil Piccolomini keinerlei Scheu hatte, seine eigenen Erfahrungen in Liebesdingen zu Papier zu bringen, gilt er auch als klassischer Vertreter der Renaissance.

Die Kurtisane als Kardinalsdame

Die Hochrenaissance ist zugleich die Blütezeit des Kurtisanenwesens, einer gesellschaftlich akzeptierten Form der Prostitution. Bei Feiern, Theateraufführungen, Gelagen und Empfängen kirchlicher Würdenträger wurde die Abwesenheit von Frauen zusehends als Mangel empfunden und diese „Marktlücke" füllten gleichsam die Kurtisanen. „Cortigiana", wörtlich eigentlich Hofdame, bezeichnet um 1500 eine gehobene Prostituierte vergleichbar den Hetären im antiken Athen.

Aus vielen Ländern strömten damals junge Frauen in die Stadt der Zölibatäre, in die Stadt der Singles, um ihr Glück zu finden. Neben der Hafenstadt Venedig mit vielen ledigen Matrosen und wohlhabenden Kaufleuten war auch das päpstliche Rom mit seinen vielen Klerikern bevölkert von zahlreichen Prostituierten und die Vielzahl der Bordelle war nicht zu übersehen. Immer mehr setzte sich Liberalität im sexuellen Bereich durch. Einige der Frauen schafften den gesellschaftlichen Aufstieg zur Kurtisane. Nicht wenige kuriale Beamte, Schreiber, Prälaten, Bischöfe und Kardinäle fanden Abwechslung und Entspannung in den Armen dieser Frauen. Allerdings konnten sich nur die Reichen die Kurtisanen-Dienste leisten wie z. B. der sehr begüterte Bankier Agostino Chigi, dessen langjährige Freundin Imperia hieß. Auf Drängen von Leo X. entschloss sich Chigi zur Heirat, die am 28. August 1519 als extravagantes und opulentes Fest in der Farnesina gefeiert wurde. *„Der Papst selbst nahm persönlich mit dreizehn Kardinälen an demselben teil; ja er hielt den Finger der Braut, während ihr der Ring angesteckt wurde."*[16]
Die bekannten Kurtisanen führten selbst einen aufwändigen Lebensstil mit eigener Dienerschaft und fielen durch ihr elegantes, prächtiges Auftreten mit der neuesten Mode auf. Als salonfähige Prostituierte konnten sie sich in der Öffentlichkeit bewegen, an

Banketten teilnehmen, sie gehörten fest zum gesellschaftlichen Leben. Sie waren nicht nur geduldet, sondern teilweise angesehen nicht nur aufgrund der Eleganz ihrer Erscheinung, sondern auch durch ihre Bildung, ihre gepflegten Manieren und ihre geistreiche und kultivierte Konversation. Die Kurtisane Tullia d'Aragona beispielsweise war eine bewunderte Dichterin, berühmt durch ihre Dialoge über „Die Unendlichkeit der Liebe."[17] Die Möglichkeiten der Kurtisanen sind deshalb nicht auf Sex zu reduzieren, sie waren als gebildete und zugleich attraktive Frauen auch zuständig für kulturelle Anregungen. Manche Kurtisanen traten auch als Musikerinnen auf und gerade der Musik wurde eine verführerische Eigenschaft zugeschrieben.

Ohne weiteres konnte eine Kurtisane mit einem Kardinal in der Kutsche öffentlich durch die Straßen Roms fahren und von „*Saltarella wurde 1539 berichtet, dass sie mit fünf Kardinälen zu Abend gegessen hatte. Kardinal Cornaro unterhielt ein stadtbekanntes Verhältnis mit der Kurtisane Doralice, bis diese 1566 aus dem Kirchenstaat ausgewiesen wurde.*"[18] Manche Kurtisane wohnte im Kardinalspalast und wurde ständige Begleiterin des Purpurträgers. Natürlich besuchten und empfingen die Kurtisanen auch andere hochgestellte Persönlichkeiten. „*In Begleitung ihrer Dienerinnen ging die Kurtisane in die Kirche. Weit davon entfernt, Gemeinbesitz zu sein, war sie die Mätresse oder Konkubine nur weniger. Merkwürdigerweise hatte die hochklassige Kurtisane mit ihrer luxuriösen Erscheinung, ihren poetischen Fertigkeiten, ihrer Laute und ihrem Schoßhündchen Ähnlichkeit mit der Frau des Patriziers oder Adeligen.*"[19]

Humanismus, nicht aber Humanität

Die Zeit ist geprägt durch den Humanismus, der eine wahre kulturelle Blütezeit in vielen Bereichen hervorbringt. Was darunter zu verstehen ist, verdeutlicht das Zitat von Volker Reinhardt: „*Diese Basisbestimmung sollte von den humanistischen Tätigkeitsfeldern, den studia humanitatis, her vorgenommen werden. Sie bezeichnen seit der Generation Tommaso Parentucellis (1397–1455, seit 1447 Papst Nikolaus V.) mit Grammatik, Rhetorik, Geschichtsschreibung, Moralphilosophie und Poesie einen festen Kanon, der sich als solcher seit der Begründung humanistischer Studien durch Petrarca (1304–1374) allmählich herausgebildet hat.*"[20]

Für die Päpste der Renaissance hatten die Humanisten eine Reihe wertvoller Fähigkeiten. Sie waren in Stilkunde und Rhetorik ausgebildet. Dies waren Eigenschaften von außergewöhnlicher Wichtigkeit für eine Institution, die, stärker als jede andere in Europa, Macht durch das geschriebene Wort ausübte. Humanisten wurden üblicherweise in der päpstlichen Kanzlei als apostolische Protonotare beschäftigt. Hier waren sie verantwortlich für den Entwurf päpstlicher Bullen und Breven, durch die der Papst seinen Willen der Christenheit kundtat. "[21]

Eine wahre Bildungsexpansion setzt ein, dazu eine regelrechte Begeisterung für die alten Sprachen, insbesondere auch für Griechisch. Die Bücher der antiken Philosophen und Schriftsteller finden eifrige Leser, es beginnt eine Epoche des Aufbruchs, das Weltbild verändert sich, der Horizont weitet sich vor allem auch durch die Entdeckung Amerikas und der Buchdruck ermöglicht eine rasche Verbreitung der humanistischen Ideen. Der Humanismus wird die prägende Kraft des geistigen Lebens im Rom der Renaissance und die Papststadt entwickelt sich unter Leo X. zum literarischen Mittelpunkt Europas. Den Humanisten gegenüber traten die Päpste auffallend tolerant auf.

Der Humanismus spielt auch eine wichtige Rolle im Leben einiger Papstkinder, insbesondere der Töchter. Sie erhalten eine humanistische Bildung, Felice della Rovere und Lucrezia Borgia haben Umgang mit Literaten, und Lucrezia wird selber als Mäzenatin tätig. Mit dem Humanismus geht aber keineswegs mehr Humanität einher. Erschreckend häufig findet sich in Italien tyrannische Herrschaft, die mit Grausamkeit regiert und schnell und brutal Todesurteile fällt. Davon bleiben auch die Päpste als Herrscher des Kirchenstaates nicht frei, und die Engelsburg als Gefängnis des Papstes und Ort der Folter ist auch ein Mahnmal der Erbarmungslosigkeit der kirchlichen Oberhirten, wobei natürlich damals ein Souverän hart durchgreifen musste, um die Stadt vor Raub und Plünderung zu schützen. Schon damals litt Rom unter kriminellem Bandenwesen. Auch die Inquisition, die trotz der Liberalität und Offenheit dieser Zeit, neu intensiviert wird, kennt kein Mitgefühl und vor allem kein Mitleid mit einem, der sich leichtsinnig in unbedachte Aussagen verstrickt hat.

Bescheidene Anzeichen einer gewissen Toleranz werden von Papst Alexander VI. berichtet, der, was die öffentliche Meinung anging, eine gewisse Liberalität an den Tag legte und Anschuldigungen und persönliche Verunglimpfungen nicht beachtete, was seinem Nachruf sehr schadete. Auch Alexanders wohlwollende Einstellung den Juden gegenüber verdient erwähnt zu werden. *„Wie die meisten Päpste des 15. Jahrhunderts, so legte auch Alexander VI. gegenüber den Juden große Duldsamkeit und Humanität an den Tag; er schützte sie zu Rom wie zu Avignon, ja er gewährte sogar vielen aus Spanien, Sizilien und der Provence verbannten Juden Einlass und Wohnrecht in der Ewigen Stadt. Bei dem Schutze der Juden waren wohl neben persönlichen Beziehungen – mehrere Leibärzte Alexanders waren Juden – zum Teil politische Erwägungen maßgebend."* [22]

Ansonsten wurde das Monopol auf den rechten Glauben unerbittlich verteidigt, wirkliche Toleranz in Glaubensfragen war unbekannt.

Die Renaissancepäpste

Jagdvergnügen seiner Heiligkeit

Ein sonniger Tag ist angebrochen, man schreibt den 4. Oktober 1514, die Christenheit feiert das Fest des Franz von Assisi, der sich in einer visionären Eingebung für ein Leben in Armut entschieden und den die Legende zum Tierfreund erklärt hat. An diesem Francesco-Tag sitzt Papst Leo X. nicht in einer Mönchszelle, um über die christliche Armut zu meditieren, er ist mit seinen 39 Jahren ein sehr junger Papst, und auch ein Petrusnachfolger will Spaß haben. Deshalb sitzt er auf einem gut gepolsterten Sessel in der freien Natur, in dem Hügelland von Viterbo, klatscht vor Begeisterung und freut sich sichtlich, wenn abgerichtete Habichte Wachteln und Fasanen fangen: Die päpstlichen Anfeuerungsrufe sind weithin zu hören. Stundenlang kann der Pontifex zuschauen bei der Vogeljagd, der er mit echt italienischer Leidenschaft huldigt. Am nächsten Tag geht es dann in die Wälder zur Reh- und Hirschjagd. Den ganzen Oktober über ist Leo auf der Jagd, seinem großen Vergnügen. Dabei wird es ihm nicht langweilig. Wo er auch hinkommt, wird er freudig begrüßt, die Leute am Straßenrand jubeln ihm zu und der leutselige Jagdherr lässt Geld verteilen, wenn er von Armut und Krankheit hört. Sein Kammerherr Serapica hat darüber genau Buch geführt. Die päpstliche Jagdgesellschaft konnte sich sehen lassen. Ein mantuanischer Gesandter hat sie einmal beschrieben: *„Die Zahl der Hunde, welche zum Aufspüren des Wildes vorausgeschickt wurden, belief sich meist auf 60 bis 70. Die Begleitung des Papstes, Kardinäle, Prälaten, Diener, Literaten, Hofnarren, Schauspieler und Musiker, erreicht durchschnittlich die Zahl 140. Dazu kam noch die Leibwache, etwa 160 Mann."*[23]

Dieser leoninische Jagdausflug mag als Momentaufnahme im Leben eines Renaissancepapstes verstanden werden, der als kunstsinniger Genießer-Papst keine Lust verspürte, sich ernsthaft mit den 95 Thesen eines Augustinermönches aus dem fernen Deutschland zu befassen.

Bei pauschalen Feststellungen über alle Oberhirten dieser Epoche ist Vorsicht geboten, die einzelnen Amtsträger sind ausgeprägte Individualisten. Gleichwohl gibt es Gemeinsamkeiten in ihrem Erscheinungsbild, das geprägt ist durch monarchisches Auftreten, prächtige Hofhaltung und fürstliches Gebaren. Zwei Päpste stehen dazu in auffallendem Kontrast: Zwischen den beiden Medicipäpsten Leo X. und Klemens VII. regiert Hadrian VI. (1522–1523), von den Kardinälen gewählt in einer Art Überschwang aus Reue und Umkehr. Als er aus dem fernen Utrecht kommend, in Rom einzieht, sind die lebenslustigen Kardinäle entsetzt über diese Büßernatur. Mit einem Pontifikat von nur eineinhalb Jahren konnte er sich nicht entfalten, sein früher Tod wurde von den Römern als Befreiung empfunden.

Pius V. (1566–1572) ist der zweite Papst, der aus dieser Reihe herausragt, als singuläre Erscheinung der ganzen Epoche wurde er heilig gesprochen. *„Das Volk war hingerissen, wenn es ihn in den Prozessionen sah, barfuß und ohne Kopfbedeckung, mit dem reinen Ausdruck einer ungeheuchelten Frömmigkeit im Gesicht."*[24]

Wie sind die Renaissancepäpste zeitlich einzuordnen? Eine Auflistung beginnt üblicherweise mit Nikolaus V. (1447–1455), wer als letzter Renaissancepapst geführt werden kann, ist offen; Klemens VII. (1523–1534) wird genannt, aber auch Paul III. (1534–1549), der ohne Zweifel dazugehört, auch Julius III. (1550–1555), dessen persönlicher Lebensstil dem eines Renaissancefürsten glich.

Die Entwicklung zum Renaissancepapsttum mit seinem übersteigerten Macht- und Herrschaftsanspruch lässt sich verstehen auf dem Hintergrund der vielen bisherigen Bedrohungen und Demütigungen.

Ungefähr 70 Jahre lebten die Päpste fast als Marionetten des französischen Königs in Avignon. 1377 zog Gregor XI. wieder in Rom ein, damals eine bescheidene Provinzstadt, die sich in einem desolaten Zustand befand. Zu Beginn des 15. Jahrhunderts sieht es für das Papsttum düster aus. Drei konkurrierende Oberhäupter stehen sich gegenüber, die Lage ist heillos verworren in diesem großen Abendländischen Schisma. Die drei Amtsträger konnten das Problem nicht lösen, aber das Konzil von Konstanz (1414–1418) machte einen mutigen Schnitt: einer dankte ab, zwei wurden abgesetzt, darunter auch Johannes XXIII., der seinen lasterhaften Lebenswandel auch als Papst fortgesetzt hatte. Dass einige anonyme Papstkinder von ihm abstammen, ist fast sicher. Der neue, vom Konzil ernannte Papst Martin V. (1417–1431) kam aus dem Hause Colonna, er begünstigte seine Familie, die ihm auch Schutz gewährte. Sein Nachfolger allerdings, Eugen IV. (1431–1447), wurde von den Colonna aus Rom vertrieben und konnte erst nach neun Jahren wieder zurückkehren.

Erneut in die Krise geriet das Papsttum durch das Konzil von Basel (1431–1437 in Basel, dann nach Ferrara-Florenz verlegt). Ein Teil der Baseler Delegierten wählte noch einmal einen Gegenpapst, Felix V., der sich aber nicht durchsetzen konnte. Das Basler Konzil diskutierte das Spannungsverhältnis zwischen Petrusamt und Konzil mit der grundlegenden Frage, ob das Konzil über dem Papst steht, und diese, Konziliarismus genannte Lehrmeinung, machte den Päpsten weiterhin zu schaffen. Noch Alexander VI. und Julius II. wurden mit Drohungen und Absetzungsforderungen durch ein Konzil konfrontiert.

Mit Nikolaus V. (1447–1455) kam das Kirchenschiff in ruhigeres Fahrwasser. Er begann eine rege Bautätigkeit, förderte die Humanisten und langsam begann die kulturelle Blüte in Rom.

Als Stadtherr von Rom und Souverän des Kirchenstaates begannen die Päpste im Vatikan eine herrschaftliche Hofhaltung, die an Prunk und Aufwand nichts zu wünschen übrig ließ. Zugleich bauten sie Rom – bis dahin eine eher bescheidene Stadt – zu einer eindrucksvollen Residenzstadt aus, die wir heute noch bewundern. Als Bauherren und Förderer der Kunst holten sie die berühmtesten Künstler ihrer Zeit wie Michelangelo, Raffael, Bramante und viele andere nach Rom, das die Führungsrolle in der Kunst von Florenz übernimmt. Der Vatikan wird Mittelpunkt des kulturellen Lebens und seine Impulse werden richtungweisend in Europa.

Das Mäzenatentum der Petrusnachfolger ist in seiner Bedeutung kaum zu überschätzen, zugleich ist es natürlich auch Propaganda in eigener Sache, dient der Selbstdarstellung und verrät politische Konzepte. Die heute besonders bewunderten Gemälde in der Sixtinischen Kapelle und den Stanzen des Vatikan folgen nicht allein ästhetischen Kriterien, sondern verkünden eine Botschaft. Einige Beispiele sollen diese These belegen:

Die Schlüsselübergabe an Petrus von Pietro Perugino, gemalt 1481/82 als Fresko an einer Seitenwand der Sixtinischen Kapelle: Der kniende Petrus erhält von Christus einen mächtigen Schlüssel – Symbol der kirchlichen Gewalt. Da jeder Pontifex sich als Nachfolger des Apostels Petrus versteht, ist die Botschaft ohne viele Erklärungen offenkundig, hier ruht der Ursprung der päpstlichen Machtfülle.

Aufruhr gegen das Gesetz Moses von Sandro Botticelli, 1481/82: Direkt gegenüber dem Fresko von Perugino situiert, enthält Botticellis Bild eine klare Strafandrohung. Es zeigt die Revolte der Rotte Korahs gegen Aaron. Die göttliche Strafe ereilt die Aufwiegler auf dem Fuß, die Erde öffnet sich und verschlingt sie. Die Botschaft ist klar: Alle, die sich den von Gott bestimmten Führern widersetzen, müssen mit dem göttlichen Strafgericht rechnen. Sixtus IV. (1471–1484) wollte hier die immer wieder in Frage gestellte Obergewalt, die Suprematie des Pontifex unübersehbar darstellen lassen.

Raffaels Schule von Athen (1510–1512) in der Stanza della Segnatura: Gezeigt werden die Philosophen des klassischen Griechenland. Raffael verstand es, die Ideen und Gedanken von Julius II. in genialer Form auszudrücken. Im innersten Zentrum der Kirchenleitung räumt man ohne Scheu dem Erbe der Antike Platz ein.

Die Päpste wuchsen in eine fürstenartige Rolle hinein, die keineswegs theologisch durchdacht war, sondern aus den Zeitverhältnissen und politischen Konstellationen zu erklären ist. Mit Sixtus IV. werden die Petrusnachfolger italienische Territorialfürsten, die als Kriegsherren und Steuereintreiber empfunden werden. Dabei tritt die universelle und geistliche Stellung als Kirchenoberhaupt zurück. In den ständigen kriegerischen Auseinandersetzungen schließt der Souverän des Kirchenstaates wechselnde Allianzen und wird dabei selber Partei in diesem Kräftespiel. Zwangsläufig wird der Pontifex in die politischen Turbulenzen dieser bewegten Zeit mit hineingezogen, vor allem als Italien herhalten musste als Schauplatz des europäischen Machtkampfes zwischen Frankreich und Spanien.

Beide Länder erhoben auf Grund von dynastischen Vorstellungen Anspruch auf das Königreich Neapel und das Herzogtum Mailand. Der junge französische König Karl VIII. ließ sich 1495 in Neapel zum König krönen, den Weg dorthin hatte er sich mit einem mächtigen Heer freigekämpft, auch durch den Kirchenstaat hindurch bis in die Papststadt Rom. Bei seinem Einzug in Rom – Papst Alexander VI. hatte sich in die Engelsburg geflüchtet – dachte Karl VIII. an die Absetzung des Papstes, aber Alexander konnte den jungen König für sich einnehmen. Lange konnte der König sich in Neapel nicht halten und musste überstürzt nach Frankreich zurückkehren. Ab 1530 etwa wird Spanien die dominierende Macht in Italien und beherrscht fortan Mailand und das Königreich Neapel-Sizilien.

Vermutlich gab es zu dieser Zeit keine Alternative zum Kirchenstaat, um die Selbständigkeit des päpstlichen Stuhles zu garantieren. Im Grunde hatte der Papst keine Freunde. Der römische Stadtadel, die Stadtherren im Kirchenstaat, Florenz, Venedig und Mailand, sie alle waren eher an einer Konfrontation interessiert als daran, das Oberhaupt der westlichen Kirche zu schützen. Der Kirchenstaat sicherte diesem Unabhängigkeit und bot ihm eigene Einkünfte, die Gefahr, dass durch die weltliche Herrschaft das geistliche Amt in eine Schieflage geriet, wurde nicht erkannt. Noch nach 1870 brauchte das Papsttum lange Zeit, um den Verlust des Kirchenstaates als Segen zu begreifen.

Das so genannte „Patrimonium Petri" ging nach päpstlicher Version auf eine Schenkung des römischen Kaisers Konstantin zurück. Tatsächlich war der Kirchenstaat unter fränkischer Oberhoheit begründet worden. Er umfasste große Teile von Mittelitalien, neben Rom auch die bedeutenden Städte Bologna und Perugia, dazu gehörten auch Rimini und Faenza. Einer der führenden Humanisten Lorenzo Valla brachte die päpstliche Auffassung von einer urkundlich erhärteten „Konstantinischen Schenkung" ins Wanken, allerdings ohne praktische Konsequenzen: *„Da er sich der Wandlungen der lateinischen Sprache über die Jahrhunderte hinweg bewusst war, konnte Valla erkennen, dass die berühmte Konstantinische Schenkung auf einem gefälschten Dokument beruhte, das Jahrhunderte nach dem Tode des Kaisers Konstantin verfasst worden war. Diesem Dokument zufolge hatte der Kaiser nach seinem Übertritt zum Christentum dem Papst jene Länder übertragen, die später Kirchenstaat genannt werden sollten. "*[25]

Dieses päpstliche Herrschaftsgebiet war beileibe kein einheitliches Staatswesen, es war nicht sehr klar umrissen und manche Stadtstaaten und Adelsherrschaften führten ein Eigenleben. Alexander VI. begann damit, die Autorität des Papstes wieder herzustellen, außerdem ließ er die beiden mächtigen Adelsgeschlechter Colonna und Orsini entmachten, die seinen Vorgängern mit ihren Drohgebärden zugesetzt hatten.

Der eigene Staat erforderte ein Heer und Kriege waren zu führen, keine typische Aufgabe für das Kirchenoberhaupt. Als Friedensboten kann man die Päpste dieser Zeit gewiss nicht bezeichnen, Alexander VI. ließ durch seinen Sohn Cesare Borgia Krieg führen, und Julius II. zog selber die Rüstung an und versuchte sich als Feldherr. Alexander und Julius gelang es, Ansehen und Autorität des Heiligen Stuhles wieder herzustellen. Der Kirchenstaat, stabilisiert und gesichert in seinen Grenzen, hatte fortan Bestand bis 1870, als Rom zur Hauptstadt des geeinten Italiens wurde.

Feste, Feiern, Karneval

Das Zeitgefühl der Renaissance spiegelt sich auch wider in der großen Begeisterung an Feiern und Spielen, wobei man sowohl thematisch wie in der Art der Durchführung an die Spiele des antiken Rom anknüpfte. Anlässe für Feiern gab es genug: Kirchliche und weltliche Feste, Empfänge von Fürsten und Gesandten, dazwischen Prozessionen, Festzüge der Kardinäle und des Papstes, wobei der berühmteste Umzug am Tag der Papstkrönung stattfand. Der Papst ritt von der Peterskirche zur Laterankirche, die von alters her als die eigentliche Bischofskirche angesehen wurde. Dieser Umzug war Teil der Amtseinführung und es wurde an nichts gespart. Das Ganze war eine gekonnt inszenierte Schau, nicht etwa einer Prozession in Santiago di Compostela oder Altötting vergleichbar. Von Rom hatte sich die Frömmigkeit woandershin verflüchtigt, das schlichte Gebet war abhanden gekommen – ein Mensch in prachtvoller Aufmachung ließ sich feiern. Die detaillierten Abrechnungen im Vatikanarchiv belegen die immensen Kosten.

Fromme Krippenspiele oder aufgeführte Heiligenlegenden fanden kaum Interesse am päpstlichen Hof, beliebt waren Schauspiele antiker Autoren mit mythologischen Themen. Leo X., in Florenz aufgewachsen und humanistisch gebildet, war ganz vernarrt in Theateraufführungen. *„Auch den Karneval des Jahres 1521 brachte Leo X. wieder in der Engelsburg zu. Trotz der bedrohlichen Weltlage konnte er sich nicht genug an Masken, Musik, theatralischen Aufführungen, Tänzen und Wettkämpfen erfreuen. Die Geschäfte ruhten vollständig. Am Abend des Fastnachtsonntages erschienen sienesische Schauspieler, um in einem Hof der Engelsburg eine Moresca aufzuführen, welche Baldassare Castiglione beschrieben hat. Der Papst und seine Umgebung schauten vom Fenster zu, als Bühne diente der Hof, in welchem ein Zelt von dunklem Atlas errichtet war.*

In demselben erschien zuerst eine Frau, welche in zierlichen Versen Venus bat, sie möge ihr einen Geliebten schenken. Nun zogen unter Trommelschlägen acht Eremiten in grauer Kleidung auf; sie tanzten und schlugen auf einen Amor los, der mit dem Köcher parierte. Flehentlich bat Amor die Venus, ihn aus den Händen der Eremiten zu befreien. Hierauf erschien Venus; sie hieß die nach Liebe dürstende Frau kommen, welche den Eremiten einen Zaubertrank gab, so dass sie einschliefen. Amor weckte die schlafenden Eremiten durch seine Pfeile. Letztere tanzten darauf um Amor und machten der Frau Liebeserklärungen; endlich warfen sie ihr Einsiedlergewand von sich und erschienen als schöne Jünglinge."[26]

Das beliebteste Fest bei den Römern war ohne Zweifel der Karneval. Ein buntes Programm wechselte sich hier ab: Zirkusspiele, Triumphzüge, Feuerwerk auf der Engelsburg, Berberpferderennen auf der Piazza del Popolo. *„Am Faschingssonntag 1536 wurden auf dem Feld von Testaccio die Rennen und die seit dem Mittelalter her üblichen barbarischen Belustigungen abgehalten. Das Volk schrie wie rasend Bei-*

Giorgio Vasari, Der triumphale Einzug Leos X. in Florenz 1515,
Palazzo Vecchio, Florenz

Anonymer Maler, Das Turnier am 5. März 1565 im
Belvedere-Hof des Vatikan, Museo di Roma, Rom

fall, als Schweine und nachher dreizehn Stiere von der Höhe des Scher-
benberges herabgestoßen und von lanzenbewaffneten Reitern in Stücke
gehauen wurden. "[27]

Alte Bräuche mit nicht wenigen Grausamkeiten kamen hier zum
Vorschein. Der Karneval des Jahres 1539 übertraf an Glanz alle frü-
heren. Das rohe Testacciofest wurde auf den Petersplatz verlegt, die
Triumphwagen mit antiken Reminiszenzen waren so groß, dass sie
von vier Büffeln gezogen werden mussten; allegorische Darstellungen verherrlichten den Pontifex, die städtischen Beamten traten in
prachtvollen antiken Kostümen auf und der Papst sah von der
Engelsburg aus zu.

Am Fastnachtsdonnerstag 1545 setzte sich ein riesiger Zug mit dreizehn Wagen in Bewegung. Dabei waren: eine silberne Fortuna auf
einem goldenen Glücksrad, römische Adelige, teils auf türkische,
teils auf indianische Art gekleidet, Pagen als Nymphen, Musiker in
antiker Tracht mit Kränzen und Ölzweigen. Papst Paul III. mit seiner ganzen Familie besichtigte den Zug vom Palazzo Farnese aus.

Der Vatikan: Amtssitz und Ambiente für Familienfeiern

Neben der Funktion als kühler, diskreter und verschwiegener Amtssitz wurde der Papstpalast zu einer Residenz der Lebensfreude. Die
Hochzeitsfeiern der päpstlichen Kinder und Enkel erfüllten mit
Musik und Tänzen die vielen Räume und die Aufführung von
Komödien brachte Papst und Kardinäle zum Lachen. Luxuriöse Feste im Vatikan ließ Paul III. ausrichten mit Musikern, Tänzern, Pos-
senreißern und Sängerinnen; im Karneval hat er seine Nepoten und
auch deren Frauen in den Vatikan eingeladen. Vor der Abendmahl-
zeit gab es Musik und Späße, den Abschluss bildete ein Maskenball.
Und nach wie vor sah man das Oberhaupt zu lärmenden Jagden
ausziehen.

Papst Julius III. konnte hier gut mithalten: Am Faschingsdienstag
gab er den Damen seiner Verwandtschaft ein Gastmahl. Er liebte
glänzende Gelage und zur Unterhaltung hielt er sich zahlreiche
Hofnarren und Akrobaten, dazu erfreute er sich an erotischen
Komödien.

In diesem Umfeld störte es nicht, dass Kardinäle Kinder hatten und
Papstkinder im Vatikan wohnten oder dort ihren Vater besuchten.

PAPSTKINDER – EINE FRAGE DER MORAL ?

Premiere beim Heiligen Jahr 1500

Weihnachten 1999: Papst Johannes Paul II. eröffnet das Heilige Jahr 2000 in einer feierlichen Zeremonie. Er schreitet durch die Heilige Pforte des Petersdomes, langsam, gebeugt, ein Mann von hoher moralischer Autorität. Er will die Kirche in das neue Jahrtausend führen und weiß um die geschichtliche Dimension dieser Stunde. Er sieht sich als Papst eingebunden in die lückenlose päpstliche Ahnenreihe. Vermutlich denkt er nicht an bestimmte Vorgänger wie an seine Namenskollegen Johannes. Unter diesem Papstnamen verbergen sich einige üble Gestalten, z. B. jener Johannes XI., dessen Vater Sergius selber Papst war. Auch sein Namensvetter Paul wird ihm nicht vor Augen stehen, wobei der Dritte dieses Namens vier Kinder hatte. Er denkt wohl auch nicht an Julius II., der den Bau dieser neuen Peterskirche begonnen hat und der Vater von einigen Töchtern war. Zwingend muss der Papst allerdings an Alexander VI. denken, den Erfinder der Heiligen Pforte, der das Zeremoniell für die Eröffnung des Heiligen Jahres 1500 festgelegt hat und nach dessen Anweisungen sich noch heute die Feierlichkeiten vollziehen.

Am Vorabend von Weihnachten 1499 schlägt Alexander VI. mit einem goldenen Hammer kräftig an das als Heilige Pforte deklarierte Portal von St. Peter, wartet geduldig bis einige Maurer den Durchbruch geschafft haben und schreitet dann mit einer brennenden Kerze in der Hand schon etwas theatralisch in die damals noch alte Peterskirche, dahinter Kardinäle und Bischöfe, daran anschließend ausgewählte Teilnehmer, die Oberschicht von Rom, darunter eine auffallend hübsche zwanzigjährige Frau mit langen blonden Haaren, ohne Zweifel eine Erscheinung: die Papsttochter Lucrezia Borgia. Umgeben von einem Stab Hofdamen schreitet sie wie eine Kronprinzessin einher und genießt den öffentlichen Auftritt.

Zölibat: Kirchengesetz und wirkliches Leben

Der Papst zieht in die Peterskirche ein mit seiner Tochter Lucrezia, eine Vorstellung, die damals wie heute ein zwiespältiges Echo hervorruft. Je nach Blickwinkel wird der eine daran Anstoß nehmen, der andere sieht darin das Sinnbild einer lebensfrohen Kirche. Die

Römer hatten sich bald an den Anblick dieser Vatikanprinzessin gewöhnt, die durch ihre Auftritte das gesellschaftliche Leben Roms bereicherte. Als sie gezeugt wurde, war ihr Vater Kardinal und ihre Mutter eine verheiratete Frau; beide empfanden dies nicht als schlimmes Vergehen. Alexanders Kinder sind nicht die Folge einer Jugendtorheit, sie verteilen sich über sein ganzes Leben, der letzte Sohn wurde ihm mit 72 Jahren geboren. Es geht also nicht um leichtsinnige Fehler, sondern seine zehn Kinder sind Zeichen einer bewussten und reichhaltigen Sexualität, sie sind Programm seines Lebens. Den Zölibat als kirchliches Gesetz hat er dennoch nicht in Frage gestellt, er hat ihn nur für sich persönlich außer Kraft gesetzt. Kardinalskinder waren im 16. Jahrhundert zur Selbstverständlichkeit geworden. Christoph Weber[28] stellt für das Jahr 1520 eine Liste auf, danach sind für sechzehn von neununddreißig Kardinälen Kinder nachweisbar. Der als Literat und Humanist berühmte Pietro Bembo (Kardinal 1538–1547) lebte mit der schönen Morosina della Torre zweiundzwanzig Jahre lang in einem festen, stadtbekannten Konkubinat und hatte mit ihr drei Kinder. Einige Kardinäle wurden durch ihren lasterhaften Lebenswandel zum Ärgernis, das gilt zum Beispiel für Kardinal Benedetto Accolti: *„Jener durchtriebene Gauner, starb an den Folgen eines Schlaganfalls, der nach dem Urteil seiner Ärzte darauf zurückzuführen war, dass er über Jahre hinweg unausgesetzt übermäßig getrunken, ein ausschweifendes Leben geführt und es mit vielen Frauen getrieben hatte. Und auch in der Nacht, in der er starb, hatte er eine bei sich."*[29]

Noch im 17. Jahrhundert hat Kardinal Louis de Guise (Kardinal 1615–1621) sechs Kinder anerkannt und auch noch im 18. Jahrhundert hat der Wittelsbacher Johann Theodor von Bayern (Kardinal 1746–1763) seine Kinder nicht verheimlicht. Sein Bruder Clemens August (1700–1761) vergnügte sich als Erzbischof von Köln mit Mätressen; seine Tochter Anna hat er nicht verschwiegen. Wenn Bischöfe Fürsten waren und als solche lebten, dann war auch ihr Sexualleben fürstlich, d. h. offen für Mätressen und Konkubinen, gewiss nicht bei allen, aber so ganz selten nun auch nicht. Das Konzil von Trient (1545–1563) hat es nicht geschafft, durchgängig und sofort beim höheren Klerus eine zölibatäre Lebensweise durchzusetzen. Noch um 1600 lebt der Salzburger Erzbischof Wolf Dietrich von Raitenau mit seiner Geliebten Salome Alt zusammen und das Fast-Ehepaar bringt es auf zehn gemeinsame Kinder. Das heutige

Schloß Mirabell bot diesen Bischofskindern ein herrschaftliches Elternhaus. Pfarrer, Bischöfe, Kardinäle haben um 1500 häufig mit Konkubinen zusammengelebt.

Warum kam man nicht auf die Idee, dieses faktische Eheleben zu legalisieren? Die Päpste wussten Bescheid, denn Tausende von Dispensgesuchen unehelicher Kinder aus aller Welt trafen bei der päpstlichen Pönitentiarie ein, die an diesem Dispens-Unwesen viel Geld verdiente. Die Kirche duldete dieses zwiespältige Verhalten; der Kleriker blieb zwar formal ehelos, lebte aber doch mit einer Frau zusammen, die er jederzeit entlassen konnte. Darüber, dass solches Verhalten fragwürdig, wenn nicht gar sündhaft zu nennen war, dachte wohl auch der Pontifex maximus nicht nach.

Wieso konnten Väter Päpste werden?

Die vielen Papstkinder sind ein Phänomen der Geschichte und nur aus der sozialen und kirchlichen Gesamtschau der Epoche zu verstehen. Die Renaissancepäpste haben für einige Zeit vergessen lassen, dass es sich beim Papsttum um ein Amt mit hohen moralischen Ansprüchen und mit Vorbildcharakter handelt. Ab dem 17. Jahrhundert wurde im Zuge der Gegenreformation die geistliche Komponente wieder mehr betont, sodass die Wahl eines Vaters von leiblichen Kindern zum Papst nicht mehr möglich erschien. Bei Bischöfen begegnen wir Kindern noch eine gewisse Zeit weiter.

Dass Kardinäle mit Kindern bei den Papstwahlen nicht von vorneherein chancenlos ausschieden, hatte vielerlei Gründe. Einige seien genannt:
- weil viele Papstwähler selber Kinder hatten und gerade die fähigen und tüchtigen,
- weil illegitime Kinder in den obersten Adelskreisen selbstverständlich waren und akzeptiert wurden,
- weil das Zölibatsgebot in der gesamten Kirche wenig Beachtung fand und somit Papstkinder auch von daher keinen Hinderungsgrund darstellten,
- weil der politische Charakter des Papsttums im Vordergrund stand und die persönliche Qualifikation für das oberste Kirchenamt entsprechend gemessen wurde.

Von dem farblosen Innozenz VIII. abgesehen, sind alle Päpste mit Kindern herausragende Gestalten, die sich sehr um die Kirche verdient gemacht haben – als geschickte und kluge Verfechter eines unabhängigen Papsttums, weniger durch Impulse für eine überzeugende christliche Lebensgestaltung.

Kinder der Sünde, was sonst?

Nach dem Moralkodex der katholischen Kirche stellt die Zeugung unehelicher Kinder eine schwerwiegende Verfehlung dar. Dazu kommt, dass einige Kardinäle verheiratete Frauen als Konkubinen hatten und somit eindeutig Ehebrecher waren. Zudem haben sie sich nicht an das Zölibatsversprechen gehalten. Das letztere trifft allerdings nicht für alle zu, z. B. kamen die Kinder Pius' II. vor seiner Priesterweihe zur Welt. Die Papstväter haben in ihren jungen oder mittleren Jahren das Zölibatsgesetz nicht beachtet, aber als sie Päpste waren, dachten sie nicht im Ernst daran, dieses kirchliche Gebot abzuschaffen. Gregor XIII. wies gar die Nuntien an, gegen das Konkubinat der Kleriker massiv vorzugehen.

Zeitgebundene Amtsausübung

Die Päpste reklamierten das Bibelwort vom „Binden und Lösen" (Mt 16,19) für sich, die oberste Schlüsselgewalt auf Erden. Manche waren theologisch nicht sehr gebildet, fast alle waren keine wahren Verkünder des Evangeliums, die Botschaft Jesu als Wort an die Armen und Einfachen haben sie wohl nicht begriffen. Jesuanische Vorstellungen waren gewiss nicht Leitbild für die päpstliche Amtsführung. Ohne Zweifel traten die geistlichen Aspekte in den Hintergrund. Der Vorwurf der Verweltlichung ist allerdings zu einseitig. Der Vatikan war nie als Kloster gedacht, in dem der Papst wie ein asketischer Abt einer Büßergemeinde in einer Zelle hausen sollte. Die Prunkentfaltung sollte dem Ansehen der Kirche dienen und zugleich auch ein Hinweis sein auf das überirdische, himmlische Jerusalem. Das aufgeblähte Zeremoniell und der fürstliche Lebensstil diente bei manchen der persönlichen Eitelkeit. Den ausgesprochen machtvoll auftretenden Päpsten Alexander VI. und Julius II. attestieren die Dokumente persönliche Frömmigkeit. Beichte und Ablass etwa waren feste Bestandteile ihres Glaubenslebens und sie konnten gut damit leben.

Die Petrusnachfolger agierten als italienische Fürsten, entfernten sich vom Kirchenvolk, kümmerten sich mehr um Politik als um Glaubensfragen. Die Pfarrseelsorge verlotterte, Kleriker wurden zu Pfründenjägern, Bischöfe sahen ihr Amt vorrangig unter finanziellen Aspekten und das Papsttum entwickelte sich monarchisch, zentralistisch und machtbesessen.

Aus heutiger Sicht wird ihre Amtsführung sehr kritisch gesehen, zugleich beachtet man aber auch, wie eng ihre Spielräume in einem verfestigten System waren. Nur eine radikale Reform hätte das Ruder herumreißen können. Seit dem Konstanzer Konzil wurde in der Christenheit unablässig eine „Reform an Haupt und Gliedern" angemahnt, aber das Oberhaupt verweigerte sich, weil es auf dem Stuhl Petri bequem und glanzvoll zu leben verstand.

Die Tatsache der unehelichen Kinder ist in Relation zu sehen zum Gesamtverhalten der Päpste. Ihre unmäßige Geldverschwendung, ihr luxuriöser Lebensstil, ihre Hassgefühle, ihre Ämtervergabe an Unwürdige, ihre Familienpolitik, aber auch kirchenpolitische Fehlentscheidungen sind kritischer zu würdigen. An einem Beispiel wird dies deutlich: Innozenz VIII. hatte zwei Kinder. Für eine kritische Würdigung entscheidender ist seine berüchtigte Hexenbulle „Summis desiderantes affectibus" vom 5. Dezember 1484. Dieses päpstliche Schreiben wurde zur Grundlage und Legitimation für das schlimme Wüten der Inquisition mit Folterungen und Hinrichtungen.

Die Existenz von Papstkindern hatte für die Gesamtkirche keinerlei negative Auswirkungen.

Wo blieb die Kritik?

Vielerlei Pamphlete, Epigramme, satirische Verse, Schmähzettel und Flugschriften schwirrten in der Gesellschaft umher, Schmeichler und Kritiker meldeten sich gleichermaßen zu Wort. Einige markante Zeitzeugen sollen hier angeführt werden.

Vorab ist festzuhalten, dass nicht die bloße Existenz der Papstkinder Anstoß erregte, sondern die Hochzeitsfeiern im Vatikan und die weit überzogene päpstliche Familienfürsorge.

Ein bekannter Papstkritiker war Erasmus von Rotterdam (1469–1536). Als er den Einzug von Julius II. als siegreicher Feldherr im November 1506 in Bologna miterlebte, war er entsetzt und enttäuscht. In seiner polemischen Schrift „Julius exclusus e coelis"

(Julius vor der verschlossenen Himmelstür) hielt er Julius II. einen Spiegel vor und kritisierte seine ungeistliche Amtsführung, nicht aber die Tatsache, dass er Vater von Töchtern war. Seine Anklage publizierte er erst nach dem Tod des Papstes, und zwar anonym.

Girolamo Savonarola (1452–1498), Dominikaner und Prior des Klosters San Marco in Florenz, geißelte in seinen Bußpredigten das kirchliche Leben in Rom heftig: *„Tritt her, ruchlose Kirche, du bist zur ausgeschämten Hure geworden, du bist ein Teufel, du bist schlimmer als ein wildes Tier. … Ehemals nannten die Priester ihre Söhne noch Neffen, heute nicht mehr, sondern überall Söhne, Söhne. Die Geistlichen verprassen das Kirchengut, das den Armen gehört, mästen sich im Schweiße ihrer Untertanen. Ihre Sünden schreien zum Himmel."*[30]

Savonarola attackiert auch direkt und deutlich das Papsttum, Alexander VI. und die himmelschreienden Zustände in Rom, das er Herd und Sitz aller Laster nennt und das die ganze Kirche verpeste. Die Hauptstadt der Christenheit bezeichnet er als Kloake, deren Schamlosigkeit zum Himmel stinkt.

„Wenn du also siehst, dass Gott zulässt, dass die Häupter der Kirche von Verbrechertum und Simonie überfließen, sage, dass die Züchtigung des Volkes nahe ist."[31]

„Darum wenn du fromm leben willst, gehe ja nicht nach Rom!"

„Du wärst ein Narr, zu sagen, dass der Papst sich nicht irren könnte. Wie viele Päpste sind schlecht gewesen, die geirrt haben."[32]

Alexander VI. blieb lange Zeit gelassen, persönliche Anklagen störten ihn nicht sonderlich, aber als der Mönch in Florenz sich auf das politische Parkett begab und die Franzosen freudig als Befreier begrüßte, da kam er den politischen Absichten des Papstes in die Quere und dies führte, wie die neueste Forschung herausgestellt hat, zu seiner Verurteilung. Und diese bedeutete den Scheiterhaufen. Nicht ein persönlicher Racheakt Alexanders führte zum Kirchenbann für Savonarola, sondern die aktuelle Politik des Heiligen Stuhles.

Francesco Guicciardini spart in seiner Storia d'Italia nicht mit Kritik an den Renaissancepäpsten:

„Zu irdischer Macht erhoben, ließen sie mit der Zeit davon ab, an die Gesundheit der Seele und die göttlichen Gebote zu denken, und richteten all ihr Sinnen und Trachten auf weltlichen Ruhm. Ihre Sorge und ihre Geschäfte galten nicht mehr einer heiligen Lebensführung, der Vertiefung des Glaubens, der Frömmigkeit und der Nächstenliebe, sondern den Hee-

ren und Kriegen gegen die Menschen. Nicht ein Gedanke wurde an die Nachfolge oder an die ewige Würde des Pontifikats verschwendet; stattdessen trachteten sie in ihrem schädlichen Ehrgeiz danach, ihren Söhnen, Neffen und Verwandten nicht nur zu unermesslichen Reichtümern, sondern auch zu Fürstentümern und Königreichen zu verhelfen.[33]

In Deutschland bildeten sich antirömische Affekte, die aber zunächst nicht die persönliche Lebensführung der Päpste betrafen, sondern den immensen Geldbedarf der Kurie:

„Vor allem die römische Stellen- und Geldpolitik sahen Bischöfe, Fürsten und Städte sowie die zeitgenössische polemische Literatur als skandalös an."[34]

Die massivste Kritik kam von den Reformatoren, allen voran Martin Luther. An die Adresse von Paul III. richtete er 1545 seine Schrift „Wider das Papsttum zu Rom, vom Teufel gestiftet". Pauls Vorgänger waren allerdings so sehr mit Politik und Hofhaltung beschäftigt, dass sie die Brisanz der Anklagen nicht begriffen haben. Dass der päpstliche Bannstrahl nicht den Mönch traf, sondern ins Leere ging, konnte sie nur verwundern.

„Natürliche Kinder" – keineswegs selten

Sinnigerweise nannte man die unehelichen, aus amourösen Abenteuern hervorgegangenen Kinder „natürliche" Kinder. In der Geburtsurkunde heißt es „figlio / figlia naturale".

Illegitime oder Bastarde waren weit verbreitet, im Hochadel war dies eigentlich üblich und allein der Vater, der hohe Herr entschied, welche Stellung sein Sprössling erhielt. Und manche hatten davon eine große Zahl, z. B. Herzog Philipp der Gute von Burgund (gest. 1467) hatte sechsundzwanzig uneheliche Kinder. Von seinen Söhnen kamen nicht wenige auf hohe kirchliche Stellen, der älteste Sohn David wurde von seinem Vater als Erzbischof von Utrecht vorgesehen und beim Papst durchgesetzt.[35] Uneheliche Kinder waren in allen Kreisen keine Seltenheit. Auch ein tief religiöser Mann wie Galileo Galilei (1564–1642) unterhielt eine langjährige Beziehung zu seiner Freundin Marina Gamba in Venedig, die er hoch schätzte, aber nicht heiratete. Aus ihrem Zusammenleben erwuchsen drei Kinder. Die beiden Töchter Virginia und Livia steckte Galilei sehr früh ins Kloster, der Sohn Vicenzio wurde durch den Großherzog der Toskana legitimiert.

So tummelten sich überall Bastarde der Adeligen, Pfaffenkinder, Bischofskinder, Kardinalskinder, auf allen Hierarchieebenen waren sie zu finden und von dieser generellen Akzeptanz der Bastard-Kinder ist dann auch verständlich, dass ein Kardinal mit illegitimen Kindern zum Papst gewählt werden konnte.

Soziale und rechtliche Stellung der unehelichen Kinder

Auch wenn uneheliche Kinder in der Gesellschaft eigentlich selbstverständlich waren, so wurden sie doch nicht selten als Bastarde beschimpft und waren mancherlei Diskriminierungen ausgesetzt. Sie waren zunächst ehrlos und hatten nicht die gleichen Rechte wie die ehelichen, z. B. waren sie nicht erbberechtigt, sie hatten keinen Zugang zu Zünften, Bruderschaften und manchen Berufen. Abhilfe konnte hier ein Legitimierungsverfahren schaffen. Dies waren mitunter kostspielig und ließ ein aufgeblähtes Urkundenwesen blühen. König, Kaiser, Fürsten und der Papst konnten nachträglich eine Legitimierung erteilen. Damit wurde die Vaterschaft öffentlich, die Kinder wurden gesellschaftsfähig, man konnte Heiratspolitik mit ihnen betreiben oder sie als Nachfolger einsetzen mangels ehelicher Nachkommen.

Eine Tür blieb aber auch dann noch verschlossen, nämlich die zu kirchlichen Ämtern. Für das Kirchenrecht waren die Illegitimen mit einem Geburtsmakel behaftet, „defectus natalium" nannte man das fachmännisch und dies besagte, dass ihnen der Zugang zu den höheren Weihen verboten war. Dafür konnte man allerdings eine Dispens erhalten, übrigens galt diese Befreiung von einem so genannten Weihehindernis noch bis 1983. Mit dieser Dispens, die von der päpstlichen Pönitentiarie ausgesprochen wurde, war der Geburtsmakel getilgt, nur Kardinal oder Papst sollte ein Unehelicher nicht werden. Trotzdem ist es einem gelungen, einem Medici, Giulio de' Medici, dem Sohn des schönen Giuliano und seiner Mätresse Fioretta d' Antonio. Er wird 1523 Papst mit dem Namen Klemens VII. Bei seiner Legitimierung wandte man einige Tricks an, so stellte man bei seinen Eltern eine heimliche Ehe fest.

Alle Kardinalskinder waren selbstverständlich unehelich. Einige Kardinäle wie z. B. Giuliano della Rovere oder Rodrigo Borgia hatten verheiratete Frauen als Konkubinen und die Kinder galten formal zunächst als eheliche Kinder des Ehemannes. Der leibliche Vater hat sich unter Umständen erst später zu erkennen gegeben und die Kinder nachträglich legitimieren lassen. Auch die Papsttochter Lucrezia ist unter dem Deckmantel einer Ehe geboren, der Ehemann musste eine Scheinehe führen und man fragt sich schon, welch seltsames Verständnis von Ehe einige Kardinäle in Rom hatten.

Die leiblichen Väter haben in der Regel nur männliche Nachkommen ausdrücklich anerkannt. Die förmliche juristische Legitimierung wurde in einem päpstlichen Dokument festgehalten, so z. B. bei den Söhnen des Kardinals Alessandro Farnese; für die Tochter Costanza wurde eine Legitimation nicht für notwendig erachtet.

Im Stil der Zeit war es auch, diese Kinder auf dem europäischen Heiratsmarkt zu platzieren, das tat Alexander VI., aber auch Karl V. Dieser hatte sich als junger Mann in den Niederlanden mit einer gewissen Johanna van der Gheenst vergnügt und als ein Kind unterwegs war, reiste der junge König ab und hat seine Geliebte nie mehr gesehen. Eine gewisse finanzielle Unterstützung hat er ihr allerdings zukommen lassen, auch ein König regelt zuweilen menschliche Probleme mit Geld. Die am 22.7.1522 geborene Königstochter Margarete wurde bald der Mutter weggenommen und einer von Karl ausgewählten Familie zur Erziehung übergeben. Erst als Margarete sieben Jahre alt war, sprach ihr Vater die förmliche Legitimierung aus und als Margarete von Österreich rückte sie nun in die oberste Adelshierarchie auf, wurde in das dynastische Familienkarussell einbezogen und Teil der kaiserlichen Heiratspolitik.

Karl V. setzte seine Tochter gezielt ein, um seine Beziehungen zu den Päpsten zu verbessern. So verheiratete er Margarete zum ersten Mal mit Alessandro de' Medici, einem unehelichen Sohn oder Neffen von Papst Klemens VII. und dann zum zweiten Mal mit dem Papstenkel Ottavio Farnese.

FAMILIENPOLITIK IM VATIKAN

Väter und Kinder – keine leichte Beziehung

Alexander VI. zeigte seine schöne Tochter Lucrezia bei allen möglichen Gelegenheiten in der Öffentlichkeit. Er hat sie stolz präsentiert und ließ sie teilhaben an der Kirchenregierung, wenn er abwesend war. Im Gegensatz zu ihm empfing Julius II. seine Tochter Felice diskret zum Abendessen in den päpstlichen Gemächern. Pius IV. verschwieg seine drei Kinder, sodass nicht einmal ihre Namen überliefert sind. Sehr unterschiedlich also sind die Väter in ihrer hohen Position mit ihrem Nachwuchs umgegangen.

In ihren letzten Lebensjahren haben Paul III. und Julius II. von ihren Töchtern Zuneigung, Fürsorge und Betreuung erhalten, z. B. geht die Papsttochter Costanza (Paul III.) wie selbstverständlich im Vatikan aus und ein, sie war allgemein akzeptiert, kam ohne Aufsehen und gab damit auch kein Ärgernis. Sie war sehr um die Gesundheit ihres Vaters besorgt. Übrigens werden die drei bekanntesten Papsttöchter Lucrezia Borgia, Felice della Rovere und Costanza Farnese in den Dokumenten gerühmt als auffallend schön und gut aussehend, was für Frauen in den gehobenen Kreisen damals als besonders wichtig erschien.

Mit ihren Töchtern hatten die Päpste keine Scherereien, diese ließen sich verheiraten nach dem Willen des Vaters, passten sich an und aus der Tatsache, Papsttochter zu sein, leiteten sie keine überzogenen Ansprüche ab.

Mit den Söhnen waren die Beziehungen weniger störungsfrei. Die meisten Papstväter hatten Ärger, Kummer und Sorgen mit ihren Söhnen; insbesondere Innozenz VIII. und Klemens VII. hatten auffallende Taugenichtse und Geldverschwender und der Status „Papstsohn" war bei dem Cibo-Sohn mit einem schlimmen Ruf behaftet. Die Söhne wollten selber etwas werden, stellten Forderungen, ließen ihre Unzufriedenheit erkennen wie ein Giacomo Boncompagni oder wuchsen dem Vater über den Kopf wie Cesare Borgia. Paul III. missfielen die homosexuellen Neigungen seines Sohnes Pier Luigi, der sich dann doch zu einer Ehe überreden ließ. Papstkinder waren nicht zwangsläufig fromm, religiös und auf dem Weg zur Heiligkeit. Kein Papst kam, soweit wir wissen, je auf die Idee, ein Papstkind heilig zu sprechen.

Drei Papstsöhne wurden ermordet: Juan Borgia, Pier Luigi Farnese und Alessandro de' Medici. Vor allem den Borgia-Papst hat die Ermordung seines Sohnes Juan tief erschüttert und er zeigte sich auch in der Öffentlichkeit untröstlich. Paul III. musste den Tod seiner vier Kinder erleben.

Wie fühlten sich die Kinder mit ihrem übermächtigen, weit entrückten Vater, war es eine Ehre oder ein Fluch, Sohn eines Papstes zu sein, wie kamen sie zurecht mit dieser exponierten Stellung gleichsam als Mitglied der päpstlichen Familie? Dass sie nicht in einer echten Familie aufwuchsen, wurde ihnen bei jedem Besuch im Vatikan bewusst. Nirgends wird erwähnt, dass eines der Papstkinder unglücklich war über seine sehr spezielle Situation. Die Vater-Kind-Beziehung wird im Allgemeinen in den überlieferten Texten nicht weiter ausgeführt. Gefühle, Zuneigung, Stimmungen sind in der zeitgenössischen Geschichtsschreibung kein wichtiges Thema. Die meisten Informationen sind über die Borgia-Familie erhalten, die schon sehr medienwirksam aufgetreten ist. In dieser Familie herrschte ein reger Briefwechsel, der Vater wollte immer Bescheid wissen über seine Kinder. In ihren Briefen gebraucht Lucrezia die offizielle Anrede „sanctissime pater" (heiligster Vater), sie schreibt nicht einfach, lieber Vater. In der Öffentlichkeit halten sich auch die Kinder an das päpstliche Zeremoniell, d. h. die Begrüßung beginnt mit dem Fußkuss.

Papstenkel als Kardinäle

Die päpstliche Familienpolitik zeigte einen langen Arm, auch die Enkel konnten davon profitieren und manche erhielten den Kardinals-Purpur: Enkel von vier Päpsten sind zu Kardinälen ernannt worden:

Innozenz VIII.	Innocenzo Cibo	(Kard. 1513–1550)
Alexander VI.	Ippolito d'Este	(Kard. 1538–1572)
Paul III.	Alessandro Farnese	(Kard. 1534–1589)
	Ranuccio Farnese	(Kard. 1545–1565)
	Guido Ascanio Sforza	(Kard. 1534–1564)
	Alessandro Sforza di S. Fiora	(K. 1565–1581)
Gregor XIII.	Francesco Boncompagni	(Kard. 1621–1641)

Vom Kardinalshut zur Tiara (Papstkrone) war der Weg für die Papstenkel allerdings zu steil. Kardinal Alessandro Farnese war nahe dran, er nahm fünfmal an einem Konklave teil. Auch Ippolito d'Este machte sich Hoffnungen, aber für einen Borgia-Enkel konnte dies nur eine schöne Illusion bleiben. Einen Sohn als Nachfolger aufzubauen, gelang keinem Pontifex. Zwar hat Alexander VI. seinen Sohn Cesare zum Kardinal ernannt und ihn damit ins Wahlgremium gesetzt, aber Cesare gab seine Kardinalswürde wieder zurück und heiratete. Einige Papstenkel z. B. die Kardinäle Cibo, d'Este, Alessandro Farnese setzten die Tradition des päpstlichen Großvaters fort, indem sie selber wieder illegitime Kinder zeugten. Auch ein Urenkel von Paul III., Francesco di S. Fiora (Kard. 1583–1624) ließ zwei uneheliche Kinder legitimieren.

Nepotismus: Der Onkel macht's möglich

Was für Kinder und Enkel unerreichbar war, gelang den Neffen problemlos.

Im 15. und 16. Jahrhundert finden wir Papstpaare als Onkel und Neffe:

- Eugen IV. und Paul II.
- Pius II. und Pius III.
- Kalixt III. und Alexander VI.
- Sixtus IV. und Julius II.

Leo X. und Klemens VII.: Auch diese beiden Medicipäpste standen in einem engen Verwandtschaftsverhältnis, ihre Väter waren Brüder. Die Förderung des eigenen Familienverbandes war viele Jahrzehnte beherrschend, der Aufstieg auf den Papstthron war auch der Aufstieg der ganzen Familie. Die Päpste vergaben Titel, Ämter, Würden in Hülle und Fülle. „Habemus papam" – wir haben einen Papst, konnte man ganz wörtlich nehmen. Der Status Papstfamilie ließ sich reichlich ausschlachten. In dieser Zeit und insbesondere in Italien spielten Familienbande eine herausragende Rolle.

Kinder, Enkel, Verwandte und Freunde kletterten die soziale Leiter rasant nach oben. Wenn es eine Familie einmal zu einem Papst gebracht hatte, dann strömte der Segen reichlich über alle, besonders auf die Neffen; Sixtus IV. berief sechs Neffen ins Kardinalskollegium. Der Onkel auf dem Papstthron war der schnellste Weg zur kirchlichen Karriere. Da wurde nicht nach Frömmigkeit oder theologischer Bildung gefragt, was zählte, waren Familienbande. Leo X. beispielsweise erlangte die Kardinalswürde, weil seine Schwester den Papstsohn Franceschetto Cibo heiratete. Kaum dass Leo X. selbst auf dem Stuhl Petri saß, verlieh er den Purpur an seinen Vetter Giulio de' Medici und seinen Neffen Innocenzo Cibo, seinen Bruder beförderte er zum Oberbefehlshaber der päpstlichen Truppen. Verwandtschaft wird also ein wichtiges Kriterium als Zugang zu den höchsten kirchlichen Ämtern. Aus dieser „Vetternwirtschaft" entwickelte sich ein festes System, das man mit dem Fachbegriff Nepotismus umschreibt. Es hat ungefähr 250 Jahre Bestand. Die Position des Kardinalnepoten hatte sich fest etabliert und sollte nach dem Ende eines Pontifikates den jähen Absturz der Papstfamilie verhindern. Erst Innozenz XII. ließ 1692 diesen offiziellen Nepotismus abschaffen, er ernannte keinen Verwandten mehr zum Kardinal und beendete die geistliche Familientradition.

Heirats- und Papstpolitik in einem

Die zersplitterte politische Landschaft Italiens kannte eine Fülle von einzelnen Fürstentümern und Stadtherrschaften; in diese Kreise einzudringen, war nicht einfach. Der Vater oder Onkel auf dem Papstthron war hier unbezahlbar, sein Höhenflug zog viele nach oben, relativ bescheidene Adelsfamilien wie die Farnese oder Borgia fanden Zugang in den exklusiven Hochadel und etablierten sich auf lange Zeit. Der Vater auf dem Stuhl Petri wird Schwiegervater oder Verwandter von europäischen Fürstenhäusern, die Beziehungen erhalten dadurch eine neue und wesentlich andere Qualität. Paul III. gelingt es, für seinen Enkel Ottavio Farnese die Kaisertochter Margarete zu gewinnen. Papst und Kaiser sind also verwandt, Papstenkel und Kaisertochter sind ein Paar und diese Ehe sollte bewusst das gute Einvernehmen zwischen Papst und Kaiser besiegeln. Allerdings hat das nicht lange angehalten und die Ehe war mehr als unglücklich.

Die Papstkinder werden gezielt auf dem europäischen Heiratsmarkt eingesetzt und dies beeinflusst die päpstliche Politik wesentlich. Die Privatsphäre des päpstlichen Vaters vermischt sich mit der offiziellen politischen Einstellung des Heiligen Stuhles. Papst und Vater handeln mit einer Intention, wobei die väterlichen Versorgungsabsichten überwiegen.

Für manchen Pontifex war kein Weg zu weit, wenn es um Hochzeitsfeiern seiner Verwandtschaft ging. So reiste beispielsweise der Medicipapst Klemens VII. mit großem Gefolge nach Marseille, um dort am 28. Oktober 1533 die Trauung zu halten für das Paar Heinrich von Orleans und Caterina de' Medici; die Enkelin des berühmten Lorenzo heiratet in das französische Königshaus ein. Bei dieser glänzenden Festlichkeit war der Papst von vierzehn Kardinälen umgeben und als Gast- und Hochzeitsgeschenk erhielten bald darauf drei Franzosen den Kardinalshut.

Während es in Deutschland drunter und drüber geht und die Reformation voranschreitet, betreibt Klemens mediceische Familienpolitik. Die Medici entwickeln, was kirchliche Karrieren anbelangt, eine erstaunliche Dynamik. Der Stadtherr Lorenzo in Florenz ist nicht nur „il Magnifico", er ist auch kirchenpolitisch äußerst erfolgreich: ein Sohn und ein Neffe werden Papst, vier Enkel werden Kardinäle, fürwahr eine geballte Erstürmung kirchlicher Machtpositionen. Diese Entwicklung führt nicht zuletzt zur erblichen Dynastie der Medici in Florenz.

Vater und Papst: Kollisionen einer Doppelrolle

Was bei Daniel Büchel als Frage formuliert ist, lässt sich bei vielen Petrusnachfolgern ohne weiteres bejahen: *„Beeinflussen die konkreten Interessen der Papstverwandten große päpstliche Politik, prägen ihre Ziele und Strategien?"*[36]

Die Familienpolitik hat die Kirchenpolitik nachhaltig beeinflusst, z. B. war der Borgia-Papst unentwegt damit beschäftigt, seinen zahlreichen Nachwuchs standesgemäß unterzubringen. Die Eroberungszüge des Cesare Borgia in der Romagna sollten den Kirchenstaat stabilisieren, zugleich aber auch ein Imperium Borgia zu Wege bringen. Dies ist allerdings gründlich misslungen. Der Farnesepapst Paul III. hingegen hat es durchgesetzt, seiner Familie ein Herzogtum zu sichern und eine Dynastie zu begründen. Er hat ein Stück vom Kirchenstaat, nämlich Parma, gleichsam herausgeschnitten, es privatisiert und seinem ältesten Sohn Pier Luigi Farnese als erbliches Besitztum übertragen. Hinzu fügte er noch Piazensa, das Karl V. als kaiserliches Lehen betrachtete. Nicht umsonst hat der Kaiser höchst ungehalten reagiert. Das Verhalten des Pontifex war im Grunde schamlose Familienpolitik, die konträr zur päpstlichen Politik stand, den Kirchenstaat möglichst stabil zu erhalten.

Klemens VII. lässt Florenz mit Waffengewalt erobern und setzt seinen Sohn oder Neffen Alessandro de' Medici als ersten Herzog ein. Für einige Zeit tritt der Papst selber als der eigentliche Herr über Florenz auf und verankert in seiner Heimatstadt die erbliche Dynastie der Medici.

Der Papst kennt keinen privaten Bereich und so werden seine Kinder Teil seiner Amtsführung. Einige von ihnen erhalten päpstliche Posten; kirchliche Gelder werden zu Familienbesitz umgeleitet, Familienfeste werden zu päpstlichen Veranstaltungen. Die Betonung der Familieninteressen beschädigt den religiösen Charakter des Amtes und missbraucht die Stellung als Oberhaupt der Kirche. Alexander VI. hatte gemeint, er könne beides auseinander halten, das war allerdings eine Illusion: Die Förderung der Kinder und ihrer Karrieren deckte sich keineswegs immer mit den Interessen des Kirchenstaates. Für Alexander VI. gehörte die Familie wesentlich zu seiner Amtsführung. Als Papstvater agierte er in einer komplexen und diffizilen Doppelrolle.

Familienehre

Nur eine knappe Zeit war vielen Päpsten zugemessen und sie mussten mit dem Gut „Papsttum" gewaltig wuchern, um sich und zugleich ihrer Familie einen Platz in der Geschichte zu sichern. Die Nachfahren zehrten noch lange von der Ehre eines Pontifex in den eigenen Reihen. Fast alle Papstfamilien sind nach wenigen Jahrzehnten verwandt und verschwägert, vielerlei Heiraten schaffen Bindungen untereinander, sodass manche zwei oder drei Päpste in ihrem Stammbaum finden. Auffallend viele Kardinäle gehören zu den Papstnachkommen:

„*Insgesamt konnten 114 Kardinäle festgestellt werden, die von 1493 bis 1899 den roten Hut erhielten und Papstnachkommen waren.*"[37]

„*Das Geheimnis des Papstblutes*"[38], von dem Christoph Weber spricht, soll hier nicht weiter interpretiert werden, aber ein Pontifex unter den Vorfahren war für viele Familien ein strahlendes Glanzlicht in der Ahnenreihe.

Die Renaissancepäpste und ihre Nachfolger betreiben einen ausgeprägten Personenkult, sie wollen sich verewigen und zur Schau stellen. Ein flüchtiger Gang durch die Peterskirche lässt einen erstaunen. Viele gewaltige Statuen erinnern nicht etwa an Heilige, sondern an Amtsträger, die sich „Heiliger Vater" oder „Seine Heiligkeit" nennen ließen: imposante, pomphafte Gestalten mit einer aufdringlichen Selbstdarstellung, die auch die Familie mit einbezieht. Überall in Rom haben die Päpste ihre Zeichen hinterlassen; man sieht die Bienen der Barberini an den Säulen des Baldachins am Papstaltar in St. Peter wie das Wappentier der Borgia, den Stier, an

Hauptfassade, St. Peter, Rom-Vatikan

der Kassettendecke der Basilika Santa Maria Maggiore, wobei auch hier der Borgiapapst nicht kleinlich war, 320 Stiere schauen von der Kirchendecke herunter. Eine besonders krasse Familienverherrlichung ist an der Außenfassade der Peterskirche zu sehen, und zwar verkündet das Schriftband über dem Hauptportal lapidar: Paulus Quintus Burghesius. Verewigt hat sich hier Papst Paul V. aus dem Hause Borghese. Wo der Pilger beim Eintritt in das Gotteshaus einen frommen Impuls erwartet, wird ihm eine Familie präsentiert. Allein dieses an sich unwichtige Detail zeigt das Familienbewusstsein ganzer Generationen von Päpsten und die Papstkinder sind in diesem Umfeld keine Fremdkörper.

DIE MÜTTER DER PAPSTKINDER

Vannozza Cattanei: geachtete Geliebte (1442–1518)

Ende November 1518, eine Beerdigung in Rom, wie sie nicht alle Tage stattfindet, ein langer Trauerzug, darunter Bischöfe, Protonotare, Kurienbeamte. Papst Leo X. hat zur Teilnahme aufgerufen, das lässt auf eine bedeutende Persönlichkeit im päpstlichen Rom schließen und erstaunlicherweise wird eine Frau so eindrucksvoll und feierlich zu Grabe getragen.

Der Trauerzug führt auf die Piazza del Popolo und steuert geradewegs auf die Kirche Santa Maria del Popolo zu. Dort sind Bischöfe und Adelige begraben, Prominente wie auch der ermordete Papstsohn Juan Borgia, dessen verstorbene Mutter nun in einem imposanten Leichenzug hier hergetragen wird. Eine Mönchsschola singt Psalmen, weithin klingt das „De profundis clamavi" (Aus der Tiefe rufe ich, Herr, zu dir: Psalm 130), dazwischen sind deutlich Gesprächsfetzen zu hören, geflüstert unter der Volksmenge am Ende des Zuges, Konkubine, Ehebrecherin, Papstmätresse, schamlos, wie war das wohl in den Armen eines Kardinals. Wird sie nun begraben an der Seite ihres Mannes: dreimal war sie verheiratet, alle Männer hat sie überlebt, von ihren fünf Kindern lebt nur noch die Tochter Lucrezia in Ferrara, von ihren Enkeln ist zur Zeit keiner in Rom. Wer war wirklich ihr Mann? Das Sagen in ihrem Leben hatte ohne Zweifel der attraktive, große, faszinierende Spanier Rodrigo Borgia, den sie mit ungefähr dreißig Jahren kennen lernte und dem sie verfallen ist, oder er ihr, wer weiß das schon so genau. Nun wird sie mit sechsundsiebzig Jahren begraben, feierlich mit Pomp, eine angesehene, vornehme Römerin, geachtet und geschätzt. Von ihrem Vermögen hat sie fromme Stiftungen gemacht an Klöster, hat sich Fürbittgebet gekauft für viele Jahre, wie wenn sie etwas zu büßen hätte. In ihrem Testament hat sie reichlich Vorsorge getroffen, eine Bruderschaft übernimmt die Grabpflege und jedes Jahr an ihrem Todestag, dem 26. November, werden feierliche und gut besuchte Totenmessen für sie abgehalten. Das geht über 150 Jahre so.

Irgendwann geht die Erinnerung an ihr Grab verloren. Die gestifteten Seelenmessen an ihrem Todestag werden ins Spital von St. Johann im Lateran verlegt und dort noch bis ins 18. Jahrhundert abgehalten, also doch ungefähr 250 Jahre lang. Dann jedoch passte die Erinnerung an die Mätresse des Papstes dem Vatikan nicht mehr und das alljährliche Gedächtnis wurde verboten.

Vannozza de Cattaneis (auch Catanei) ist 1442 geboren, vielleicht stammt sie aus einer Handwerkerfamilie. Vannozza oder Vanozza ist die Kurzform des häufigen Vornamens Giovanna. Über ihre Jugend ist nichts bekannt, auch nicht, wie die beiden zueinander gefunden haben, der damals schon dreiundvierzigjährige, reiche und berühmte Kardinal Borgia mit Erfahrung in Sachen Frauen und die eher bescheidene Vannozza. 1474 kauft ihr Rodrigo ein Haus, nahe bei seinem Palast, und im selben Jahr arrangiert er für sie eine Eheschließung mit Domenico d'Arignano. Diese Ehe bietet nach außen ein gewisses Dach, unter dem der Kardinal seine Freundin besuchen kann. Als Witwe gibt er ihr wieder einen neuen Ehemann, dieses Mal einen ziemlich reichen, nämlich Giorgio della Croce, der ein Landhaus inmitten eines Weingutes bei S. Pietro in Vincoli sein Eigen nennt. Rodrigo führt mit Vannozza ein intimes, unauffälliges Familienleben, einige Male verbringen sie gemeinsam den Sommer in Subiaco, natürlich nicht in dem berühmten Kloster, sondern in der Burg, die Rodrigo gehört. Vannozza genießt die herzliche Zuneigung ihres charmanten und fröhlichen Liebhabers und die Sommer in Subiaco bleiben ihr unvergessen. Gewissensbisse scheinen sie nicht geplagt zu haben. Die Beziehung sollte diskret bleiben, weil Rodrigo sich für die höchste kirchliche Würde berufen sah. Nach der Geburt von Jofré 1482 verliert der Kardinal sein Interesse an ihr und gestattet dem Ehemann, seine Eherechte wahrzunehmen, und Vannozza gebar 1484 den ehelichen Sohn Ottavio, der allerdings bald stirbt wie auch der zweite Ehemann (1486). Vannozza heiratet noch einmal, und zwar Carlo Canale, einen literarisch gebildeten Mann, einen Humanisten aus Mantua, der eine Stelle in der päpstlichen Kanzlei erhält und später zum Gefängnisdirektor aufsteigt. Dass Rodrigo sich von ihr abwandte und eine neue junge Geliebte nahm, Giulia Farnese, hat sie nicht verbittert, sie bleibt ihrem Liebhaber in Sympathie verbunden.

Ihre vier Kinder: Cesare, Juan, Lucrezia, Jofré hatte Vannozza relativ spät, bei Lucrezia war sie achtunddreißig und bei Jofré vierzig Jahre alt. Welche Rolle spielte sie überhaupt für ihre Kinder? Die ersten Jahre waren die Kinder jeweils in ihrem Haushalt, dann kamen sie ins Haus der Adriana di Mila, einer Verwandten des Kardinals, um dort Unterricht und eine zeitgemäße Bildung zu bekommen. Aus dem Haushalt des Kardinals kamen Privatlehrer. Der reiche Kardinal Borgia wollte auch in dieser Hinsicht mit dem Adel mithalten, an dessen Höfen Humanisten als Erzieher tätig waren. Mit ihrer Beziehung zum „Kardinal" hat Vannozza nie geprahlt, und als ihr langjähriger Geliebter als Alexander VI. es trotzdem schafft, Papst zu werden, da bleibt sie im Hintergrund. Bei den Hochzeiten von Lucrezia im Vatikan ist sie nicht dabei. Lucrezia bedauerte dies sehr und vermisste ihre Mutter, zu der sie ein gutes Verhältnis hatte. Bei der Vermählung 1493 wurde offiziell eine Krankheit vorgeschoben, aber Lucrezia kannte die wahren Gründe. Alexander hatte der Brautmutter die Teilnahme verboten,[39] vermutlich wollte er ein unliebsames Zusammentreffen der jetzigen Mätresse Giulia mit Vannozza vermeiden. Zwischen ihr und der Verwandten Alexanders, Adriana di Mila war es am Vortag zu heftigen Auseinandersetzungen gekommen. Vannozza hat ihren Rodrigo einige Male im Vatikan besucht, aber sie will keinen Einfluss auf ihn ausüben und keine Stellung im Hofstaat, allerdings wird sie materiell von ihrem ehemaligen Liebhaber großzügig versorgt und beschenkt, sodass sie nach seinem Tod als wohlhabende Frau leben kann. Ohne Zweifel ist sie geschäftlich tüchtig und erfolgreich, sie besitzt einige Häuser und Gaststätten, z. B. „am Campo dei Fiori die Herberge ‚Die gastliche Kuh', die ihr bis 1517 gehörte".[40] Vannozza führt das Leben einer Frau der gehobenen Gesellschaft. Mit ihren Kindern steht sie in regem Briefwechsel, vor allem mit Lucrezia; vermutlich hat sie ihre Briefe diktiert. Von ihren Kindern wurde sie geachtet und war als deren Mutter in der Öffentlichkeit bekannt. Ihre Rolle als Kardinals-

Konkubine hat sie nie zu verbergen gesucht. Auf Dokumenten nennt sie sich oft mit dem Doppelnamen Cattanei-Borgia, oder sie unterschreibt als Vannozia Borgia. Sie hat sich zeit ihres Lebens als eine Borgia gefühlt.

Giulia Farnese: Geliebte des Papstes (ca. 1475–1524)

Von der Kardinalsgeliebten zur Papstmätresse

Am 9. Mai 1490 wurde im Palast des Vizekanzlers der heiligen Kirche, des Kardinals Rodrigo Borgia Hochzeit gefeiert: Die Braut Giulia Farnese ist kaum fünfzehnjährig, bildhübsch, von ihrer Schönheit wird man noch Jahrzehnte reden.

Der Bräutigam Orso Orsini stammt aus einem berühmten Geschlecht, wenn auch aus einer Nebenlinie, er ist einäugig, hässlich, Sohn der Adriana di Mila, einer Verwandten von Borgia, die auch als seine enge Vertraute gilt.

Als Vormund des Bräutigams hat der Kardinal zur Hochzeit in seinen Palast geladen. Ein ungleiches Paar wird da zusammengefügt, eine glückliche Ehe erwartet niemand der Anwesenden. Wie sich die freundlichen Segenswünsche des Kardinals auswirken, merkt man erst später. Aufmerksamen Hochzeitsgästen ist nicht entgangen, wie sehr Rodrigo Borgia von der außergewöhnlich schönen und attraktiven Giulia fasziniert ist. Jedenfalls ist die junge Braut bald die Geliebte des Kardinals, vermutlich Anfang des Jahres 1491. Vom Volksmund wird sie sinnigerweise „Sponsa Christi", „Braut Christi" genannt, spätestens als Rodrigo Papst wird als Alexander VI. und Giulia aufsteigt zur Papstmätresse.

Orso Orsini braucht nicht lange, um zu begreifen, dass in seinem Ehebett kein Platz mehr für ihn ist. Fluchtartig verlässt er Rom, will weit weg und plant eine Reise nach Jerusalem. Die Verwandtschaft kann ihn mühsam davon abbringen; Orsini zieht sich zurück auf seine Herrschaft Bassanello bei Viterbo und wird Condottiere im Dienst der Kurie. Dem abgekarteten Spiel hat er nichts entgegenzusetzen. Im Frühjahr 1492 bringt Giulia eine Tochter zur Welt und gibt ihr den Namen Laura. Als Vater kommt eigentlich nur der Kardinal Borgia in Frage und er bekennt sich auch klar dazu. Es war nie seine Art, etwas zu vertuschen.

Bei der ersten Hochzeitsfeier seiner Tochter Lucrezia im Vatikan sitzt Papst Alexander VI. beim Festmahl zwischen Lucrezia und Giulia Farnese, zwischen seiner Tochter und seiner Mätresse, die der Zeremonienmeister Burchard bewundernd „Julia bella" nennt. Der Papst zwischen zwei besonders attraktiven jungen Frauen, das wäre ein Gemälde wert gewesen, eine Position allerdings, die auch viel Kritik provoziert. In einer fast naiven Euphorie hat der Papst als Vater und Liebhaber jede Diskretion verloren. 1493 ernennt Alexander Giulia zur Hofdame von Lucrezia. Beide Frauen wohnen im gleichen Palast, ganz nahe bei der Peterskirche, sodass sie unauffällig in den Vatikan gelangen konnten. Unbemerkt war der Zutritt zu den päpstlichen Privatgemächern sicherlich nicht möglich – Alexander hatte vermutlich einige Kammerherren eingeweiht und zum Schweigen verpflichtet –, aber er konnte nicht im Ernst meinen, seine Liebschaft könnte geheim bleiben.

1493 erhält Giulias Bruder Alessandro Farnese den Kardinalspurpur. Das Volk von Rom höhnt durch Schmähzettel: „Alessandro, du verdankst den Kardinalshut deiner Schwester Giulia, die ihre Unterröcke hob". „Il Cardinale della gonella" wird er genannt, Kardinal von Unterrocks Gnaden. Heute würde man wohl „Dessous-Kardinal" formulieren und denkt an so manche Karriere, die über Liebes-Beziehungen zustande kam. Der Spott vergeht, der Kardinalshut bleibt und Allessandro bewegt sich jetzt im elitären Kreis der Kardinäle.

Liebesbriefe in den Vatikan

Vor den anrückenden Franzosen will der Papst beide Frauen in Sicherheit bringen und so reist Giulia mit Lucrezia nach Pesaro. Von dort schreibt Giulia Briefe, z. B. am 10. Juni 1494 schon eine Art Liebesbrief, sie sei traurig, nicht bei ihm zu sein, und in Abwandlung eines Bibelzitates (Lukas 12,34), Freude könne es für sie nur in seiner Gegenwart geben, denn „wo mein Schatz ist, wird auch mein Herz sein". So beklagt sie seine Abwesenheit und beschwört ihre Sehnsucht nach ihm. Das abgewandelte Bibelzitat lässt allerdings einen anderen Autor vermuten, nämlich ihren Bruder, der immer neue Vergünstigungen aus dieser Beziehung herausholen will. Vermutlich ist der Brief vom Kardinal Farnese nicht ohne Hintergedanken formuliert worden, auf jeden Fall ist dieses Schreiben Balsam für den Papst, der sich offensichtlich richtig verknallt hat in diese zauberhafte Schönheit. Was Giulia selber wirklich gefühlt hat und wie echt ihre Zuneigung war, ist schwer zu ergründen. Vielleicht haben die Farnese sie nur benutzt für die Karriere Alessandros. Ihre Liebesabenteuer mit dem alten Papst waren wohl eher Tribute an taktische Familieninteressen als reines Vergnügen.

Ohne Alexander zu fragen, verlässt Giulia Pesaro und besucht ihren todkranken Bruder Angelo Farnese in Capodimonte. Der Papst ist wütend und schreibt drohende Briefe, Giulia aber bleibt. Er wirft ihr Undankbarkeit und Treulosigkeit vor, in seinem Brief nennt er sie „Julia ingrata et perfida" und verlangt strikt, dass sie sich von ihrem Ehemann fern hält. Alexander ist rasend vor Eifersucht, zeigt sich sehr sentimental und droht ihr mit der Kirchenstrafe. In dieses vorwurfsvolle Schreiben spielen vermutlich auch politische Hintergründe hinein, weil die Orsini Front gegen den Pontifex bezogen haben. Alexander befand sich in einer tiefen Krise, die Franzosen waren auf dem Weg nach Rom.

Schließlich machte sich die schöne Giulia mit ihrer Schwiegermutter Adriana di Mila auf den Weg nach Rom und wurde prompt von den Franzosen gefangen genommen. Alexander zahlte sofort das geforderte Lösegeld und mit brennenden Fackeln begleitet eine französische Eskorte die beiden Frauen nach Rom. Als Giulia im Vatikan ankommt, erwartet sie der jugendlich gekleidete Papst in schwarzem Samt mit Goldverzierungen, angezogen wie ein ritterlicher Liebhaber mit Seidenbarett und einem Degen an der Seite, sicherlich für die Kammerherren eine alberne Erscheinung und genügend Stoff für die päpstliche Gerüchteküche. Die Nacht über bleibt Giulia im Vatikan. Vermutlich bricht sie die Beziehung zu Alexander bald ab, der genaue Zeitpunkt ihrer Trennung ist unklar. Damit endet eine Affäre, die sich in vergleichbarer Form in päpstlichen Gemächern, nach allem, was man weiß, nicht mehr zugetragen hat. Giulia ist vermutlich bis heute die einzige Frau, die man mit Recht Geliebte eines Papstes nennen kann.

Als Brautmutter wieder im Papstpalast

Giulias einzige Tochter Laura heiratet am 16. November 1505 einen Neffen von Papst Julius II. Die Hochzeit findet als große gesellschaftliche Feier im Vatikan statt. Als Brautmutter betritt Giulia den

Papstpalast, eine Frau von dreißig Jahren, immer noch eine außergewöhnliche Erscheinung, die viele Blicke auf sich zieht. Ihre Nächte im Vatikan verblassen langsam in ihrer Erinnerung, aber doch innerlich sehr gerührt bewegt sie sich in den festlichen Räumen neben den anderen prominenten Hochzeitsgästen, dem Papst selber und ihrem Bruder, dem Kardinal Farnese. Die Verbrüderung zweier wichtiger Familien, der Orsini und der Della Rovere, ist für alle ein besonderes Ereignis. Dass Laura als Baby schon in den vatikanischen Gemächern war, will keiner erwähnen und über ihren leiblichen Vater schweigt die Mutter. Im Tagebuch von Johannes Burchard[41] finden sich Notizen über diese Hochzeit, an der acht Kardinäle teilnahmen und ungefähr 40 Frauen aus Rom und Genua. Giulia trifft auch Felice della Rovere, die Burchard „la figlia del Papa" nennt, und spricht mit Camillo Benimbene, der hier als Notar amtiert und der auch ihre eigene Vermählung beurkundet hat. Giulia weiß die Ehre zu schätzen, dass beim anschließenden Hochzeitsmahl der Papst selber anwesend ist, bei der Trauung seiner eigenen Tochter wird er dies nicht tun, und während die Musik erklingt, schweifen ihre Gedanken zurück zu jener Hochzeitsfeier, die sie hier erlebt hat, als sie neben Alexander VI., dem Brautvater saß. Damals hatte sie wild und stürmisch getanzt vom Beifall der Hochzeitsgäste beflügelt, denn sie wollte ihm gefallen, bei dem sie anschließend die Nacht verbrachte.

Nach Lauras Hochzeit führt Giulia ein zurückgezogenes Leben. Bereits am 31.7.1500 ist ihr Ehemann Orsini verstorben und sie lässt sich Zeit mit einer neuen Eheschließung. 1506 heiratet sie den neapolitanischen Edelmann Giovanni Capece Bozzato, den sie 1496 bei der Hochzeit von Jofré und Sancia Borgia kennen gelernt hatte. Ab 1517 ist sie wieder Witwe und verwaltet ihre Güter. Nach ihrem Tod am 14. März 1524 schreibt der venezianische Gesandte Marco Foscari seinem Dogen: *„Gestorben ist die Schwester des Kardinals Farnese, die Madonna Julia, giá amante del Papa Alessandro"*[42].

Als Geliebte von Papst Alexander blieb Giulia Farnese unvergessen. Ihr Testament, das im Archivio di Stato di Napoli[43] aufbewahrt ist, weist viele fromme Stiftungen auf, z. B. für mittellose Mädchen. Giulia zeigt Reue über ihre Sünden; ihr prunkvolles Bett mit Baldachin geht als Erbe an ihren Bruder, den Kardinal Farnese, dem ihr Ehebruch die kirchliche Karriere ermöglichte. Als Geliebte des Papstes legte Giulia den Grundstein für den Aufstieg der Familie Farnese. Die Papstkrönung ihres Bruders hat sie allerdings nicht mehr erlebt.

Silvia Ruffini: Geliebte im Verborgenen (ca. 1480–1561)

Seit 1497 war Silvia[44] verheiratet mit Giovanni Battista Crispo. Mit ihm hatte sie drei Söhne, einer davon, Tiberio, wird 1544 durch Paul III. den Kardinalspurpur erhalten, ein später Dank des ehemaligen Liebhabers an seine Konkubine. Der Ehemann Crispo stirbt im Frühjahr 1501, aber schon vorher im Jahr 1500 ist die Tochter Costanza geboren, als leiblicher Vater bekennt sich Kardinal Alessandro Farnese. Seit einiger Zeit hat dieser ein festes Verhältnis mit ihr. Sie haben sich vielleicht schon in jungen Jahren kennen gelernt und langsam wuchs eine intensive Liebesbeziehung zwischen den beiden. Silvia führt mit dem Kardinal Farnese eine Art Untergrund-Dasein, denn er hat ihren Namen selber nie erwähnt. Er hatte von jung auf den Ehrgeiz, Papst zu werden, und deshalb meinte er wohl, seine Beziehung geheim halten zu sollen.

Seine vier Kinder: Costanza, Pier Luigi, Paolo, Ranuccio hat Alessandro in aller Öffentlichkeit anerkannt, auf der Legitimationsurkunde fehlt aber jeweils der Name der Mutter. Sie wird nur als Dame von Adel bezeichnet. Damit ist Silvia Ruffini als Mutter der Farnese-Kinder nicht eindeutig dokumentiert, man kann es aber mit sehr großer Wahrscheinlichkeit annehmen.

Als Farnese sich 1519 zum Priester weihen ließ, hat er die Konkubinatsbeziehung abgebrochen. Silvia war nie im Vatikan und zusammen mit Alessandro war sie nie in der Öffentlichkeit zu sehen. Vielleicht hat er sie später bei seinen Aufenthalten in Frascati heimlich getroffen. Als ihr Enkel, Kardinal Alessandro Farnese, zu einem Faschingsball in seinen Palast, die Cancelleria einlud, nahm sie teil. Ein Karnevalsfest lässt Raum für Verhüllung.

Am 5. Dezember 1561 ist Silvia Ruffini in Rom gestorben. Sie überlebte ihren Alessandro und auch alle ihre gemeinsamen Kinder. Begraben wurde sie in dem Familiengrab der Ruffini im Pantheon.

Lucrezia Normanni: Kardinals-Geliebte und Ehefrau des Bernardino de Cupis

Mit Lucrezia hatte der Kardinal Giuliano della Rovere, der spätere Papst Julius II., ein festes Verhältnis, sie war seine Konkubine, von ihr hatte er seine Tochter Felice und wahrscheinlich auch die beiden Töchter Giulia und Clarice. Waren es wirklich seine Kinder? Er selber hatte vor allem bei Felice keine Zweifel. Lucrezia hatte auch von ihrem Ehemann Kinder, z. B. den Sohn Giandomenico de Cupis, den sie gern als Kardinal gesehen hätte. Diese Ernennung wäre damals auch nicht ungewöhnlich gewesen, aber Julius II. lehnte schroff ab. Und so bleibt nur die nüchterne Feststellung, dass da ein Kardinal eine Ehefrau als Geliebte hat, dies auch bekannt ist und zumindest eine ihrer Töchter allgemein als seine Tochter gilt, eine innere Beziehung oder Fürsorge wird aber nicht erkennbar. In allen Dokumenten über Julius II. ist über diese Frau nichts zu erfahren. Eine Konkubine passte in die Zeit, menschliche Zuwendung zur Mutter seiner Töchter war eben nicht üblich. Giuliano wird als jähzorniger und aufbrausender Mensch geschildert, vielleicht konnte Lucrezia auch andere Seiten an ihm erleben. Bewundert hat sie ihn sicherlich; denn unverkennbar strebte Giuliano ehrgeizig und mit der gehörigen Energie nach der päpstlichen Krone. Aufmerken lässt, wie souverän Kardinäle kirchliche Normen missachten, Ehebruch begehen und gleichwohl ohne Schwierigkeiten das höchste Kirchenamt anstreben und schließlich auch antreten können.

Patriarchalische Verhältnisse

Neben diesen vier bekannten Müttern von Papstkindern, bleiben alle anderen in der Anonymität. Vielleicht bestanden auch keine Kontakte mehr, als ihre Liebhaber in den Vatikan einzogen und in eine gewisse Entrücktheit gerieten.

In den Legitimierungsdokumenten wird keine Mutter mit ihrem Namen genannt, regelmäßig heißt es „mulier soluta", allein stehende Frau.

Bei unehelichen Kindern ist das nicht ungewöhnlich, hier wird gerne vertuscht und verheimlicht. Aber auch wenn die Kinder in der Öffentlichkeit auftreten, hören wir normalerweise nichts von den Müttern. Die Väter wie die Kinder hatten kein Interesse daran, sich mit den Müttern zu zeigen. Niemals ist ein Papst mit Mutter und Kind in der Öffentlichkeit aufgetreten. Ein Mitspracherecht kam diesen ohnedies nicht zu. Der „ledige" Vater finanzierte und bestimmte, er nahm den Müttern nicht selten die Kinder weg, legte die Bildung fest, welche sie erhielten, führte Heiratsverhandlungen und besorgte Posten. Eine direkte Konsultation oder Mitsprache der Mutter war nicht vorgesehen. Die Frauen, deren Liebhaber Jahre später Heiliger Vater genannt wurden, blieben diskret im Hintergrund.

Als Felice, die Tochter Julius' II., nach Rom übersiedelt, wird sie von der Schwester des Papstes begleitet, nicht von ihrer Mutter. Diese wird im weiteren Leben von Felice nie erwähnt. Auch bei den Hochzeiten ihrer Kinder sind die Mütter nicht dabei, mit Ausnahme von Giulia Farnese. Werden sie nicht zugelassen oder bleiben sie von sich aus fern? Dabei waren bei den Vermählungsfeiern im Vatikan sehr wohl Frauen anwesend. Johannes Burchard erwähnt dies ausdrücklich in seinem Tagebuch[45] bei der Eheschließung von Lucrezia Borgia mit Giovanni Sforza von Pesaro. Zu den Hochzeitsgästen gehörten z. B. Battistina, die Enkelin von Innozenz VIII., deren Schleppe von einem schwarzen Mädchen gehalten wird, Giulia Farnese, die von Burchard „concubina del Papa" genannt wird, und viele andere römische Damen, ungefähr 150 an der Zahl.

Fast nichts erfahren wir über die Qualität der Beziehungen und den Umgang miteinander. Haben sich die Väter still und heimlich ins Haus der Geliebten geschlichen oder hat diese beim Kardinal gewohnt, vielleicht unauffällig in seinem Hofstaat? Waren es Liebesverhältnisse oder nur bloße Sexkontakte? Manche Kinder sind sicher wie die Mütter unbekannt geblieben und haben womöglich nichts erfahren von der großen Karriere des Vaters. Vielleicht war jede dieser Mütter von Papstkindern in Rom einmal dabei, wenn der glanzvoll gekleidete Pontifex auf seiner „sedia gestatoria" (päpstlicher Tragstuhl) in einer Prozession vorbeigetragen wurde. In der Menge verborgen, konnte sie zu ihm aufblicken, ohne an seinem jetzigen Leben teilzuhaben.

II Einzelne Papstkinder und ihre Väter

Vermutlich hat es auch das gegeben: Wenn der Vater Kardinal nichts mehr von ihnen wissen wollte, brachten einige Mütter ihre Kinder in ein Findelhaus. Diese Häuser, genannt „Ospedale degli Innocenti" (Heim der unschuldigen Kinder), wurden in dieser Zeit vermehrt errichtet, um die namenlosen, unehelichen Kinder zu versorgen. Den hohen Herren ging es ums Vergnügen, nicht um die Aufzucht einer großen Kinderschar. Manche Kardinäle haben ihren Nachwuchs nicht verheimlicht und bei ihrem Einzug in den Vatikan gleichsam mitgenommen. Im Allgemeinen haben sie reichen Segen über ihre Kinder fließen lassen. Aus der Grauzone von Indizien und Annahmen ragen fünf Päpste heraus, die sich klar zu ihren Kindern bekannt haben:

- *Innozenz VIII.*
- *Alexander VI.*
- *Julius II.*
- *Paul III.*
- *Gregor XIII.*

Die Kinder dieser Päpste sind in der Öffentlichkeit aufgetreten und deshalb sind biografische Notizen erhalten. Diese ermöglichen Lebensbilder unterschiedlicher Länge über folgende Papstkinder:

- *Franceschetto Cibo*
- *Cesare, Lucrezia, Juan, Jofré Borgia*
- *Felice della Rovere*
- *Costanza, Pier Luigi, Ranuccio Farnese*
- *Giacomo Boncompagni*

DIE ERSTEN ÖFFENTLICHEN PAPSTKINDER: SOHN UND TOCHTER INNOZENZ' VIII.

Vater: Giovanni Battista Cibo: 1432–1492, 1473 Kardinal, 1484 Papst als Innozenz VIII.
Mutter: eine unbekannte Neapolitanerin

Sein Vater wird „Heiliger Vater"

Ende August 1484:

In der dumpfen Gluthitze von Rom suchen 25 Kardinäle einen neuen Papst. Sie haben ihre komfortablen Paläste verlassen und leben nun beim Konklave, der Papstwahl auf engem Raum im Vatikan zusammen. Eine schnelle Lösung würden sie alle als Erlösung empfinden. An Kandidaten mangelt es bei dieser Wahl nicht. Schon beim ersten Wahlgang kann der venezianische Kardinal Marco Barbo viele Stimmen auf sich vereinen; wenn noch fünf Wähler sich für ihn entscheiden, hat er gewonnen. Aber dies wäre kein erfreuliches Ergebnis für die Gruppe der lebenslustigen und reichen Kardinäle. Barbo gilt als sittenstreng und fromm, vermutlich würde er sich als Papst um das Privatleben seiner Kardinäle kümmern. Also geht die Suche weiter.

Zwei Kontrahenten stehen sich gegenüber: der Vizekanzler Rodrigo Borgia und Giuliano della Rovere. Beide sind durch ihren Onkel Kardinal geworden, beide melden ihre Ansprüche an und suchen Wählerstimmen, aber dieses Mal erkennen sie schnell die Aussichtslosigkeit ihres Karrierestrebens. Nachdem Kardinal della Rovere selber nicht zum Zug kommt, ergreift er die Initiative, wird Drahtzieher und entwickelt ein System aus Intrigen und Versprechungen. In der Nacht zum 29. August, während einige der älteren Kardinäle schlafen, präsentiert della Rovere seinen Kandidaten, den Kardinal Giovanni Battista Cibo. Dieser ist zwar mit seinen 52 Jahren fast zu jung, aber er ist kränklich, wirkt schwach und ist gutmütig. Von diesem Papst ist nichts zu befürchten und der Papstmacher della Rovere ist die ganze Nacht aktiv und kann im Namen des Kandidaten vielen Kardinälen nicht wenige materielle Vorteile zusagen. Kardinal Cibo selber unterzeichnet Bittgesuche seiner Wähler. Im Morgengrauen hat della Rovere 18 Stimmen für Cibo gesammelt, damit ist die Papstwahl entschieden. Der neue Papst ist keineswegs als „Papabile", als potentieller Papst ins Konklave gegangen, eher übernimmt das Pontifikat mit ihm ein Verlegenheitskandidat, der die Zeit überbrücken soll, bis die Machtpolitiker Borgia und della Rovere selber an die Reihe kommen.

Die Papstwahl ging in dieser heißen Augustnacht so überraschend über die Bühne, dass nicht darüber diskutiert wurde, ob ein Vater von Kindern überhaupt als Papst akzeptiert würde, welche Ansprüche Papstkinder in Zukunft stellen könnten und wie man generell mit diesen Kindern umgehen sollte. Soll einem leiblichen Vater das Amt als „Heiliger Vater" versagt bleiben? Beim Konklave war dies kein Thema, schon deshalb nicht, weil alle drei: Cibo, Borgia und della Rovere Väter von Kindern waren, ein „Kinderloser" hatte offensichtlich keine Chancen.

Die Nachricht von der Papsterhebung Cibos löste allseits Verwunderung aus in Florenz wie in Venedig oder in Spanien, besonders aufmerksam registriert wurde sie im Königreich Neapel, das als päpstliches Lehen galt.

Am heftigsten berührte diese Nachricht in Neapel den Sohn des neuen Papstes. Er hatte im Ernst nicht daran gedacht, keiner sprach je von Cibo als dem kommenden Papst. Erstaunlicherweise ist Franceschetto mit seinen 35 Jahren noch nicht verheiratet, er schätzt das ungebundene Leben und durch die Zuwendungen seines Vaters kann er sich einen gehobenen Lebensstandard leisten. Der junge Cibo trieb sich in Neapel herum, war bekannt für ein lockeres und liederliches Leben, ein Frauenheld, der hemmungslos seiner Spielleidenschaft frönte. Mit immer neuen Geldforderungen lag er seinem Vater in den Ohren, der allerdings nicht die Kraft aufbrachte, hart durchzugreifen, und der als gut dotierter Kardinal den missratenen Sohn großzügig unterstützte.

Schlagartig gewinnt Franceschettos Leben ungeahnte und neue Dimensionen. Als Papstsohn kann er nicht einfach so dahinleben. Er braucht eine standesgemäße Versorgung und eine entsprechende Heirat. Er will auch nicht schlechter gestellt werden als die Neffen, die Sixtus IV., der Vorgänger seines Vaters, mit Reichtümern überhäuft hatte. Auf nach Rom, ist sein erster Gedanke, und während Franceschetto in den nächsten Tagen alles Nötige für die Reise organisiert, erreicht ihn ein Eilbote aus dem Vatikan. Die Botschaft seines päpstlichen Vaters, dem der amoralische Lebensstil seines Sohnes nicht verborgen geblieben war, ist ernüchternd: Auf keinen Fall könne Franceschetto an den Krönungsfeierlichkeiten des Papstes am 12. September 1484 teilnehmen, er solle vorerst in Neapel bleiben und nicht ohne Erlaubnis nach Rom reisen. Sein Vater müsse sich erst an sein neues Amt gewöhnen.

Wer war dieser Vater Giovanni Battista Cibo, der sich als Papst Innozenz nennt, auf deutsch „der Unschuldige"?
Geboren ist er in Genua, aufgewachsen in Neapel, weil sein Vater in
der dortigen Verwaltung von Aragon beschäftigt war. Sein Studium
absolviert er in Padua und Rom, inzwischen war sein Vater Senator
der Stadt Rom geworden. In jungen Jahren führte Giovanni Battista
Cibo ein flottes Leben im Stil der damaligen Zeit, wie es eigentlich
für Neapel nicht verwunderlich erschien, und hier wurden ihm zwei
uneheliche Kinder geboren: Franceschetto und Theodorina. Bei der
Geburt des Sohnes im Jahr 1449 war Cibo gerade 17 Jahre alt, von
einer bewussten oder gewollten Vaterschaft kann also keine Rede
sein. Der junge Vater bekannte sich in der Öffentlichkeit zu seinem
Sohn und später auch zu seiner Tochter Theodorina. Über die Mutter erfahren wir nichts. Sicherlich hat sie die Kleinkinder versorgt,
vielleicht hat sie auch irgendwann geheiratet und blieb in ihrer Heimatstadt Neapel, vermutlich auch in Kontakt mit ihren Kindern. Bei
der großen Hochzeit von Franceschetto im Vatikan, wo der Vater
selbstzufrieden auf seine Kinder schaute, war sie nicht dabei.
Nach seiner Priesterweihe hat Cibo vermutlich ein zölibatäres
Leben geführt. Seine beiden Kinder stammen also aus der vorpriesterlichen Zeit. In satirischen Epigrammen werden ihm auch noch
weitere Kinder zugeschrieben, aber da ist zwischen Spekulation und
Wahrheit nicht zu unterscheiden.
Beispielsweise bringt der Humanist Marullus[46] in seinen Versen eine
Anspielung auf den Papstnamen Innozenz und auf die päpstliche
Anrede „Heiliger Vater":

„Octo nocens pueros genuit, totidem puellas
Hunc merito potuit dicere Roma patrem."
(Acht Söhne hat der Schädling gezeugt, ebenso viele Mädchen
Diesen konnte Rom mit Recht Vater nennen).

Auch Stefano Infessura erwähnt in seinem Römischen Tagebuch
mehrere Kinder:
„Denkt man an sein Vorleben – von mehreren Frauen hat er nämlich sieben Kinder (bekannt sind nur Franceschetto und Teodorina), teils Söhne,
teils Töchter."[47]

Die allererste Hochzeit im Vatikan

Auf Dauer konnte der gütige und nachgiebige Papst seinen Sohn nicht von Rom fern halten, auch musste er eine passende Eheschließung in die Wege leiten. Franceschetto wird also nach Rom eingeladen. Obwohl er sonst sehr stürmisch vorangeht, kann er sich eines eigenartigen Gefühls nicht erwehren, zögernd betritt er den Vatikan. „Ich will zu meinem Vater", verdutzt schaut die Palastwache und versperrt den Weg, und erst ein herbeigerufener Kammerherr kennt sich aus und führt den Papstsohn in die oberen Stockwerke.

Anvisiert war eine Ehe mit einer unehelichen Tochter des Königs von Neapel. Als sich das zerschlug, sprangen die Medici in die Bresche und nützten die Chance, sich am päpstlichen Hof zu etablieren. Die noch junge, vierzehnjährige Braut Maddalena de' Medici kam im November 1487 nach Rom, begleitet von ihrer Mutter Clarice auf diesem schweren Weg. Am 18. November gab der Papst zu Ehren der Brautleute ein Festmahl und beschenkte sie reichlich. Die Hochzeit des Papstsohnes mit der Medicitochter Maddalena wird am 20. Januar 1488 wird im Vatikan groß gefeiert. Am Festmahl nimmt der Papst persönlich teil und natürlich sind auch Frauen dabei zum Entsetzen des päpstlichen Zeremonienmeisters Burchard. Das hat der Vatikan, Wohnung und Arbeitsstätte nur für Männer, bisher nicht gesehen, das war eine echte Sensation. Frauen betreten den Papstpalast, der bisher als eine Tabuzone und weibliches Sperrgebiet galt. Offene Kritik wagt natürlich keiner, es ist schließlich der Papst, der die Hochzeit seines Sohnes feiert. Dass er überhaupt einen Sohn hat, darüber regen sich nur mehr wenige auf. Diese Vermählung wird zum einmaligen Ereignis. Stolz präsentiert der Papstvater seinen Sohn in aller Öffentlichkeit und hebt ihn gleichsam auf die gesellschaftliche Bühne Roms. Dabei war es gar nicht einfach gewesen, diesen bekannten Taugenichts standesgemäß zu verheiraten. Was ist schon passend für einen Papstsohn, den es eigentlich gar nicht geben sollte!

Der Eheschacher der beiden Väter

Dem Ehevertrag war ein intensives Verhandeln und Feilschen vorangegangen, der Brautvater war schließlich ein sehr prominenter und gewiefter Politiker, Lorenzo de' Medici, genannt „il Magnifico",

„der Prächtige". Der mächtige Stadtherr von Florenz hatte sich ein hohes Ansehen erworben. Eine gute Meinung über Franceschetto hatte Lorenzo allerdings nicht, wie folgende Episode zeigt:

„Als Franceschetto seinen zukünftigen Schwiegervater in Florenz aufsuchte, erteilte ihm dieser eine Lektion, die er dringend nötig hatte. Franceschetto äußerte sich nämlich seinem Gastgeber gegenüber mit Bedauern und Verwunderung über den Unterschied zwischen der üppigen Bewirtung seines Gefolges und den bescheidenen Speisen, die er selbst vorgesetzt bekam. „Nun ich behandle dich als Mitglied der Familie", bemerkte Lorenzo trocken. „Ich selbst, meine Frau und meine Kinder, zu denen ich dich von jetzt an zähle, haben nie etwas davon gehalten, sich den Magen zu verderben. Dieses Risiko überlassen wir lieber unserem Personal."[48]

Lorenzo verschacherte seine Tochter, um damit Einfluss und Präsenz am päpstlichen Hof zu erhalten, das Haus Medici wird ab jetzt der bedeutendste Bankier des Vatikan. Der Papst erhält seinerseits Zugang zu einer berühmten und bekannten Familie der damaligen Zeit, die Braut brachte Ehre und Ansehen. Ein wichtiger Punkt in diesem Handel war auch, dass Giovanni de' Medici, der Sohn Lorenzos, mit dreizehn Jahren die Kardinalswürde erhielt. Die Funktionen dieses Amtes durfte er allerdings erst ab dem 17. Lebensjahr ausüben. Später schafft Giovanni als Leo X. noch den Aufstieg auf den Papstthron und damit war die Familie Medici ganz oben angekommen und hatte neben Florenz noch ein Aktionsfeld in Rom. Ein Nebeneffekt dieser Hochzeit war auch die Versöhnung mit den Orsini, die mit Innozenz verfeindet waren.

„Jetzt aber ist zwischen ihnen die engste Freundschaft und Eintracht geschlossen worden. Schuld daran soll ein gewisser Franceschetto Cibo sein, ein Mann, sehr klein von Wuchs, der Sohn des besagten Papstes Innozenz. Dieser hat eine Tochter des Lorenzo de'Medici und Nichte des besagten Herrn Virginio Orsini zur Frau genommen."[49]

Die Verwandtschaft des Papstes mit den Orsini bedeutet zugleich eine Kehrtwendung der päpstlichen Politik. Diese erste Hochzeit eines Papstsohnes geht also weit über einen üblichen privaten Rahmen hinaus.

Die junge Maddalena war der Preis, sie befriedigte den Ehrgeiz ihres Vaters und büßte mit einer unglücklichen Ehe. Ihr Mann, mit seinen vierzig Jahren deutlich älter als sie, war roh, gewalttätig und ein Taugenichts, der außer Vergnügen und Spielen nicht viel kannte und sein Geld verschleuderte. Nachts durchzog er die Straßen mit einem Gleichgesinnten, Girolamo Tuttavilla, dem unehelichen Sohn des besonders reichen Kardinals d'Estouteville.

„Im selben Monat zogen Franceschetto Cibo, der Sohn des Papstes Innocenz, und Jerôme d'Estouteville, der Sohn weiland des Kardinals von Rouen, bewaffnet und mit vielen Begleitern bei Nacht aus, um eine gewisse Frau, die Gattin des Konstablers Guilelmo, die am Campo dei Fiori wohnte, zu rauben, eine, wie es heißt, überaus ehrbare Frau. Dabei kam es aber zu einem Lärm, die Sache ward entdeckt und die Herren mussten sich mit Schimpf und Schande zurückziehen."[50]

In einer Nacht verlor Franceschetto einmal 14000 Dukaten beim Spiel an Kardinal Riario. Weinerlich beklagte er sich bei seinem Vater, er sei betrogen worden. Vielleicht hat er gedacht, der Papst solle den Bannstrahl gegen den Spieler Riario schleudern. Dies tat er nicht, der Papstvater ordnete die Rückerstattung an. Im Übrigen hatte sich in Rom eine Gruppe von Kardinalssöhnen gefunden, die ungehemmt in Saus und Braus lebten, das Geld ihrer Väter verprassten, aber offensichtlich auch nicht zu bändigen waren.

Ein Papstenkel als Kardinal

Das Ehepaar Franceschetto und Maddalena Cibo hatte sechs Kinder, zwei ihrer Söhne haben eine kirchliche Laufbahn eingeschlagen. Der Sohn Innocenzo wurde 1513 Kardinal, sodass zum ersten Mal in der Geschichte ein Papstenkel den roten Kardinalshut trägt und um das Bild abzurunden, dieser Kardinal Innocenzo hatte wieder vier uneheliche Kinder. Der Sohn Giovan Battista erhielt von Leo X. das Bistum Marseille. – Franceschetto hatte auch eine uneheliche Tochter, die er Innocenza nannte.

Familienvater oder Vater der Christenheit

Der Pontifex ließ seine Familie an seinen Wohltaten teilhaben; sein Sohn hatte ja eigentlich nichts gelernt, um sich den Lebensunterhalt zu verdienen, er war eben Papstsohn, das musste genügen. Franceschetto erhielt verschiedene Posten und Titel, von denen er gut leben konnte: General der päpstlichen Armee, Graf von Anguillara, dazu noch Graf des Lateranpalastes, von Leo X., seinem Schwager, wurde er zum Gouverneur von Spoleto ernannt.

Innozenz VIII. wird als gütiger, freundlicher Mann geschildert, der alle trösten wollte.

Er erfreute sich großer Beliebtheit, gerühmt wird sein leutseliges Wesen. Der Papst war im Grunde zwar der oberste Vater seines ganzen Kirchenvolkes, die Christen nennt er ja auch Söhne und Töchter, aber in seiner tiefsten Seele war Innozenz zunächst ein gütiger, liebenswürdiger Vater, der ein ruhiges und beschauliches Leben mit den Seinen führen wollte. *„Und gar sehr hat er seine Söhne und Töchter geliebt, so sehr, dass man fürchtete, er möchte sein ganzes Vermögen seinen Söhnen und Töchtern hinterlassen."*[51]

Dass er als Papst kein normales Familienleben führen konnte, hat er sicherlich bedauert. Auf sein Pontifikat, das relativ bedeutungslos verlief, fällt der düstere Schatten seiner Hexenbulle mit ihren unheilvollen Folgen. Vermutlich hat er die schlimmen Konsequenzen nicht bedacht.

Typisch für die Amtszeit von Innozenz VIII. ist die chronische Geldnot, zeitweise waren Mitra und Tiara des Papstes an römische Bankiers verpfändet. Zur Geldbeschaffung hat er sich etwas Neues einfallen lassen. An der Kurie wurden Sekretärsstellen geschaffen, die man durch Kauf erwerben konnte. Damit war Geld das entscheidende Auswahlkriterium für päpstliche Posten, zwielichtige Gestalten setzten sich in der Kurie fest und die Klagen häuften sich über die Korruptheit der kurialen Beamten. *„Es wirft ein grelles Schlaglicht auf die schlimmen Zustände, wie sie sich an der Kurie herausgebildet hatten, dass man im Jahre 1489 eine von mehreren päpstlichen Beamten eingerichtete Fälscherwerkstätte aufdeckte, von der aus seit zwei Jahren ein einträglicher Handel mit gefälschten päpstlichen Bullen betrieben worden war."*[52]

Mit Geld ließ sich damals in Rom viel erreichen, auch von Strafverfolgung konnte man sich freikaufen: *„Und als der Vicecamerlengo einmal gefragt wurde, warum die Verbrecher nicht gerichtet würden, sondern nur Geld zu zahlen hätten, gab er in meiner Gegenwart zur Antwort: 'Gott will nicht den Tod des Sünders, sondern dass er zahle und lebe' (eine ironische Anspielung auf Lukas 12, 27). Und so sagte er, werde es auch in Bologna gehalten."*[53]

Während einer schweren Krankheit des Papstes im Jahr 1490 entstand das Gerücht vom Tod des Papstes. Franceschetto eilte in den Vatikan und wollte den päpstlichen Schatz an sich bringen, dies aber konnte verhindert werden.

Franceschetto starb in Rom am 25. Juli 1519. Begraben ist er im Sarkophag seines Vaters in St. Peter.[54] Das Innozenz-Grabmal ist das einzige, das aus der alten Peterskirche in die neue übertragen wurde und das im linken Seitenschiff einen beherrschenden Platz erhielt. Es diente als Vorbild für viele andere.

Theodorina Cibo: die unauffällige Papsttochter

Die erste Papsttochter der Geschichte strahlt nicht im Rampenlicht. Die geschlechtsspezifischen Unterschiede dieser Zeit sind evident: der Sohn bewegt sich in der Öffentlichkeit, die Tochter lebt unauffällig als Ehefrau und Mutter. Nur ein paar knappe Angaben sind über sie überliefert: Theodorina heiratet 1477 – ihr Vater ist bereits Kardinal – einen gewissen Gherardo Usodimare, einen Kaufmann aus Genua. Von ihrer Tochter Peretta wissen wir deshalb etwas, weil im November 1488 Innozenz VIII. die Hochzeit seiner Enkelin im Vatikan feiern lässt und selber am Festmahl teilnimmt.

Die kleine Kardinalstochter Lucrezia Borgia bekommt etwas von der Hochzeit mit. *„Sie hat Gelegenheit, den prachtvollen Zug zu bewundern, der Theodorinas Tochter Peretta bei deren Hochzeit begleitet, als sie im Vatikan dem Markgrafen Alfonso von Carretto angetraut wird, und sie hört etwas über die rauschenden Feste."*[55]

Und noch eine Hochzeit wird gefeiert: Battistina, Enkelin von Innozenz VIII. und Tochter von Theodorina Cibo und Gherardo Usodimare, und Ludwig von Aragon, der Onkel Ferrantes von Neapel, sind die Brautleute.

Diese Ehe, im Vatikan besiegelt, war von langer Hand geplant und lag im Interesse von Ferrante, der die Nähe zum Papst suchte. In seiner Einleitung zum Römischen Tagebuch Infessuras beschreibt Hermann Hefele die politische Bedeutung dieser Eheschließung: *„Ferrante von Neapel, der die französische Invasion kommen sah, bedurfte des Papstes zum Schutz seiner Dynastie. Er brachte alle Opfer, um den einen großen Sieg, die päpstliche Bundesgenossenschaft, zu erlangen. Eine Ehe zwischen dem Oheim Ferrantes, Luigi von Aragon und der Battistina Usodimare, sollte das neue Bündnis festigen. Am 4. Juni 1492 erließ Innozenz eine Bulle, welche die aragonische Dynastie in Neapel anerkannte."*[56]

DIE GROSSFAMILIE BORGIA:
DIE ZEHN KINDER ALEXANDERS VI.

Vater: Rodrigo Borgia: 1431–1503, 1455 Kardinal, 1492 Papst als Alexander VI.
Mütter: Vannozza de Cattanei, Giulia Farnese und andere

Papst Alexander VI. hat versucht , Familie und Papsttum unter einen Hut zu bringen. Deutlicher als jeder andere hat er sich als Familienvater gefühlt und in der Öffentlichkeit gezeigt. Dass er damit angreifbar wurde, war ihm egal, wie er überhaupt sich über alle Anschuldigungen und Vorwürfe hinwegsetzte und nicht beleidigt war. Um das Urteil der anderen hat er sich wenig gekümmert. Er war von sich als tüchtigem Papst überzeugt und sein reichhaltiges Sexualleben konnte seiner Frömmigkeit, die er glaubhaft zu leben meinte, keinen Abbruch tun.
Er war der letzte Spanier auf dem Papstthron. Geboren am 1.1.1431 in Jativa bei Valencia als Rodrigo de Borgja y Doms, kam er in jungen Jahren nach Rom zu seinem Onkel Alonso, der Kardinal geworden war. Sehr früh wird er damit für die geistliche Laufbahn bestimmt, er persönlich hatte wahrscheinlich keine andere Wahl. In Bologna studierte er kanonisches Recht; noch heute ist in der Universität dokumentiert, dass er den Doktorhut erworben hat. Das nur dreijährige Pontifikat seines Onkels Papst Kalixt III. genügte, um die Weichen für eine steile kirchliche Karriere zu stellen. 1455 setzte der Onkel ihm den Kardinalshut auf und verschaffte ihm vielerlei Pfründen, sodass Rodrigo Borgia bald zu den reichsten Kardinälen zählte. In seinem fürstlich und sehr stilvoll eingerichteten Palast zwischen Engelsburg und Campo dei Fiori residierte er standes- und selbstbewusst.
In deutlichem Kontrast zu seinem prunkvollen Auftreten nach außen war sein persönlicher Lebensstil schlicht und bescheiden. Er war kein Schlemmertyp wie Leo X., kein vergnügungssüchtiger Lüstling, Einladungen zu einem Gastmahl bei ihm waren nicht begehrt, weil seine Küche nur einfache Kost zu bieten hatte. Seine Schwäche für Frauen allerdings wurde für ihn lebensbestimmend. Er entwickelte sich als wahrer Frauenheld, der eine magische Anziehungskraft auf Frauen ausübte, das Bild vom Magnet hat schon ein Gaspare da Verona benutzt: *„Ein glänzender Kavalier, eine stattliche, heroi-*

sche Erscheinung, dabei von heiterem Wesen und gewinnender Beredsamkeit, zog er, wie ein Zeitgenosse behauptet, stärker als ein Magnet das Eisen, schöne Frauen an."[57]

Als Rodrigo Borgia am 30.8.1471 mit dem Bistum Albano betraut wird, erhält er vermutlich die Priesterweihe. Damit ist die Zölibatsverpflichtung für ihn eindeutig gegeben, was ihn aber nicht hindert, bald ein festes Konkubinat einzugehen.

Der Kardinal Borgia wird gerühmt als attraktiver, weltgewandter Mann, ein lebensbejahender, feuriger Spanier, eine gewinnende Erscheinung, dazu ein exzellenter Verwaltungsfachmann.

1456 wurde er zum Vizekanzler der Kirche ernannt und unter fünf Päpsten versah er dieses Amt fünfunddreißig Jahre zur vollen Zufriedenheit.

„Seine würdevolle Erscheinung bei einer immer wieder betonten überdurchschnittlichen Körpergröße und sein herrschaftliches Auftreten machten Rodrigo Borgia zu einer nahezu charismatischen Figur; die häufig erwähnte körperliche und geistige Belastbarkeit erwiesen ihn in den Augen der Chronisten als einen Mann, dem die Führung des höchsten Amtes, gerade in einer Zeit politischer Spannungen in Europa sowie der drohenden Türkengefahr, zuzutrauen war."[58]

Als 1492 die Papstwahl anstand, galt er keineswegs als lasterhaft und verkommen. Zwar waren seine Affären mit Frauen nicht verborgen geblieben, ebenso wenig wie seine Kinder, die er diskret im Hintergrund hielt. Aber die meisten Papstwähler lebten ebenfalls nicht zölibatär und viele von ihnen hatten Kinder, sodass seine Kinderschar keineswegs ein unüberwindliches Hindernis auf dem Weg in den Papstpalast darstellte. Rodrigo war ein gewiefter Routinier, kannte die Verbindungen, hatte Beziehungen, er konnte auch eine Papstwahl für sich entscheiden. Die dreiundzwanzig in Rom anwesenden Kardinäle votierten mit großer Mehrheit für ihn. Dass dabei Versprechungen und Belohnungen eine Rolle spielten, war in dieser Zeit nicht ungewöhnlich, eine direkte Bestechung der Wähler hatte Borgia indes nicht nötig. Auch konnten die für ihn stimmenden Kardinäle nicht ahnen, dass Borgia seine Kinderschar dermaßen in den Mittelpunkt seines Pontifikates rücken würde.

Am 11.8.1492 wird Rodrigo Borgia zum Papst gewählt. Nach dem farblosen Innozenz wollten die Kardinäle wieder einen tatkräftigen, energischen Oberhirten auf dem Stuhl Petri sehen. Allenthalben wurde seine Erhebung auf den Papstthron freudig begrüßt, gefeiert

Pinturicchio (Bernardino di Betto), Papst Alexander VI.,
Detail aus: Die Auferstehung Christi, 1492-1494,
Appartamento Borgia, Sala dei Misteri della Fede, Vatikan

und allgemein akzeptiert. Bald schon wenden sich Spanien und Portugal an den neuen Pontifex, der in der Rolle als Schiedsrichter die Aufteilung der neuen Welt zwischen beiden Ländern vornimmt. Der Papst sanktioniert in einer Bulle die Verträge von Tordesillas vom 7. Juni 1494, und legt damit die Grenzlinie fest zwischen den spanischen und portugiesischen Interessengebieten, eine Entscheidung von welthistorischer Bedeutung.

Rodrigos Leben als Vater lässt sich in vier Phasen gliedern:
- Drei Kinder: Pedro-Luis, Girolama und Isabella; über die Mutter oder die Mütter ist nichts bekannt.
- Vier Kinder: Cesare, Juan, Lucrezia und Jofré; mit ihrer Mutter Vannozza Cattanei führt er als Kardinal ein eheähnliches Leben.
- Die Tochter Laura mit der Mätresse Giulia Farnese
- Zwei Kinder: Giovanni und Rodrigo von wieder unbekannten Müttern; man vermutet sie im päpstlichen Hofstaat.

Bei der Geburt der ersten acht Kinder war er Kardinal, bei den letzten zwei Kindern war er bereits Papst. Um alle Kinder hat er sich gesorgt.

DIE ERSTEN KINDER

Pedro-Luis Borgia (ca. 1462–1488)

Das erste Kind von Rodrigo Borgia und einer unbekannten Mutter wird 1460 oder 1462 geboren, das genaue Geburtsdatum ist nicht bekannt. Am 5.11.1481 hat Papst Sixtus IV. diesen Sohn legitimiert, zugleich erhielt dieser Dispens vom Makel der unehelichen Geburt, als Geburtsort ist Rom angegeben.

Für seinen Erstgeborenen erwirbt 1485 der Kardinal Rodrigo Borgia das Herzogtum mit dem Schloss in Gandia bei Valencia von König Ferdinand von Aragon. Weil der bisherige Herzog enthauptet worden war, konnte Gandia käuflich erworben werden. Bei diesem Vorhaben handelte Rodrigo Borgia noch ganz als Spanier und sah in seiner Heimat die Zukunft für seine Familie.

Die Finanzierung war für Borgia, einem der reichsten Kardinäle dieser Zeit, kein Problem. Das Geld floss aus vielen geistlichen Quellen, er besaß eine Fülle von Pfründen. Wenn man schon einen Kardinal als Vater hat, dann ist es fast standesgemäß, dass man als Sohn ein Herzogtum geschenkt erhält. Damit ist der Lebensunterhalt gesichert, in diesem Fall für viele Generationen. Das kleine Fürstentum Gandia lag in einer Bucht südlich von Valencia. Es war wie ein blühender, sehr fruchtbarer Garten mit einem eigenen kleinen Hafen. Später wurde dort Zuckerrohr angebaut, was hohe Erträge abwarf.

Schon als Jugendlicher war Pedro-Luis an den Hof von Ferdinand gekommen und beteiligte sich mit ihm an den Kämpfen gegen die Muslime in Andalusien. Kurzzeitig wurde er auch inhaftiert, weil Ferdinand ungehalten darüber war, dass sein illegitimer Sohn Alonso nicht das Erzbistum Sevilla erhalten hatte. Hier griff Papst Innozenz VIII. ein und verhängte den Kirchenbann über Ferdinand. Und dann ging alles reibungslos:

Am 2.12.1485 wurde der Bann gelöst, einen Tag später bekam Pedro-Luis seinen Herzogtitel. Aus dem Königshaus Aragon erhielt er Maria Enriquez als Ehefrau, die allerdings noch ein Kind war. Auf Wunsch seines Vaters kehrte Pedro-Luis nach Italien zurück. Nach der Landung in Civitavecchia starb er dort überraschend am 14. August 1488. Er war Vormund für seinen jüngeren Halbbruder Juan gewesen, den er in seinem Testament zum Erben für das Herzogtum eingesetzt hatte. Ursprünglich in der römischen Kirche S. Maria del Popolo beigesetzt, ruhen seine Gebeine heute in dem kleinen Ort Osuna, der zwischen Granada und Cordoba gelegen ist.

Girolama oder Jerónima Borgia (ca. 1469–1483)

1483 feierte die erst dreizehnjährige Girolama eine prächtige Hochzeit. Ihr Gatte Gianandrea Cesarini stammte aus einer vornehmen Familie Roms.

Auf Grund ihres frühen Todes mit vierzehn Jahren fehlen weitere Angaben. Über ihre Mutter ist nichts überliefert.

Isabella Borgia (1470–1541)

Sie gehört zu den ersten drei Kindern von Rodrigo Borgia, bei denen die Mutter unbekannt ist. Der Vater ist schon seit 15 Jahren Kardinal und Vizekanzler der Kirche. Über Isabellas Kindheit und Jugend ist nichts bekannt. Vermutet werden kann, dass der Vater Kontakt zu seiner Tochter gehalten und für ihren Unterhalt gesorgt hat.

Mit dreizehn Jahren wird Isabella verheiratet mit einem Angehörigen des römischen Stadtadels, mit Pietro Matuzzi, der zeitweilig als Kanzler und Straßenmeister der Stadt Rom fungierte. Die Hochzeit findet 1484 im Palast ihres Vaters statt und dieser schenkt dem Ehepaar ein Haus in der Nähe seines Palastes in der Via dei Leutari. Isabella hielt Hof wie eine Dame und Edelfräulein sorgten für ihre Bedienung.

Als Alexander 1503 starb, war Isabella schon Witwe. Sie hat, allein auf sich gestellt, die schwierige Zeit in Rom gut überstanden. Neben den zwei Töchtern Alessandra und Giulia hatte sie die Söhne Aurelio und Ippolito. Beide wurden für die priesterliche Laufbahn bestimmt. Aurelio wurde Kanoniker von St. Peter und starb 1504 mit zweiundzwanzig Jahren, kurz nach seinem Großvater Alexander VI.

Isabella hat zurückgezogen gelebt und jedes Aufsehen in Rom vermieden. Sie hat Distanz zum Papsthof gehalten und sich in der Rolle als Papsttochter nicht zur Schau gestellt. Sie hatte zwar einen eigenen Hofstaat dank der reichlichen Zuwendungen ihres Vaters, trat aber nach außen kaum in Erscheinung. Nach dem Tod ihres Vaters hat sie noch achtunddreißig Jahre als angesehene und geachtete Römerin gelebt.

Ihre Tochter Giulia machte in Rom eine gute Partie: sie heiratete den Patrizier Ciriaco Mattei. Ihre Tochter wiederum heiratet in das Geschlecht der Doria Pamphili ein und wird die Ahnfrau von Papst Innozenz X. Die Bauten dieses Papstes – eines direkten Nachfahren Alexander VI. – auf der Piazza Navona kennt jeder Rombesucher. Innozenz X. (Papst 1644–1655) ließ die Kirche S. Agnese errichten, die auch sein Grabmal enthält, und daran anschließend den Palazzo Pamphili, in dem heute die brasilianische Botschaft untergebracht ist. Zu einiger Berühmtheit hat es die Schwägerin des Papstes, Olimpia Maidalchini, gebracht, die in ihrer grenzenlosen Geldgier und Herrschsucht sich als die große Ratgeberin des Pontifex aufspielte und im Papstpalast zeitweilig das Zepter führte.

DIE VANNOZZA-KINDER

Cesare Borgia (1475–1507): Der übermächtige Sohn

„Beweine Romagna deinen zweiten Caesar, trauernde Witwe, beweine den neuen Augustus ... Jeder beweine Caesar Borgia Valentino, der auf Erden ein Gott war."[59]

Der Kastanienball

„Am Abend des letzten Oktober 1501 veranstaltete Cesare Borgia in seinem Gemach im Vatikan ein Gelage mit 50 ehrbaren Dirnen, Kurtisanen genannt, die nach dem Mahl mit den Dienern und den anderen Anwesenden tanzten, zuerst in ihren Kleidern, dann nackt. Nach dem Mahl wurden die Tischleuchter mit den brennenden Kerzen auf den Boden gestellt und rings herum Kastanien gestreut, die die nackten Dirnen auf Händen und Füßen zwischen den Leuchtern durchkriechend aufsammelten, wobei der Papst, Cesare und seine Schwester Lucrezia zuschauten. Schließlich wurden Preise ausgesetzt, seidene Überröcke, Schuhe, Barette u. a. für die, welche mit den Dirnen am öftesten den Akt vollziehen könnten. Das Schauspiel fand hier im Saal öffentlich statt, und nach dem Urteil der Anwesenden wurden an die Sieger die Preise verteilt."[60]

Heute bewertet kein ernsthafter Historiker diese Schilderung als Tatsachenbericht. Der päpstliche Zeremonienmeister Burchard will eher eine Hexenorgie beschreiben. Dass im Vatikan rauschende Feste gefeiert wurden, steht außer Frage, aber *„es muss offen bleiben, ob tatsächlich eine Orgie stattgefunden hat oder ein Fest gefeiert wurde, bei dem man Rituale und Topoi nachspielt, wie das bis heute an Karneval geschieht oder ob es sich nur um ein höfisches Fest handelte, wie es in der damaligen Zeit üblich war. Bis auf den heutigen Tag gibt es Volksbräuche, die am 31. Oktober üblich sind und an den Kastanienball erinnern. Bis in die USA haben sich Riten verbreitet, die noch heute in ländlichen Regionen vollzogen werden und deren Ursprung in ,Hallowen', dem Herbstfest der Druiden zu suchen ist, das in der Nacht vor dem 1. November mit großem Essen und Freudenfeuern gefeiert wird."*[61]
Der Tanz der nackten Kurtisanen, verbunden mit einem Coitus-Wettbewerb und all das unter den Augen „Seiner Heiligkeit", mit dieser vermutlich erfundenen Skandalgeschichte wollte Burchard den Ruf der Borgia in der Nachwelt grundlegend ruinieren. Unbe-

stritten hat Cesare ein sexuell sehr freizügiges Leben geführt, ob auch im Papstpalast, in dem er viele Jahre wohnte, ist nicht überliefert. Über diesen Papstsohn wurden Geschichten aller Art verbreitet, er fand gleichsam ein breites Medienecho.

Über sein Leben, das grundsätzlich gut dokumentiert ist, wucherte eine blühende Legendenbildung, die ihn fortleben lässt als den Giftmischer par excellence, den seelenlosen Meuchelmörder, den skrupellosen Condottiere und den absoluten Schurken der Renaissance, mit einem Wort ein Monstrum des 16. Jahrhunderts.

Was er an Brutalitäten und Grausamkeiten vollbracht hat, ist für uns heute unverständlich. Damals war dies keineswegs selten, vor allem die Herren der kleinen Städte und Fürstentümer herrschten nicht selten als grausame Despoten und Tyrannen wie z. B. die Malatesta in Rimini, die Manfredi in Faenza, die Baglioni in Perugia. Cesare agierte im Stil der Zeit, kennzeichnend für ihn ist seine schrankenlose Machtausübung, die einen Mord kühl in seinen Plan einbezog. Er war ein glanzvoller Fürst und zugleich ein Abenteurer. Er gehört zu den *„einzelnen berühmten Individuen, die der Machtausübung in der Renaissance einen spektakulären Glanz verliehen haben."*[62]

Viele Rollen hat er übernommen, aber wer war er wirklich?: ein Machtmensch sicherlich, rücksichtslos und brutal, ein begabter Feldherr, auf jeden Fall ein Beispiel dafür, wie ein Sohn mit der Karriere des Vaters nach oben kommt und davon profitiert, aber auch dem Vater über den Kopf wächst. Sein Schicksal als Papstsohn hat sein Leben fundamental geprägt, seine Beziehung und innere Verbindung zu seinem Vater bleibt rätselhaft.

An Cesare zeigen sich exemplarisch die Höhen und Tiefen eines Lebens als Papstsohn, der von seinem Vater bewusst in die große Politik hineingeführt wurde. Der Borgiasohn hat seinen Part eindrucksvoll ausgefüllt, aber der Tod seines Vaters war auch sein politisches Ende. Cesare wurde zum Spielball der politischen Kräfte und fand einen frühen Tod mit zweiunddreißig Jahren.

Geheimnisvoll ist schon sein Lebensbeginn. Geboren ist Cesare im September 1475 in Rom; als Eltern werden das Ehepaar Domenico Giannozzo da Rignano und Vannozza de Cattanei beurkundet. Allerdings war diese Ehe nur eine Tarnung. Das Kind sollte juristisch einwandfrei als legitim geboren erscheinen, was für dessen vorgesehene kirchliche Karriere ohne Zweifel von Vorteil war. Der Ehemann wurde entschieden auf Distanz gehalten und hatte mit der

Geburt des Kindes nichts zu tun. Der wirkliche Vater war einer der mächtigsten Männer in Rom: Kardinal Rodrigo Borgia, der seit ca. zwei Jahren mit Vannozza ein festes Verhältnis hatte, allerdings unter dem Deckmantel einer Ehe, damit die Beziehung einigermaßen geheim bleiben konnte. Rodrigo wollte sich seinen Aufstieg auf den Thron Petri nicht verbauen, drei Kinder hatte er schon, und dieser sein zweiter Sohn sollte die kirchliche Sprossenleiter erklettern. Cesare verbrachte die ersten Jahre bei seiner Mutter, dann bei der Verwandten Adriana di Mila. Sicher hatte der Vater Kontakt mit ihnen allen, seine vier Kinder von Vannozza waren wie eine Familie und der Borgiapalast war ganz in der Nähe. Cesare lernte Spanisch, die Muttersprache seines Vaters, Italienisch durch die Mutter und durch Hauslehrer Latein, Griechisch und Französisch. Humanistische Bildung stand hoch im Kurs. Dazu kam körperliches Training, Cesare wurde ein außergewönlich geschickter Reiter.

Kaum dass der Kardinalssohn lesen konnte, bekam er die ersten Posten und keine schlechten: Im März 1482 wurde er mit knapp sieben Jahren Apostolischer Protonotar und noch im gleichen Jahr erhielt er eine Kanonikerstelle in der Kathedrale von Valencia.

Student und Bischof

Als Vierzehnjähriger beginnt Cesare ein Studium, 1489 kommt er nach Perugia an die Universität. 1491 erhält er das Bistum Pamplona. Damit war er also Student und Bischof zugleich, die kirchliche Pfründe diente gleichsam als Stipendium für das Studium.

Im Herbst 1491 wechselt Cesare an die Universität Pisa, um dort Jura zu studieren. Dabei wurde von seinem Vater nicht ungern gesehen, dass auch Giovanni, der zweite Sohn von Lorenzo de' Medici, in Pisa studierte; Kontakte zu den Medici konnten immer vorteilhaft sein. Cesare fiel durch sein luxuriöses Leben und seine Geldverschwendung auf, aber auch durch gute Examen, er zeigte sich als begabter und eifriger Student.

Die Nachricht von der Papsterhebung seines Vaters am 11. August 1492 wurde Cesare im Eiltempo mitgeteilt. Auf nach Rom, wäre eigentlich die natürliche Reaktion. Aber am Beginn seines Pontifikates will sich der neue Papst keine Blöße geben, und so darf Cesare, der frisch gebackene Papstsohn, nach dem Willen seines Vaters nicht an den Krönungsfeierlichkeiten teilnehmen. Der Borgiasohn irgendwo versteckt hinten in der Ecke, das entsprach nicht dem Stil Alexanders, aber ihn öffentlich ein paar Meter hinter dem Papst auftreten zu lassen, das erschien noch zu früh. Für den siebzehnjährigen Cesare verändert sich das Leben radikal. Papstsohn zu sein ist von einer anderen Qualität als Kardinalssohn, zumal im Fall Alexanders VI. bedeutete es einen fulminanten Aufstieg.

Gleich nach der Papstwahl wird Cesare das Bistum Valencia übertragen, eine besonders reiche Pfründe, die bisher sein Vater innehatte. In Anlehnung an seine Diözese wird er nun Valentino genannt, ein Name, den er sehr gern hörte.

Papstsohn und Kardinal

Papst Alexander zeigt keine Hemmungen: Der Vater beruft seinen 18-jährigen Sohn ins Kardinalskollegium. Das gab es bisher noch nie: Neffe ja, aber der eigene Sohn, kurzfristig könnte auf diese Weise das Papsttum erblich werden und eine Dynastie entstehen.

An sich war die uneheliche Geburt ein klares Hindernis auf dem Weg zum Kardinal. Am 20. September 1493 erließ deshalb Alexander eine Bulle, in der Cesare als ehelicher Sohn von Domenico da Rignano und Vannozza erklärt wurde, am gleichen Tag wurde eine geheime Bulle unterzeichnet, in der Cesare als Sohn Alexanders bezeugt wurde. Was nach bürokratischen Finessen aussieht, ist der Versuch, das formale Recht zu beachten. Der Schein soll immer gewahrt bleiben. Am 17. Oktober 1493 hält der Papstsohn als neuer Kardinal von Valencia einen glänzenden Einzug in Rom, nun ist er Kirchenfürst und wird zu einer Berühmtheit in der Christenheit. Das Kardinalat wird hier in keiner Weise als geistliches Amt gesehen, sondern als ein Verwaltungsposten mit dem Recht der Papstwahl. Cesare lässt sich auch nicht die Priesterweihe geben, er feiert also weder einen Gottesdienst, noch fühlt er sich der Seelsorge verpflichtet. Wie weit er überhaupt ein gläubiger Christ war, ist nicht klar zu erkennen. Als Mensch der Renaissance war er mehr der Antike zugetan, innerlich kennzeichnet ihn eine distanzierte Einstellung zur Kirche, von der er äußerlich betrachtet allerdings nicht schlecht lebt. Der Kardinal und Papstsohn muss nicht unbedingt fromm sein. Wir erfahren jedenfalls nichts darüber, dass Alexander sich in irgendeiner Weise um die religiöse Einstellung seines Sohnes gekümmert hätte.

Altobello Melone, Cesare Borgia, 1520,
Accademia Carrara, Bergamo

Cesare wohnte nun im Vatikan, wurde Ratgeber und Vertrauter seines Vaters, war in alle wichtigen Vorgänge eingeweiht. Bald stand beiden eine schwere Zeit bevor. Politisch geriet der Papst zusehends in Isolation. Der französische König Karl VIII. pochte auf die Ansprüche der Anjou auf die Krone Neapels, was Alexander ablehnte. Die Franzosen drangen unter Karl VIII. mit einem gut ausgerüsteten Heer mit vielen Deutschen und Schweizern nach Italien vor. Am 31. Dezember 1494 kamen sie in Rom an, Alexander und sein Sohn zogen sich in die Engelsburg zurück. Vergebens hatte der Pontifex überall um Hilfe ersucht. Der Papst hatte eigentlich keine Freunde, keine wirklichen Helfer im Kräftespiel der politischen Akteure. Die Colonna hatten in Ostia die französische Fahne gehisst, Kardinal Giuliano della Rovere war nach Frankreich geflohen und hatte die Franzosen ins Land begleitet, einige Kardinäle verlangten ein Konzil zur Absetzung des Papstes, und zwar wegen simonistischer Wahl, also wegen Bestechung. Bei einer persönlichen Begegnung mit Karl VIII. kam es zu einer Versöhnung unter bestimmten Konditionen, eine davon war: Cesare solle als Geisel den französischen König nach Neapel begleiten.

Cesare ist noch keine zwanzig Jahre alt, aber wie ein Schaf als Geisel in einem Heereszug mitgeführt zu werden, war nicht seine Sache. Nach zwei Tagen bei einer Rast in Velletri entkam Cesare als Stallknecht verkleidet. Der äußerst gewandte Reiter war so schnell, dass er nicht mehr einzuholen war, bevor er Rom erreichte. Was nach einer Spontanreaktion aussah, erwies sich als geplante Aktion. Die von Cesare mitgeführten siebzehn Maultiere waren mit Truhen beladen, die mit Sand und Ziegelsteinen gefüllt waren. Diese Flucht war der spektakuläre Start für weitere Aktionen dieser Art und bildete den Ausgangspunkt für seinen Ruf als listenreicher und wenig berechenbarer Taktierer.

Der Aufenthalt der Franzosen in Neapel wurde überschattet durch das erstmalige massive Auftreten der Syphilis im französischen Heer, die deshalb auch Franzosenkrankheit oder gallische Krankheit genannt wurde und auch vor Kardinälen und Päpsten nicht Halt machte. Die Krankheit verbreitete sich schnell und war im Grunde nicht heilbar. Auch Cesare zog sich die Syphilis zu, trotzdem wurde er von Frauen umschwärmt und sein Nimbus war nicht getrübt.

Der Abzug der Franzosen aus Italien war ein großer politischer Erfolg für den Papst und nun beginnt für Cesare eine relativ schöne Zeit: Er lebt im Vatikan als junger, umschwärmter Kardinal, mit riesigen Einnahmen, er kann sich jeden Luxus leisten, aber er fällt nicht aus der Rolle. *„Er übte mit seinem hübschen Gesicht und seinem athletischen Körper die gleiche Anziehung auf Frauen aus wie sein Vater. Er war damals schon bekannt für seine Extravaganz und gab zweifellos viel Geld aus für kostbare Stoffe und Berberpferde."*[63]

Das Interesse an Stoffen gewann an Bedeutung: *„Mit der prächtigen Kleidung wollte er ablenken von seinem von der Krankheit entstellten Gesicht."*[64]

Nach dem Tod seines Bruders Juan ergeben sich neue Konstellationen. Der Vater im Vatikan will ein Borgia-Fürstentum in Italien gründen und Cesare wäre der geeignete Herzog. Also wird sein jetziger Status schlicht verändert. Noch nie hat ein Kardinal auf sein Amt verzichtet, dafür gab es bisher keinen Präzedenzfall. Am 17. August 1498 bittet Cesare das Kardinalskollegium, dem Verzicht auf seine Würde zuzustimmen. Er wolle die Dispens, weil er immer schon dem weltlichen Stand zugeneigt gewesen und sonst sein Seelenheil gefährdet sei. Es war ein ungewöhnlicher Schritt, aber für Alexander haben seine dynastischen Interessen Vorrang.

Hochzeit mit einer französischen Braut

Cesare ist wieder Laie, und nun soll bald geheiratet werden. Auf europäischer Ebene sucht man die zum Papstsohn passende Partie, das verläuft nicht reibungslos. Nicht jede Auserkorene wollte, wie z. B. die Tochter des Königs von Neapel. Sie wolle nicht „Kardinalin" werden, ließ sie spöttisch verlauten. Der Papst sucht die Annäherung an Frankreich, und so geht Cesare im Oktober 1498 auf Brautschau an den französischen Königshof und wird fündig, allerdings erst nach zähen Verhandlungen, weil der Vater der Braut unverschämte Forderungen stellte. Neben einer großen Summe Geldes, das der Papst zahlt, hat Cesare für den Bruder der Braut im Gepäck einen Kardinalshut dabei. Hier gehen Papstamt und Privatinteressen eine „nützliche" Verbindung ein. Die päpstliche Politik vollzieht plötzlich eine deutliche Kehrtwendung und verbündet sich mit Frankreich.

Die Braut heißt Charlotte d'Albret und ist Schwester des Königs von

Navarra und verwandt mit dem französischen König. Am Sonntag, den 12. Mai 1499 wird die Hochzeit gefeiert, und zwar ausgiebig und in aller Öffentlichkeit, der Vollzug der Ehe am Nachmittag und am Abend wird eindrucksvoll geschildert.

„Im Schloss zu Blois warteten berittene Kuriere, um Cesares glorreiche Taten im Bett seiner schönen Ehefrau auf schnellstem Wege den Höfen Italiens, Frankreichs und Spaniens zu verkünden, zum einen, weil die Ehe als konsumiert nicht mehr ohne weiteres für nichtig erklärt werden konnte; zum anderen, weil die Leistungen der männlichen Potenz dem persönlichen Ansehen des Helden ganz ungemein zugute kamen."[65]

Ein französischer Sonderkurier kam am 23. Mai in den Vatikan, um die Eheschließung zu melden, und der päpstliche Zeremonienmeister notiert in sein Tagebuch, der Sohn habe die Ehe vollzogen und zwar achtmal hintereinander. Heute wäre das pure Angeberei, damals waren solche Äußerungen nicht ungewöhnlich. Von dem Befinden der Braut ist keine Rede. Die Brautnacht war allerdings nicht ganz so ungestört: Cesare hatte von einem Apotheker Pillen erbeten, um seine Potenz ausdauernder vorzuführen. Dieser ließ ihm ein Abführmittel geben und dieses soll vorzüglich gewirkt haben.

Cesare erlebt mit seiner Braut einige schöne Wochen, er beschenkt sie reich mit Schmuck und Juwelen, aber dann muss er aufbrechen zum Heer des französischen Königs, das nach Italien unterwegs ist. Er wird seine Frau nie mehr wieder sehen. Seine Tochter Luisa, die ihm geboren wird, wird er nicht kennen lernen.

Nach Cesares Tod hat Charlotte für ihr weiteres Leben eine extreme Trauer entfaltet. Die Festräume des Schlosses wurden versperrt. *„In den wenigen Zimmern, die sie fürderhin bewohnten, verhängten Charlotte und Luise Borgia die Wände mit schwarzem Trauerflor. Sie schliefen auf schwarzem Bettzeug und speisten an schwarz gedeckten Tischen."*[66]

Nur wenige Wochen hatte sie mit Cesare verlebt und überließ sich als Witwe permanenter Trauer.

Cesare sah seine Aufgabe, seine Berufung in Italien und kam nicht mehr zurück. Keineswegs hat er seiner Ehefrau die Treue gehalten. Seine Beziehungen zu mehreren Frauen waren allgemein bekannt wie z. B. zu Dorothea Carracciolo, der jungen Frau eines venezianischen Condottiere, die bei Ravenna entführt und dann aber seine heimliche Geliebte wurde. Vielleicht stammen seine beiden unehelichen Kinder Camilla und Gerolamo von ihr. In Rom wurde die berühmte Kurtisane Fiammetta de' Michelis, die Ovid auswendig rezitieren konnte und ein luxuriöses Leben führte, seine Geliebte. *„Man weiß über Fiammetta nicht viel mehr, als dass sie Cesares Geliebte war, aber diese Beziehung war so allgemein bekannt, dass ihr letzter Wille unter dem Titel ‚Testament der Fiammetta des Valentino‘ in den Stadtarchiven aufbewahrt wurde.“*[67]

Am 6. Okt. 1499 hielt der französische König Ludwig XII., Nachfolger Karls VIII., seinen Einzug in Mailand, vom Volk umjubelt und gefeiert. Seit langem erhob Frankreich Erbansprüche auf dieses Herzogtum. Direkt hinter dem König ritt Cesare, eine auffallend fürstliche Erscheinung mit Glanz und Eleganz. Er war von Ludwig zum Herzog von Valence ernannt und mit dem höchsten französischen Orden, dem Michaelsorden dekoriert worden. Cesare tritt jetzt als französischer Adeliger auf und hofft auf eine italienische Karriere.

Feldherr in die Romagna (1499–1502)

Cesare beginnt seine Feldzüge in der Romagna. Der Kirchenstaat befindet sich in einer desolaten Lage, die Städte und ihre Regenten hatten sich verselbständigt, kümmerten sich nicht mehr um den Papst als ihren Lehensherren und verweigerten die Tributzahlungen. Alexander war fest entschlossen, hier Ordnung zu schaffen und die Abhängigkeitsverhältnisse wieder herzustellen. Die Aufgabe war klar und unstrittig, dass er damit allerdings seinen eigenen Sohn betraute, fand nicht überall Zustimmung.

Cesare nahm sich die einzelnen Städte vor, z. B. Pesaro, Forlì, Rimini, Faenza, Urbino. Er begann, die Stadttyrannen zu stürzen und die Verwaltung neu zu organisieren. Auch Imola wird von Cesare erobert, das Caterina Sforza sehr geschickt verteidigt hatte. Die junge Witwe ist weithin berühmt wegen ihrer Tapferkeit und ihres energischen Auftretens, allerdings auch wegen ihrer Grausamkeit. Nun reitet sie in einem schwarzen Seidenkleid, verschleiert neben Cesare als seine Gefangene nach Rom. Im Februar des Heiligen Jahres 1500 zieht Cesare in einem festlichen Zug in Rom ein. Solche feierlichen Einzüge galten als Spezialität der Borgia. Am Sonntag, den 29. März ernennt ihn der Papst zum Gonfaloniere, zum obersten Befehlshaber der päpstlichen Truppen, zugleich wird Cesare Herzog der Romagna. Vater und Sohn stehen sich bei dieser feierlichen Handlung gegenüber, der Vater blickt voll Stolz auf diesen bewunderten Sohn und Cesare hat ein erstes Ziel seines Ehrgeizes erreicht. Er wird in Rom gefeiert, ein Truppenführer mit Charisma, tapfer und verwegen, der sich auf dem Petersplatz auch als feuriger Stierkämpfer bewährt. *„Der venezianische Gesandte Paolo Capello berichtete, dass er bei einem Stierkampf, der am 24. Juni auf dem Petersplatz stattfand, sieben wilde Stiere tötete, indem er nach spanischem Brauch zu Pferde kämpfte und einem davon schlug er mit dem ersten Hieb den Kopf ab, was ganz Rom großartig dünkte."*[68]

Es folgen noch ein zweiter und dritter Feldzug in die Romagna. Cesare erringt glänzende militärische Erfolge. Die Befreiung von den bisherigen Stadtherren bringt Sympathie bei der Bevölkerung, die Neuorganisation der Verwaltung wird allgemein begrüßt; Cesare wird als Held und Befreier bejubelt. Ein Borgia-Fürstentum ist in greifbare Nähe gerückt und der Papst und seine Kinder sind auf dem Gipfel ihrer Macht. Dann kommt der schnelle Absturz.

Tod des Vaters und eigener Absturz

Mit dem jähen Tod seines Vaters 1503 verliert Cesare den Boden unter den Füßen. Er ist selbst schwer krank und handlungsunfähig. Um den Anfeindungen zu entgehen, zieht er sich in die Engelsburg zurück. Nach dem kurzen Pontifikat von Pius III. greift er noch einmal ins Geschehen ein als Papstmacher. Hinter ihm stehen die zwölf spanischen Kardinäle, ohne deren Votum kein Kandidat die Papstwahl für sich entscheiden kann. Deshalb wendet sich der ehrgeizige Kardinal Giulio della Rovere, der unter allen Umständen Papst werden will, an Cesare und trifft mit ihm die Vereinbarung, dass dieser seine Ämter weiterhin behalten kann. Daraufhin stimmen die spanischen Kardinäle für della Rovere, der den Papstnamen Julius annimmt.

In den Tagen der Papstwahl traf sich Cesare auch mit Niccolò Machiavelli, der schon 1502 als florentinischer Gesandter bei ihm war. Nachdem Machiavelli in Cesare einen befähigten Heerführer und modernen Politiker gewürdigt hat, stellt er den naiven Glauben an das Versprechen des neuen Papstes als fundamentalen Fehler Cesares dar, wenn er im 7. Kapitel des „il principe" (Der Fürst) schreibt: *„Nur hinsichtlich der Wahl von Papst Julius II. kann man ihm den Vorwurf machen, dass er eine falsche Entscheidung getroffen hat. So* *beging der Herzog bei dieser Wahl einen Irrtum und verursachte dadurch seinen Untergang.* "[69]

Der neue Papst Julius II. hält sich nämlich keineswegs an die getroffene Abmachung und entzieht Cesare seine Ämter und Befugnisse. Dieser wird im Vatikan gefangen gehalten, bis er alle Burgen übergeben und auf alle Ansprüche aus dem Herzogtum verzichtet hat.

Cesare flieht nach Neapel und fühlt sich als Gast des spanischen Regenten Gonsalvo de Córdoba in Sicherheit. Aber der spanische König Ferdinand befiehlt, von Julius II. bedrängt, seine Inhaftierung. Cesare wird als Gefangener nach Spanien gebracht. Nachdem er ein Jahr in Einzelhaft in der Festung von Chinchilla verbracht hatte, wurde er nach La Mota verlegt. Dort gelang im Oktober 1506 die Flucht, abenteuerlich und mutig, die heute wie eine filmreife Szene anmutet. An einer seidenen Schnur ließ er sich aus dem hohen Turm herab. Als die Wachen ihn entdeckten, schnitten sie kurzerhand das Seil ab. Cesare verletzte sich beim Sturz, seinen Helfern gelang es aber, ihn zu seinem Schwager Jean d'Albret, dem König von Navarra, nach Pamplona zu bringen. Hier wurde er mit Freuden aufgenommen, man sah in ihm einen willkommenen Heerführer. Anfang Februar 1507 zog er wieder los, sein Ziel war die Eroberung der Festung von Viana. Als er merkte, wie an ihm vorbei Nachschub in die Festung hineinkam, wurde er so wütend, dass er allein losgaloppierte und alle Begleiter abhängte. Seine Gegner lockten ihn in einen Hohlweg, aus dem es für ihn kein Entrinnen mehr gab. Zwanzig Bewaffnete stürzten sich auf ihn. Am 11. März 1507 fand er in einem aussichtslosen Kampf den Tod.

Sein Schwager ließ ihn in der Kirche Santa Maria in Viana beisetzen, in einem Grab vor dem Hochaltar, nicht unpassend für einen, der einmal Erzbischof und Kardinal gewesen war.

Juan Borgia (1476–1497): Der Lieblingssohn

Ein Maiabend 1497

Mein Vater, der Papst, wird es euch zeigen; wutentbrannt, mit hochrotem Kopf, seine tiefe Beleidigung lautstark hinausschreiend, verließ Juan Borgia den Palast des Kardinals Ascanio Sforza. Er war zu einem Festmahl eingeladen worden, wo man ihn vielleicht sogar gezielt provozieren wollte. Er kam so leicht ins Prahlen, seine überhebliche und eingebildete Art wirkte aufreizend. Da fielen jedenfalls die gravierenden Sätze, er solle an seine unehrenhafte Geburt denken, er sei schließlich ein Bastard. Ein Kammerherr warf das ominöse Wort in den Raum und traf die verwundbare Stelle, Papstbastard. Vielleicht hätte Juan jetzt seinen Degen ziehen und eine Schlägerei beginnen sollen, aber er eilte zum Vatikan, direkt zum Papst, hilfesuchend zum Verursacher seiner Schmach, seinem Vater: Sie haben mich Bastard genannt. Das war für Alexander zu viel. Er schickte Palastwachen zum Haus des Kardinals, das Bankett war noch in vollem Gang. Als der Kardinal sich weigerte zu öffnen, brachen sie das Portal auf. Ascanio versuchte die Situation zu beruhigen, er werde den Papst aufsuchen und ihm alles erklären. Die Palastwachen kehrten daraufhin in den Vatikan zurück. Aber Alexander war zutiefst getroffen, er schickte seine Wachen noch einmal aus und dieses Mal nahmen sie den Kammerherrn mit und noch in derselben Nacht wurde er gehenkt. Sicher wollte der Papst ein Exempel statuieren. Der beleidigte Vater, der zugleich die Amtsgewalt hat, lässt seinem Zorn freien Lauf. Es wird kein Prozess abgehalten, das „Urteil" wird sofort vollstreckt. Hier zeigt sich Alexander als Diktator, der unnachsichtig Todesurteile fällt, er ist Rächer der Familienehre und setzt dafür seine Machtmittel als Souverän ein. Im Übrigen hatte der Kammerherr nichts als die Wahrheit gesagt.

Herzog von Gandia

Juan ist geboren als illegitimer Sohn des Kardinals Borgia und seiner Mätresse Vannozza im Jahre 1476. Schon in jungen Jahren besuchte er den Hof des spanischen Königspaares Ferdinand und Isabella, dort wurde er in einer feierlichen Zeremonie mit dem Herzogtum Gandia belehnt. Er trat die Nachfolge seines Halbbruders Pedro-Luis an und heiratete im August 1493 auch dessen Witwe Maria Enriquez.

Mit seinen siebzehn Jahren begann Juan recht erfolgreich, das Herzogtum zu verwalten. Obwohl er nun in Gandia lebte, verlor der Vater ihn nicht aus den Augen. Ein umfangreicher Briefwechsel enthält eine Fülle von Ermahnungen eines besorgten Vaters. Das geht sehr ins Detail, wie er sich kleiden soll, dass er Handschuhe tragen soll usw., es klingt so wie eine dominante Mutter ihre Tochter ermahnt.

Reichlich Ratschläge gab es zum Thema Umgang mit Geld und vor allem zum Nachtleben des Herzogs mit der dringenden Aufforderung, seine Frau nicht zu vernachlässigen. Bis nach Rom war es gedrungen, dass sich der junge Herzog nachts in der Stadt herumtrieb. Prompt erhält der überbesorgte Papstvater mit der nächsten Post von Juan die treuherzige Antwort, dass er jede Nacht bei seiner Frau schlafe. Dass Alexander diesen jungen, Erfolg versprechenden Herzog wieder nach Rom zurückbeorderte, ist nicht ohne Tragik. 1496 verlässt Juan für immer Gandia, er lässt seinen Sohn zurück und seine schwangere Frau. Aber der päpstliche Vater kennt keine Rücksichten auf die junge Familie. Er wollte Juan für größere Aufgaben in Rom haben und der Sohn gehorchte. Am 10. August 1496 traf er in Rom ein.

Ohne Zweifel war dieser Juan der Lieblingssohn Alexanders, gerne machte er mit ihm Ausflüge und stolz trat er mit ihm in der Öffentlichkeit auf. Juan war ein hübscher junger Mann, immer sehr modisch gekleidet, kam auffallend prächtig herausgeputzt daher und konnte sich nicht genug mit Juwelen behängen. Mit diesem Sohn waren die dynastischen Interessen des Papstes verbunden, dieser Sohn sollte Herr eines Borgia-Staates werden. Allerdings hat Alexander diesen Sohn sehr genau beobachtet und ständig kritisiert.

„Am 26. Oktober betrat Juan Gandia unter Trompetenklängen die Peterskirche, um zum Generalkapitän der Kirche und Gonfaloniere ernannt zu werden. Alexander war überwältigt von Stolz und väterlicher Liebe. Der mantuanische Gesandte schrieb spöttisch: Der Papst ist wegen der Ernennung seines Sohnes so aufgeblasen und geschwollen, dass er nicht mehr weiß, was er mit sich anfangen soll."[70]

Dieses überzogene Gebaren des Papstes als Vater provozierte Gelächter, aber auch Kritik und Hass. Juan hatte nun eine mächtige Stellung und begann im Auftrag Alexanders den Kampf gegen die Orsini. Nach anfänglichen Erfolgen endete die Aktion mit einem Vergleich. Aber der Kampf gegen die selbstherrlichen römischen Adelsgeschlechter, die im Umfeld von Rom viele Burgen besaßen, hatte begonnen. Und die Antipathien gegen den Papstsohn wuchsen.

Eintrag im Tagebuch des Zeremonienmeisters Johann Burchard:

„Am Mittwoch, 14. Juni 1497, speisten Cesare und Juan Borgia von Ara-
gonien, Herzog von Gandia, der Generalkapitän der Bewaffneten, die
liebsten Söhne des Papstes, im Hause der Frau Vannozza, ihrer Mutter, die
in der Nähe der Kirche S. Pietro in Vincoli wohnte, und zwar in Gesell-
schaft ihrer Mutter und anderer Personen. Nach der Mahlzeit, als es Nacht
geworden war, trieb Cesare seinen Bruder zur Rückkehr in den apostoli-
schen Palast. Sie bestiegen daher beide mit ein paar Begleitern, da sie nur
sehr wenige Diener mit hatten, die Pferde oder Maulesel und ritten zusam-
men bis in die Nähe des Palastes des Vizekanzlers Ascanio Sforza, den der
Papst früher als Vizekanzler errichtet und gewöhnlich bewohnt hatte. Hier
erklärte der Herzog, er wolle sich vor der Rückkehr in den Palast noch
anderswo eine Unterhaltung verschaffen, und verabschiedete sich von sei-
nem Bruder Kardinal. Er entließ alle seine Diener bis auf einen und behielt
auch einen Vermummten bei sich, der schon zur Mahlzeit bei ihm erschie-
nen war und ihn auch etwa einen Monat lang fast täglich im apostolischen
Palast besucht hatte. Der Herzog nahm ihn hinter sich auf den Maulesel
und ritt bis zum Judenplatz, wo er auch den einen Reitknecht entließ und
in den Palast zurückschickte. Er gab ihm jedoch den Auftrag, er solle ihn
um 8 Uhr auf dem Platz erwarten, und wenn er nach einer Stunde noch
nicht da sei, wieder in den Palast zurückkehren. Hierauf entfernte sich der
Herzog mit dem Vermummten hinter sich auf der Kruppe des Maulesels
von dem Reitknecht und ritt wer weiß wohin, wo er ermordet wurde.
Der Leichnam wurde an jener Stelle neben oder bei dem Hospital des hei-
ligen Hieronymus der Slawonier auf dem Weg, wo es von der Engelsbrü-
cke geradeswegs zur Kirche der heiligen Maria del Popolo geht, neben
dem Brunnen, da wo der Straßenschmutz von den Karren gewöhnlich ins
Wasser geschüttet wird, in den Fluss geworfen. Der Reitknecht, der auf
dem Judenplatz entlassen worden war, wurde schwer verwundet und töd-
lich verstümmelt im Hause eines mir Unbekannten barmherzig aufge-
nommen und verpflegt; in seiner Bewusstlosigkeit konnte er nichts über
den Auftrag und Ausgang seines Herrn erzählen. Als am nächsten Mor-
gen, Donnerstag, den 15. Juni, der Herzog nicht in den Palast zurück-
kehrte, gerieten seine vertrauteren Diener in Unruhe, und einer von ihnen
meldete den späten Ausgang des Herzogs und Cesares sowie die vergeblich
erwartete Rückkehr des Erstgenannten in der Frühe dem Papst. Der Papst
war darüber bestürzt, er redete sich zunächst ein, der Herzog vergnüge

sich irgendwo mit einem Mädchen und scheue sich deshalb am hellen Tag ihr Haus zu verlassen, hoffte aber, dass er jedenfalls an diesem Abend zurückkommen werde. Als auch dies nicht geschah, wurde der Papst von tödlichem Schrecken ergriffen und ließ durch ein paar seiner Vertrauten alle möglichen Nachforschungen anstellen."[71]

Nach einer fieberhaften Suche wurde der tote Herzog aus dem Tiber gefischt. Mit sechzehn Stichwunden war er getötet worden, sein Leichnam wurde in der Kirche S. Maria del Popolo bestattet.

Trauer im Vatikan

Alexander war untröstlich, sein Lieblingssohn war ermordet und in den Tiber geworfen worden. Noch nie hat jemand im Vatikan in dieser Weise getrauert, die Räume hallten wieder von Klagerufen und vom Schreien des untröstlichen Vaters. Der Papst ist fassungslos, überwältigt vom Schmerz und gerät in eine tiefe, persönliche Krise. Er ist ganz Familienvater, trauert um seinen Lieblingssohn.

In einem Konsistorium am 19. Juni, bei dem fast alle Kardinäle und Botschafter anwesend waren, klagte der Papst über den Tod seines Sohnes und in dieser offiziellen Veranstaltung konnte er seinen privaten Schmerz nicht zurückhalten, sieben Papstkronen würde er geben, wenn er seinen Sohn wieder lebendig haben könnte. Und in einer sehr emphatischen Geste kündigte er eine Reform der Kirche an. Es blieb allerdings bei der Einsicht in die Notwendigkeit.

Der Mörder von Juan wurde nie bekannt, auch sein Bruder Cesare wurde im nachhinein verdächtigt, aber dafür fehlen jegliche Beweise. Vermutlich war es ein Mord im Auftrag des Stadtadels, vor allem die Orsini wurden genannt. Juans gewaltsamer Tod war Gesprächsstoff in ganz Italien und gehört zu den vielen, nie aufgeklärten Kriminalfällen Roms.

Lucrezia Borgia (1480–1519): Die vergötterte Tochter

Gefällt es dir, mit behendem Bein zu tanzen,
So fürcht ich, es möge ein Gott mit eifersücht'gem Auge
Dich betrachten, deinem Schloss entreißen
Und dich in erhabnem, leichtem Fluge durch die Lüfte tragen,
Und dich zur Göttin weih auf einem neu geschaffnen Stern.[72]

Pietro Bembo

In Subiaco hat sie am 18. April 1480 das Licht der Welt erblickt. Ihr leiblicher Vater, der Kardinal Rodrigo Borgia, verbrachte dort einige Male den Sommer. Die Mutter Vannozza war zu dieser Zeit mit einem gewissen Giorgio della Croce verheiratet, aber der hatte sich von ihr fern zu halten. An der Vaterschaft Rodrigos gab es offensichtlich keine Zweifel.

Die ersten Jahre lebt Lucrezia im Haus ihrer Mutter, wobei das kleine Mädchen bald zu begreifen lernt, dass der festlich und herrschaftlich auftretende Onkel Rodrigo in Wirklichkeit ihr Vater ist. Sie wird ihm zeit ihres Lebens eine liebenswürdige Tochter sein.

1487 kommt die kleine Lucrezia wie schon ihr Bruder Cesare zu Adriana di Mila Orsini, einer Verwandten und Vertrauten von Rodrigo. Sie soll hier gezielt vorbereitet werden auf das Leben als Dame der oberen Gesellschaftsschicht. Durch Hauslehrer lernt sie Spanisch, Griechisch, Französisch und etwas Latein und erhält auch Unterricht in Kunst und Musik. Für Mädchen ist im Allgemeinen keine umfassende humanistische Bildung vorgesehen.

Mit neun Jahren erlebt Lucrezia eine für sie unvergessliche Hochzeit. Orsino Orsini, der Sohn von Adriana di Mila heiratet eine wunderschöne junge Frau, Giulia Farnese. Sie wird später eine wichtige Freundin von Lucrezia, aber was noch bedeutsamer ist, ihr Vater ist völlig hingerissen von der bella Giulia und verliebt sich über alle Maßen in sie. Auch das kann Lucrezia nicht verborgen bleiben.

Erste Heirat

Als Lucrezia elf Jahre alt ist, beginnt ihr Vater Verhandlungen über einen Ehevertrag. Im Visier hat er Adelige aus seiner Heimat, konkret beginnen Verhandlungen in Sachen Don Cherubino Juan de Centelles. Die Verträge werden im Frühjahr 1491 besiegelt durch den Notar Beneimbene und am 16. Juni 1491 Lucrezia eröffnet: Ihre Gefühle kann man erraten. Aber überraschend schnell gibt es einen neuen Verlobten: Don Gasparo aus Valencia. Der Vater selber erklärt Lucrezia, dass sie nach Spanien soll. Mit ihren elf Jahren hat sie keine Chance gegen den Vater zu opponieren, sie hat sich zu fügen. Der Verlobte ist fünfzehn Jahre alt. Ende April 1492 wird der Ehevertrag bestätigt und damit eigentlich rechtsgültig.

Am 26. August 1492 als nunmehr Zwölfjährige, erlebt Lucrezia ein spektakuläres Ereignis: als Papsttochter nimmt sie teil an den Krönungsfeierlichkeiten ihres Vaters. Adriana di Mila nahm sie und ihren Bruder Jofré mit, sie gingen zwar nicht in die Peterskirche, standen vielmehr nahe bei der Tiberbrücke. Lucrezia sieht ihren Vater auf einem weißen Pferd, wie er zur Laterankirche reitet, begleitet von Kardinälen und Bischöfen in farbenprächtigen Gewändern und umgeben von einer riesigen Menschenmenge. In einigen Jahren wird sie begreifen, dass dieses Ereignis auch ihr Leben bestimmt.

Als Papsttochter hat sie natürlich auf dem europäischen Heiratsmarkt jetzt bessere Karten, der nette Grafensohn ist für Papst Alexander nicht mehr die passende Partie. Der Bräutigam ist bereits nach Rom gekommen und fordert die Einlösung des Vertrages. Aber der Vaterpapst bleibt hart, Gasparo muss verzichten.

Am 23. April 1493 wird ein neuer Ehevertrag unterzeichnet: der Auserwählte, natürlich nicht von Lucrezia, ist Giovanni Sforza, Graf von Cotignola und Herr von Pesaro. Er ist noch keine dreißig Jahre alt und schon Witwer. Lucrezia wohnt jetzt in einem Palazzo bei Santa Maria di Portico, ganz nahe bei der Peterskirche, sie lebt hier wie eine junge Adelige mit Hofstaat.

„Schwiegersohn der Christenheit" wird Giovanni Sforza genannt, als er am 9. Juni 1493 in Rom eintrifft. Die Braut wartet in ihrem Palazzo auf ihn, in einem prächtigen Kleid aus himmelblauem Brokat, ihr blondes Haar glänzt im Sonnenlicht, Giulia ist an ihrer Seite. Lucrezia grüßt vom Balkon aus und Giovanni zieht an ihr vorbei in den Vatikan; dort auf dem Papstthron sitzt sein Schwiegervater, die Hand zum Segen erhoben. Drei Schritte vor dem Thron wirft sich der Schwiegersohn auf die Knie.

Die Hochzeitsfeierlichkeiten finden am 12. Juni 1493 im Vatikan statt. Das Brautpaar lebt weiterhin getrennt; wegen der Jugend der Braut wird der Vollzug der Ehe verschoben. Die Hauptsache, man ist verheiratet, ob man die Ehe auch leben kann, ist für diese Zeit sekundär. Giovanni lebt wieder in Pesaro und Lucrezia hält Hof in ihrem schönen Palazzo, immer wieder machen Gesandte und Besucher des Papstes auch ihr die Aufwartung.

Durch die Hochzeitsfeierlichkeiten hat sich der Ehemann finanziell übernommen und seine Gläubiger bedrängen ihn. Deshalb wendet er sich an seinen Schwiegervater im Vatikan und bittet um einen Teil der Mitgift. Die Antwort des Papstes ist lapidar und typisch: er solle nach Rom kommen und die Ehe vollziehen, dann gebe es auch die

Mitgift. Also reist Giovanni wieder nach Rom, wobei seine Lage auf dem politischen Parkett kompliziert ist. Er befehligt Truppen des Papstes als Kondottiere und ist zugleich vertraglich gebunden mit Ludovico il Moro in Mailand. Im Frühsommer 1494 bricht in Rom eine Epidemie aus und Alexander schickt sie alle aus der Stadt fort: Giovanni mit Lucrezia, ihre Mutter Vannozza, Giulia Farnese und Adriana di Mila.

Freudig und ohne Vorurteile wird Lucrezia in Pesaro aufgenommen. Giovanni ist häufig abwesend und die zurückgelassenen Frauen machen sich ein schönes Leben. Es beginnt ein äußerst umfangreicher Briefwechsel zwischen Lucrezia und ihrem Vater, ständig sind Kuriere unterwegs zwischen Pesaro und dem Vatikan. Es fehlt nicht an Mahnungen Alexanders, doch häufiger zu schreiben.

Principessa Vaticana

Nach einem Jahr macht sich Lucrezia wieder auf die Reise nach Rom, es geht über Perugia, dort trifft sie ihren Vater, der mit Sehnsucht auf sie gewartet hat. Auch in Perugia wechseln sich viele Feste und Einladungen ab. Dann ist sie wieder in ihrem Palast in Rom, während ihr Gemahl in der Gegend von Neapel mit Truppen unterwegs ist. Ihr Bruder Jofré kommt mit seiner Frau Sancia ebenfalls nach Rom, der Papst will seine Kinder um sich haben. Die beiden Frauen Lucrezia und ihre Schwägerin Sancia verstehen sich gut und sind unzertrennlich. Beide nehmen sich viele Freiheiten heraus und platzieren sich nicht immer protokollgemäß, z. B. am Pfingstsonntag sind sie beim Hauptgottesdienst in St. Peter selbstverständlich dabei, der Papst sitzt auf seinem Thron, die Messe feiert der Kardinal Cybo, ein Kaplan hält die Predigt und weil diese so langweilig dahinfließt, gehen Sancia und Lucrezia vor in den Chorraum und nehmen Platz im Chorgestühl, in dem sonst Prälaten und Kanoniker sitzen. Und das Ganze natürlich auffällig und eindrucksvoll, sodass es zum Tagesgespräch in Rom wird und der Zeremonienmeister Burchard die harmlose Geschichte entsetzt in sein Tagebuch schreibt. Aber diese kleinen Provokationen gehören längst zum Alltag. Die beiden Frauen nehmen regen Anteil am gesellschaftlichen Leben Roms, sind auf vielen Festen zu sehen und genießen ihre exponierte Rolle am päpstlichen Hof. Lucrezias heiteres Wesen und ihr selbstbewusstes Auftreten auch im Umgang mit höchsten Würdenträgern bringt ihr viel Bewunderung ein. Auch ist sie zu einer ausnehmend hübschen, jungen Frau herangewachsen, die viel Aufwand betreibt für das stundenlange Färben ihrer blonden Haare und ihre stets ausgesuchte Garderobe. Der Gesandte Niccolò Cagnolo aus Parma hat sie beschrieben: *„Sie ist von mittlerer Größe und anmutiger Gestalt, ihr Gesicht eher lang, die Nase schön geschnitten, das Haar golden, die Augen haben keine besondere Farbe, ihr Mund ist ziemlich groß, die Zähne strahlend weiß, ihr Hals schlank und schön, ihr Busen bewunderungswürdig geformt. Immer ist sie fröhlich und lächelt."*[73]

Ein Ehemann flieht – ein neuer kommt

Giovanni verlässt fluchtartig Rom. Er verabschiedet sich, um zur Osterbeichte zu gehen – und reitet, so schnell er kann, nach Pesaro und wagt sich nicht mehr nach Rom. Die politische Großwetterlage hat sich geändert, er passt nicht mehr in das politische Kalkül des Papstes, und so wird an eine Trennung gedacht. Eine Ehescheidung kennt das Kirchenrecht nicht, nur eine Ehenichtigkeit, d. h. die Ehe kam gar nicht wirklich zustande, weil sie nicht vollzogen wurde und dafür gibt es nur einen Grund: die Impotenz des Bräutigams. Rom hat für alles eine Lösung: Die Ehe von Lucrezia und Giovanni Sforza wird annulliert. Der kleine Graf von Pesaro hat keine Chance, gegen den Papst aufzubegehren, er sucht Hilfe beim Herzog von Mantua, aber was soll er mit dessen ironischem Rat, doch in einer öffentlichen Vorführung seine Zeugungsfähigkeit zu beweisen. Giovanni fügt sich in die Auflösung der Ehe, wird allenthalben zum Gespött, aber riskiert nicht Kopf und Kragen. Von Lucrezia ist in dieser Phase nichts zu hören, sie stellt sich nicht auf die Seite ihres Mannes.

Die Suche nach einem neuen Ehemann ist nicht einfach. Kandidaten gibt es genug, aber was will die päpstliche Staatsräson? Das Ergebnis heißt Alfonso d'Aragona, Herzog von Bisceglie, natürlicher Sohn Alfons' II. von Neapel.

Am 20. Juni 1498 wird der Ehevertrag im Vatikan unterschrieben, beide Brautleute sind gar nicht anwesend. Die eigentliche Hochzeitsfeier findet am 21. Juli statt. Die Eheleute bleiben in Rom und wohnen im Palazzo von Lucrezia. Der Ehemann ist elegant, liebenswürdig und von besonders gutem Aussehen. Lucrezia selbst wird von ihrem Vater zur Gouverneurin von Spoleto ernannt und reist am 8. August 1499 von Rom ab.

Ein Papstenkel wird geboren

Dem Ehepaar wird am 1. November 1499 um sechs Uhr früh ein Sohn geboren; auf Befehl des Papstes wurde dies allen Kardinälen, Gesandten und Freunden noch vor Tagesanbruch in ihren Wohnungen mitgeteilt. Offensichtlich ist der päpstliche Großvater in euphorischer Stimmung. Am Martinsfest, dem 11. November folgt die feierliche Taufe durch Kardinal Carafa in der Kapelle von Sixtus in St. Peter, das Kind erhält den Vornamen seines Großvaters Rodrigo. Alle in Rom anwesenden Kardinäle nehmen daran teil, der Täufling wird in einer Prozession mit Musik zur Peterskirche getragen, zur Rechten der Gouverneur von Rom, links der kaiserliche Gesandte Philibertus. Auch dieses Ereignis wird in aller Öffentlichkeit inszeniert und zum Schauspiel erhoben.

Tatort Vatikan

Lucrezia nimmt an den Feierlichkeiten zum Heiligen Jahr 1500 teil. Sie tritt auf wie eine Königin. Während sie sich ahnungslos in der Rolle der Papsttochter gefällt, denkt ihr Bruder Cesare an die Beseitigung ihres Ehemannes. Als Angehöriger des Königshauses von Neapel liegt er nicht mehr auf der politischen Linie der Borgia-Politik. Vermutlich kam es auch zu heftigen Auseinandersetzungen zwischen diesen beiden.

Beim Verlassen des Vatikans wird Alfonso überfallen und schwer verwundet. Lucrezia ist bestürzt, sie pflegt ihren Ehemann und ist ständig bei ihm, gleichsam als Wache oder Schutzengel. Das Ehepaar hat Zuflucht gesucht in den vatikanischen Gemächern und auch dort ist es nicht sicher. Ein Trupp Bewaffneter unter Führung von Cesares Hauptmann Michelotto dringt ein, verhaftet die Ärzte und in einer gewissen Naivität folgt Lucrezia dem Rat von Michelotto, sie solle zu seiner Heiligkeit gehen, er könne den Haftbefehl aufheben. Lucrezia eilt zu ihrem Vater und als sie zurückkommt, ist ihr Ehemann erdrosselt. Sie darf die Leiche nicht sehen, die schnell weggeschafft wird. Mord im Vatikan – hier wird das andere Gesicht der Renaissance sichtbar: Grausamkeit und Rücksichtslosigkeit bestimmen das politische Handeln. Der Papst gibt sich mäßig betrübt und denkt schon wieder an die nächste Eheschließung. Lucrezia hatte ihren Ehemann wirklich geliebt, aber auf ihre persönlichen Interessen wird keine Rücksicht genommen. In tiefer Trauer zieht sie sich in ein Kloster zurück. Auftraggeber für den Mord war sehr wahrscheinlich ihr Bruder Cesare, das ist die vorherrschende Meinung der Historiker.

Erneute Suche nach einem Ehemann

Theoretisch hätte sich Lucrezia für immer in ein Kloster zurückziehen können, um dort als Äbtissin zu leben, wie es später eine Tochter von ihr halten wird. Aber noch ist sie eine wichtige Figur auf dem Borgia-Schachbrett und eine neue Ehe soll dem ganzen Geschlecht dienen. Ihr Ruf ist nicht mehr der beste, zwei Ehemänner sind nicht glücklich mit ihr geworden – wer sollte es da als dritter wagen? Zudem schwirren viele Gerüchte umher, auch über inzestuöse Beziehungen zu ihrem Vater oder Bruder, dies allerdings ganz sicher zu Unrecht. Prominente mussten sich auch damals schon Verdächtigungen aller Art gefallen lassen. Und die Familie Borgia hat sich in der Öffentlichkeit bewusst in einer provokanten Weise zur Schau gestellt.

Dieses Mal wählt sich Lucrezia selber einen Heiratskandidaten aus, an dem sie hartnäckig festhält. Dieser will allerdings nicht und weigert sich heftig und entschieden. Es hilft ihm aber nichts: Alfonso d'Este erhält wohl oder übel die Papsttochter. Sein Vater Ercole, Herzog von Ferrara, schraubt die Forderungen auf Rekordhöhe, Alexander macht entsprechend große Zugeständnisse, auch in Bereichen, die mit einer privaten Hochzeit nichts zu tun haben, wie den Erlass der Tributzahlungen an den Heiligen Stuhl. Nicht eigentlich der Vater, sondern der Pontifex gewährt Ferrara Vergünstigungen. Für den Papst ist die Hochzeit kein privates Ereignis, sondern eine Sache des Souveräns des Kirchenstaates.

Stellvertreterin des Papstes – Madama papessa[74]

Während der langwierigen Vertragsverhandlungen reist der Papst nach Sermoneta und übergibt seiner Tochter die Führung der laufenden Geschäfte der Weltkirche, ein Kardinal steht ihr dabei zur Seite. Damit wird die Papsttochter zwar keine Päpstin, aber eine Frau in der vatikanischen Kirchenleitung war schon eine Sensation. Alexander vertraute seiner Tochter, die in dieser Zeit in den päpstlichen Privaträumen wohnte, die Aufsicht über den Palast und den päpstlichen Hofstaat an. Sie war befugt, die an Seine Heiligkeit gerichteten Briefe zu öffnen. Auf jeden Fall verschafft dies Lucrezia hohes Ansehen und steigert ihren Wert auf dem adeligen Hochzeitsmarkt. Am 26. August 1501 wird der Ehevertrag beurkundet. Im Vatikan wird jetzt viel gesungen, getanzt und gefeiert.

Lucrezias dritte Hochzeitsfeier

Ercole d'Este, Herzog von Ferrara, lässt sich viel Zeit, den Brautzug nach Rom zu schicken. Erst am 9. Dezember geht die Reise los, eine riesige Eskorte mit ungefähr 500 Personen setzt sich in Bewegung, dabei Bedienstete, Musiker, an der Spitze drei Brüder von Alfonso und der farbenprächtig gekleidete Kardinal Ippolito d'Este. Der Bräutigam, der sich bis zuletzt gegen die Eheschließung gewehrt hat, bleibt daheim. Nachrichten sind schon eingetroffen z. B. über die verschwenderische Ausstattung der Braut, welche die reichste Mitgift von Italien erhält. Ende Dezember kommen die Ferraresen in Rom an, ein überwältigender Empfang wird ihnen zuteil: Am Stadttor begrüßen den Zug neunzehn Kardinäle, von denen jeder 200 Begleiter mit sich führt, dahinter kommt Cesare Borgia mit einem Gefolge von zweihundert Schweizer Söldnern, in schwarzen und gelben Samt gekleidet. Die Begrüßung dauert zwei Stunden, dann geht der mächtige Zug über den Campo dei Fiori unter Trommeln und Musik zum Papstpalast. Die Engelsburg ist mit Fackeln erleuchtet, Kanonen donnern, der Papst empfängt die Delegation auf seinem Thron im Vatikan.

Am 30. Dezember 1501 wird die Hochzeitszeremonie mit Überreichung der Ringe abgehalten, per-procura, d. h. Don Ferrante, der Bruder Alfonsos „spielt" den Bräutigam. An Fantasie hat es damals nicht gefehlt, da steht zwar ein junger, gut aussehender Mann, tritt auf wie ein Bräutigam, ist aber in dieser Funktion eine Attrappe.

Lucrezias dritte Vermählung wird ganz im Stil eines fürstlichen Hofes der Renaissance inszeniert, hier schreitet eine Papsttochter als „Principessa" zu ihrer Trauung, die im eigentlichen Kern eine sehr bescheidene Zeremonie darstellt. Johannes Burchard hat wie immer zugeschaut und eine Beschreibung geliefert:

Nach dem Wettrennen am 30. Dezember stellten sich die Trompeter und allerart Musikanten auf der Plattform der Treppen von St. Peter auf und stimmten mit großer Macht alle ihre Instrumente an. Donna Lucrezia trat aus ihrer Wohnung neben der Peterskirche heraus, in einem auf spanische Weise gegürteten Goldbrokatgewand mit einer langen Schleppe, die eine Zofe ihr nachtrug. Rechts von ihr ging Don Ferdinand, links Don Sigismund, die Brüder ihres Gatten. Dann folgten etwa 50 römische Damen in prächtigen Gewändern und hinter diesen je zwei und zwei die Dienerinnen Lucrezias. Sie stiegen hinauf in den ersten Paulinischen Saal über dem Palastportal, wo sich der Papst mit 13 Kardinälen und Cesare Borgia befand. Der Bischof Porcario hielt eine Predigt und der Papst sagte ihm zu wiederholten Malen, er solle schneller machen. Als er endlich fertig war, wurde vor den Papst ein Tisch hingestellt. Don Ferdinand, sowie Donna Lucrezia traten vor den Papst an den Tisch heran und Ferdinand steckte im Namen seines Bruders Lucrezia einen goldenen Ring an.[75]

Anschließend wird im Vatikan kräftig gefeiert und vor allem getanzt. Der Spanier auf dem Papstthron hat eine besondere Sympathie dafür und seine Kinder Lucrezia und Cesare begeistern die Anwesenden mit einem spanischen Tanz, der viel Beifall findet. Noch selten hat sich ein Papst so gefreut wie Alexander über seine beiden Kinder.

Brautzug nach Ferrara

Die rauschenden Feste in Rom sind vorüber, Lucrezia nimmt Abschied; noch einmal hält sie ihren zweijährigen Sohn Rodrigo auf dem Arm und kann sich der Tränen nicht erwehren, er darf nicht mit nach Ferrara, dies ist ein bitterer Wermutstropfen des Ehevertrages. Auch der Abschied von ihrem Vater fällt ihr schwer: Er sitzt auf seinem Thron, seinem Lieblingsplatz, und bespricht mit ihr die Reiseroute, vielleicht hat er sie gesegnet, nur so etwas findet keine Erwähnung, vielleicht begleiten sie seine Gebete in die Fremde. Ihr persönliches Glück ist wohl nicht seine Denkart, er hat sie gut genug platziert im vielfältigen Adelsgeflecht Italiens, sie heiratet in ein kulturell renommiertes Fürstenhaus ein, das zum ältesten Adel Italiens zählt, die Borgia werden Teil einer Dynastie und ihr Überleben ist gesichert. Mit Tränen in den Augen geht Lucrezia vom Papstthron herunter, der Vater ist ihr entrückt, zu hoch oben, um die Gefühle einer Tochter nachzuempfinden. Sie wird ihn nicht mehr sehen und ist bald auf sich allein gestellt.

Für Lucrezia beginnt nun der Weg in die Provinz, sie reitet auf einem Maultier oder sitzt in einer mit kostbarem Atlas dekorierten Sänfte. 150 Maultiere transportieren die Aussteuer und ca. 600 Pferde sind im Einsatz, Musikanten und Spaßmacher wurden angeworben, und am 6. Januar 1502 setzt sich der gewaltige Brautzug in Bewegung, der 27 Tage unterwegs ist. Die Reise ist generalstabsmäßig in viele Etappen eingeteilt, in vielen Orten wird gefeiert. Der Zug kommt auch nach Pesaro, mit gemischten Gefühlen betritt Lucrezia die Stadt, in der sie schon einmal ein Jahr gelebt hat.

Lucrezias Einzug in Ferrara gestaltet sich als ein rauschendes Fest mit allem Pomp der Zeit, auch fünf Bischöfe sind dabei. Nach der Hochzeitsnacht lässt der Schwiegervater Ercole durch seinen Gesandten dem Papst mitteilen, dass alles gut verlaufen ist. Sechs Tage lang wird in Ferrara üppig gefeiert mit Banketten, Tanzeinlagen, Theateraufführungen, für jeden wird etwas geboten. Dann beginnt auch in Ferrara der Alltag, nicht ohne Widrigkeiten. Lucrezia ist uneins mit ihrem Schwiegervater über ihre Apanage, die dieser möglichst klein halten möchte. Aus Kostengründen müssen auch alle ihre Hofdamen Ferrara verlassen, darunter Adriana di Mila. Sie ist nun wirklich allein und kommt sich oft verlassen vor. Im ersten Jahr macht Lucrezia eine schlimme Krankheit mit heftigem Fieber durch, Anfang September wird ein totes Mädchen geboren. Besonders schlimm trifft Lucrezia die Nachricht vom Tod ihres Vaters im August 1503, und negative Urteile über ihn auch von ihrem Schwiegervater setzen ihr zu. Manche vermuten, dass die Alfonso aufgezwungene Papsttochter zurückgeschickt wird, aber ihr Ehemann hat sie schätzen gelernt und denkt nicht an eine Trennung.

Herzogin in Ferrara

Nach dem Tod von Ercole am 25. Januar 1505 wird Alfonso Herzog von Ferrara und Lucrezia Landesfürstin und rechtzeitig wird dann in diesem Jahr auch der Nachfolger geboren, der auf den Namen Ercole getauft wird. Im Prinzip besteht die Hauptaufgabe einer Herzogin darin, die nötigen Erben zu gebären, und zwar nicht zu wenige wegen der hohen Kindersterblichkeit. Lucrezia als Landesmutter erfüllt ihre dynastischen Pflichten, sie bringt eine Tochter und fünf

Giancristoforo Romano,
Lucrezia Borgia, Medaille um 1505,
Museo e Gallerie Nazionali di
Capodimonte, Neapel

Unterschrift Lucrezias in einem Brief
an Alexander VI. aus Pesaro vom
19. Oktober 1494 (Archiv Vatikan).
Die Unterschrift lautet:
„de Vestra Santità indegna schiava
Lucretia Sfortia Borgia manu propria"
– Euer Heiligkeit unwürdige Sklavin
Lucrezia Sforza = Borgia mit eigener
Hand

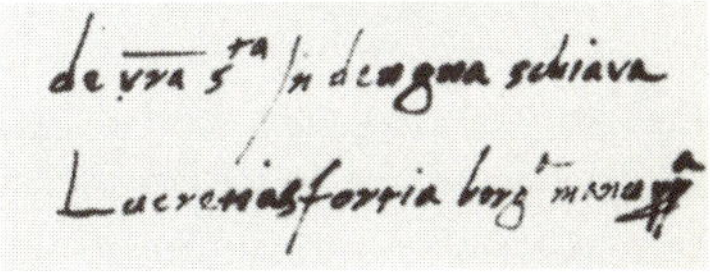

Francesco del Cossa, Der Monat April,
Ausschnitt aus: Liebende im Triumph der Venus, um 1470,
Palazzo Schifanoia, Ferrara. Der Freskenzyklus der 12 Monate in der Sala dei
Mesi war Teil der Umgebung, in der Lucrezia sich aufhielt.

Söhne zur Welt, von denen zwei sehr früh sterben. Zwischen den Geburten liegen viele Schwangerschaften mit schlechtem Ausgang: Das Leben einer Herzogin orientierte sich nicht an romantischen Vorstellungen von einem solchen.

Ihr Ehemann Alfonso war in Sachen Frauen nicht gerade wählerisch. *„Schon bald nach der Hochzeit kehrte der Erbprinz zu den Gewohnheiten seines Liebeslebens zurück, das sich ihm in den derben Armen vollbusiger Schankmädchen eher erfüllte als im Ehebett. Den Tag der Liebe, die Nacht der dynastischen Pflicht – so hielt es Alfonso d'Este, und sein päpstlicher Schwiegervater, der mit großer Aufmerksamkeit alles verfolgte, was seine Tochter Lucrezia anging, zeigte sich sehr zufrieden mit dieser Einteilung. Die Nacht gehörte Lucrezia, urteilte Seine Heiligkeit beifällig, und Alfonso tue sehr recht daran, am Tage anderswohin seinen Freuden nachzugehen, weil er jung sei."*[76]

Alfonso war ein etwas derber Mann, arbeitete gern handwerklich, sein Hobby waren Kanonen und die Artillerie. In diesen Bereichen brachte er es zu großen Erfolgen. Liebevolle Zuwendung, Zärtlichkeit oder Verständnis konnte eine Herzogin in der Zeit der Renaissance eigentlich nicht erwarten, jedenfalls nicht von ihrem Ehemann. Lucrezia fand dies in einem Kreis von Literaten und Dichtern wie Ariost, Strozzi und Bembo; hier war sie umschwärmt und gefeiert und besungen. Dabei geriet sie – arglos oder vorsätzlich – ins Zwielicht erotischer Situationen, für eine verheiratete Frau nicht unproblematisch. Für Frauen galten andere Maßstäbe als für Männer. Amouröse Abenteuer der Ehemänner waren an der Tagesordnung. Der Großvater ihres Ehemannes etwa war ein richtiger Frauenheld: Er war dreimal verheiratet und hatte in aller Öffentlichkeit nicht wenige Mätressen, insgesamt hatte er 27 Kinder, die alle am Hof von Ferrara aufwuchsen und später um das Erbe stritten. Lucrezia fand auch viel Sympathie bei ihrem Schwager, dem Markgrafen Francesco von Gonzaga, mit dem sie einen regen Briefwechsel führte, auch in verschlüsselter Form. Sie will beileibe nicht eine biedere Hausfrau abgeben, sie hat Freude an Festen, am Tanzen und ist berühmt für ihre Ausstrahlung. Sie hat Interesse an Literatur und Kunst, fördert sie im Rahmen ihrer Möglichkeiten, die allerdings nicht so eindrucksvoll sind wie bei ihrer Schwägerin Isabella d'Este, die als Herzogin in Mantua ein weithin bekanntes Mäzenatentum betreibt und sich im Palazzo Ducale eigene Damenzimmer einrichten und gestalten lässt.

Wenn die Dichter zu inbrünstig singen, wird es gefährlich; Ercole Strozzi, der berühmte und hochbegabte, körperlich unansehnliche und gehbehinderte Dichter schreibt leidenschaftliche Hymnen an Lucrezia. *„Zum Dank für seine Verse überreicht ihm Lucrezia eine Rose, die sie geküsst hat. Aus dem Stegreif schmiedet der junge Strozzi daraufhin einen Vierzeiler, der zu Berühmtheit gelangt:*

Rose, dem Boden der Freuden entsprossen, vom Finger gepflückte,
Warum scheinet als sonst schöner dein farbiger Glanz?
Färb't dich Venus aufs neue? Hat eher Lucrezias Lippe
Dir im Kusse so hold schimmernden Purpur verliehn?"[77]

Eines Tages wird er tot aufgefunden. Sein Mörder bleibt unbekannt, niemand hat je nach ihm gesucht. Strozzi hatte sich zu weit vorgewagt. Pietro Bembo schwärmt ebenfalls für Lucrezia, dichtet Sonette zu ihren Ehren. Er widmet ihr seine 1505 erschienenen „Gli Asolani". Er gerät in Leidenschaft und vergisst alle Zurückhaltung, sodass er Ferrara verlassen muss. Er geht nach Rom, findet eine Konkubine, mit der er viele Jahre zusammenlebt und wird schließlich noch zum Kardinal ernannt. Intime Beziehungen hat Lucrezia sicherlich zu keinem ihrer Verehrer aufgenommen, allerdings gab sie Anlass zu Missverständnissen und genoss sichtlich die Huldigungen verliebter Männer.

Zum Sterben den päpstlichen Segen

Mit neununddreißig Jahren ist Lucrezia wieder schwanger, wann war sie es eigentlich nicht? Nachdem die Kinder der Adeligen von Ammen gestillt wurden, fehlte es nicht an der erwünschten Empfängnisbereitschaft. Nach einer schweren Geburt – das Kind war nicht lebensfähig – kann sie sich nicht mehr erholen und spürt ihre Kräfte schwinden und den Tod vor Augen schreibt sie am 22. Juni 1519 einen Brief an Papst Leo X. „Heiligster Vater" beginnt sie, bittet um geistliche Hilfe und erfleht den päpstlichen Segen, weil sie das Ende ihres Lebens vor Augen sieht. Im Angesicht des Todes wendet sich die Papsttochter an den amtierenden Papst, den sie persönlich kennt. Sie denkt an diesen wohlbeleibten Medici, den Papst eines luxuriösen Lebensstils, den sie als Kardinal oft bei Feierlichkeiten gesehen hat und der nun auf dem Thron ihres Vaters sitzt. Sie erbittet nicht Gesundheit, sondern Segen, sie zweifelt nicht an der geistlichen Gewalt des Amtes, das ihr Vater vielfach missbraucht hat und wovon auch Leo nicht freizusprechen ist. Sie nennt sich in dem Brief eine Sünderin, so würde jede fromme Frau ihrer Zeit schreiben. Als Papsttochter weiß sie nur zu gut um die Sünden der Päpste, und es ist nicht frei von Ironie, dass sie diesen Segen haben will, den päpstlichen, den, fünfhundert Jahre später, auch heute noch von fast magischen Vorstellungen begleitet, Zehntausende auf dem Petersplatz ehrfurchtsvoll erwarten.

Mythos aus Gift und Sex

Am 24. Juni 1519 stirbt Lucrezia Borgia. Seitdem wird ihr Bild in vielerlei Facetten gezeichnet, ihr wahres Gesicht tritt dabei kaum hervor.

Viele Bücher und Filme zeigen eine verruchte, sexbesessene Frau, und die Mischung aus Gift und Sex entwickelt sich zu einem eindrucksvollen Mythos. Aber wie war es in ihrem persönlichen Leben um Freiräume bestellt? Im Schatten des übermächtigen Vaters auf dem Papstthron und des grausamen, rücksichtslosen Bruders hatte sie in ihrer Jugend die Rolle einer Papsttochter zugewiesen bekommen. Ihr Vater hatte sie verwöhnt, aber zugleich beherrscht und ihre Freiheit war sehr begrenzt. Vielleicht hatte sie ein paar Affären als Zwanzigjährige in Rom, einige amouröse Abenteuer, aber schon mit einundzwanzig Jahren kommt sie in das kleine Ferrara, um dort als Ehefrau und Landesfürstin ein keineswegs extravagantes oder gar skandalträchtiges Leben zu führen. Mit Gift hat sie dort sicher nichts zu tun gehabt. Und was ihre Abenteuer als Sexprinzessin angeht: Sie hatte nicht wenige Schwangerschaften von einem relativ kühlen und groben Ehemann durchzustehen. Die Freiräume einer Ehefrau in der Renaissance lagen eher im Bereich der euphorischen Gefühle. Auffallend bis zuletzt war ihre fröhliche, unternehmungslustige Art; ihre zweifellos vorhandene erotische Attraktivität setzte sie selber in Szene, sie spielte damit und ließ sich anhimmeln, aber viel mehr war in Ferrara nicht möglich. Man muss daher sehr viel Fantasie investieren, um aus ihrem Leben eine Skandalgeschichte zu gestalten.

Jofré / Goffredo Borgia (1482–1517): Der schöne Sohn

Der letzte Sohn Alexanders mit Vannozza war körperlich nicht sehr robust, aber eine schöne Erscheinung mit blondem, lockigem Haar. Der Vater ließ ihm wenig Zeit zur eigenen Entfaltung, mit zwölf Jahren wurde er verheiratet. Die vom Vater für ihn Erwählte war Sancia von Aragon, eine uneheliche Tochter von König Alfons II. Dieser wurde im Mai 1494 zum König von Neapel gekrönt, und zwar durch Kardinal Juan Borgia, den Papst Alexander VI. als seinen Legaten nach Neapel geschickt hatte. Dem Ganzen lag ein politischer Handel zugrunde: Alexander konnte seinen Sohn standesgemäß unterbringen und anerkannte dafür Alfons als König von Neapel, obwohl auch Frankreich Ansprüche auf Neapel erhob. Familieninteressen und kirchenpolitisches Handeln waren für den Papst untrennbar miteinander verbunden. Der neue König Alfons ernannte aus Dankbarkeit dem Papst gegenüber dessen Sohn Jofré zum Herzog von Squillace.

Hochzeitsnacht mit König und Kardinal

Einige Tage nach der Königskrönung fand die Hochzeit von Jofré statt. Johannes Burchard, der päpstliche Zeremonienmeister, war mit nach Neapel gereist und schrieb einen ausführlichen Bericht in sein Tagebuch. Die kirchliche Trauung fand statt am 11. Mai 1494 unter Teilnahme des Königs von Neapel und des päpstlichen Kardinallegaten im Castel Nuovo. Das Hochzeitsmahl begann am Abend und dauerte bis weit nach Mitternacht und was dann folgte, beschreibt Burchard mit folgenden Worten:

„Nach dem Mahl wurde die Braut vom Legaten und dem König in deren Mitte nach ihrem Palast begleitet, der unmittelbar außerhalb der Schlosspforte stand, unter Vorantritt des Bräutigams und der andern, wie es am Morgen geschehen war. Hier wurde Halt gemacht, und das Brautpaar betrat die geheime Kammer, wo ihnen das Bett bereitet war, während der Legat mit dem König draußen warteten. In der Kammer entkleideten die Frauen und Fräulein das Paar und legten es zusammen ins Bett, den Bräutigam zur Rechten der Braut. Als sie so nackt unter Leintuch und Decke dalagen, traten der Legat und der König ein. In ihrer Gegenwart wurde das Paar von den Damen bis zur Nabelgegend aufgedeckt und der Bräutigam küßte ohne Scheu die Braut ab. Der Legat und der König blieben hier etwa

eine halbe Stunde im Geplauder; dann verabschiedeten sich alle von dem Paar. Der Kardinal kehrte in den Bischofspalast, der König ins Schloss zurück."[78]

Die Hochzeit des Papstsohnes war also in jeder Weise ein öffentliches Ereignis, inszeniert wie eine Fürstenhochzeit. Politisch gesehen konnte sie eine gute Partie für beide Seiten abgeben, keineswegs aber menschlich. Die Braut war einige Jahre älter, sie erhält eher einen Knaben als einen Mann. Sancia selbst war eine feurige Neapolitanerin, eine südländische, temperamentvolle Schönheit; sie hatte sich sicherlich einen anderen Ehemann vorgestellt als den relativ zarten Jofré. Die Ehe blieb kinderlos.

Ein Prinz hält Einzug

Am 20. Mai 1496 kommt Jofré mit seiner Frau Sancia nach Rom und die ganze Stadt ist auf den Füßen. Ein Papstsohn schleicht sich nicht in die Stadt, in der sein Vater regiert; er zelebriert seinen Einzug und niemand konnte Prozessionen und Aufzüge so stilsicher inszenieren wie die Borgia. Am Morgen hatten päpstliche Boten alle Kardinäle eingeladen, mit ihrem Gefolge einen farbenprächtigen Empfang zu gestalten. Am Laterantor begrüßte Lucrezia ihren Bruder und seine Frau, dann zieht sich ein langer Zug zum Vatikan: voran achtundzwanzig Saumpferde Jofré's, das Gefolge der Kardinäle, Bischöfe, Beamte, Trompeter, die ganze päpstliche Palastwache, der venezianische, mailändische Gesandte. Jofré ritt zwischen dem Gouverneur der Stadt und dem kaiserlichen Gesandten, dahinter kam Sancia auf einem Pferd, bedeckt mit schwarzer Seide. Hofnarren und Zwerge sollten nicht fehlen. Im Vatikan ging Alexander von Fenster zu Fenster, um ja alles zu sehen und konnte sich vor sichtlichem Stolz nicht beruhigen. So zieht ein vierzehnjähriger Papstsohn, ein unreifer Jugendlicher ohne besondere Verdienste, ein „Bastardsohn" wie ein Prinz, wie ein König in die päpstliche Stadt ein, und das offizielle Rom macht dieses Spiel mit zur Freude des Papstes, aber es ist doch eher ein Theaterspiel, und der Vater täuscht sich, wenn er die Ovationen für seinen Sohn ernst nimmt. Noch hat der Vater auf dem Stuhl Petri die uneingeschränkte Macht und die Begeisterung des Vaters über seinen Nachwuchs ist nicht zu dämpfen.

Am Papstthron werden Brokatkissen niedergelegt für seine hübsche

Tochter Lucrezia und die nicht minder attraktive Schwiegertochter Sancia, für kurze Zeit hat sich der Papstpalast in ein Familiendomizil verwandelt. Alle Vannozza-Kinder sind in Rom versammelt und als harmonische Familie sonnen sie sich im Glanz des päpstlichen Hofes.

„Die Römer hatten sich an den Nepotismus, ja sogar an die Bastarde der Päpste gewöhnt, aber Alexander war der erste Papst, der ein Leben unverhohlener Sinneslust im vollen Rampenlicht des Vatikans führte – mit seiner jungen und schönen Geliebten und seinen hübschen, arroganten Kindern. Diese empörende Offenheit verblüffte und schockierte seine Zeitgenossen."[79]

Nächtlicher Überfall

Jofré lebte nun mit seiner Frau in Rom. Für einen jungen Mann bot die Stadt viel Abwechslung und Unterhaltung, aber immer auch Gefahren. 1497 war sein Bruder Juan ermordet worden und sein theatralischer Einzug in Rom konnte nicht darüber hinwegtäuschen, dass die Borgia es mit gefährlichen Gegnern zu tun hatten. Unterschwellig staute sich Hass und Ablehnung, für die Römer sind sie alle Fremde, Katalanen, die man aus der Stadt vertreiben möchte, und für den alteingessenen Adel sind sie Emporkömmlinge, denen man Verachtung entgegenbringt. Jofré ist im Februar 1499 knapp einem Anschlag entkommen. Er ritt in der Nacht über die Brücke bei der Engelsburg, als er von einem Haufen Bewaffneter überfallen wurde. Er hatte fünfundzwanzig Soldaten der Palastwache bei sich zu seinem Schutz und konnte sich wehren, wurde aber doch verletzt, worüber seine Gattin in heftige Klagen ausbrach. Der Papst selber wusste wieder einmal, woran er war.

Nach dem Tod seines Vaters konnte Jofré sein Fürstentum Squillace in Kalabrien behalten. Er gründete dort auch eine Stadt mit Namen Borgia. Im Frühjahr 1504 reiste er nach Neapel, seine Frau Sancia begann ein Abenteuer mit dem neuen Vizekönig Consalvo di Cordoba. Im Herbst 1504 bereits starb Sancia, womit Jofrés Probleme als betrogener Ehemann gelöst waren. Er heiratete schnell wieder, und zwar eine Verwandte, Maria de Milà. Sie ging mit ihm nach Kalabrien und beide hatten noch viele Kinder, zuvor war Jofré für zeugungsunfähig gehalten worden. 1517 ist Jofré in Squillace gestorben.

DIE GIULIA-TOCHTER LAURA (1492–?)

Die schöne Giulia Farnese ist seit 1491 Rodrigos Geliebte; vermutlich im Frühjahr 1492 hat sie ihm die Tochter Laura geboren. Diese ist noch kein halbes Jahr alt, da wird ihr Vater Papst. Die Sache mit der Mätresse Giulia und vor allem dem Borgia-Baby war wohl nur wenigen Eingeweihten bekannt. Die kleine Tochter erhielt den Familiennamen Orsini, weil Giulia mit einem gewissen Orso Orsini offiziell verheiratet war. Das Ehepaar lebte aber in dieser Zeit getrennt, Giulia war ausschließlich Mätresse von Borgia. An seiner Vaterschaft hat Alexander nie gezweifelt und man nimmt dies auch heute als gegeben an.

Der Vater ist bereits 61 Jahre alt. Kein Künstler wurde beauftragt, den Papst zu malen, wie er liebevoll sein Baby im Arm hält. Dies wäre ein schönes, menschliches Bild, und die Vorstellung ist keineswegs abwegig; denn Giulia geht im Vatikan aus und ein und wird die kleine Tochter dem päpstlichen Vater immer wieder gezeigt haben.

Laura ist bei ihrer Mutter aufgewachsen. Als ihr leiblicher Vater stirbt, ist sie elf Jahre alt und es beginnen die Vorüberlegungen für die Eheschließung. Die Orsini und della Rovere wollen familiäre Beziehungen und Laura wird dafür ausersehen. Mit dieser Wahl wäre Alexander VI. nie einverstanden gewesen. Die Feindschaft zwischen den Borgia und den della Rovere hatte sich über viele Jahre verfestigt.

Am 16. November 1505, einem Sonntag, heiratet Laura Niccoló della Rovere, den Neffen des amtierenden Papstes Julius II. Die Vermählung findet im Vatikan statt mit vielen prominenten Gästen, insbesondere mit dem Papst selber, der hier als Onkel in Erscheinung tritt. Mit ihren dreizehn Jahren ist Laura irritiert von der Pracht und dem Glanz in den päpstlichen Räumen, sie bemüht sich, zuzuhören bei der langen Verlesung des Ehevertrages durch den Notar Camillo Benimbene, der dann endlich die entscheidende Frage stellt, die sie mit einem kräftigen „Voglio" beantwortet. Im Namen der Brautmutter, die seit fünf Jahren bereits Witwe ist, wird auch die Mitgift, vom Notar beurkundet, bekannt gegeben. Laura erhält 20000 Dukaten, das Kastell von Vassanello, ein Haus nahe beim Palazzo Farnese und noch viele andere Zuwendungen. Manche vermuten, dass bei dieser überaus großzügigen Mitgift Alexander zu seinen Lebzeiten vorgesorgt hat. Diese bürokratischen Formalitäten haben bei der Hochzeitszeremonie gewiss keine feierliche Atmosphäre aufkommen lassen. Aber dann lädt der Papst zum Festmahl, auch die Braut mit ihrer Mutter und anderen Frauen dürfen an der Festtafel Platz nehmen, Lautenklänge ertönen und die Braut, fast noch ein Kind, kann langsam aufatmen von der Anspannung und nimmt die Glückwünsche entgegen, besonders herzlich begrüßt sie ihr Onkel, der Kardinal Alessandro Farnese, mit dessen Tochter Costanza sie viel Zeit verbringt. Laura gegenüber sitzt am Tisch die Papsttochter Felice, die mit ihren 25 Jahren noch nicht verheiratet ist und ständig auf einen Bräutigam wartet, den sie sich aber nicht selbst aussuchen darf. Ihr Vater Julius II. hatte bisher nicht die Zeit aufgebracht, sie endlich zu verheiraten. Felice spricht mit Laura freundlich und herzlich, und ohne dass sie vielleicht davon wissen, begegnen sich hier zwei Papsttöchter, die die Feindschaft ihrer Väter nicht fortsetzen.

Dem Ehepaar Niccolò und Laura della Rovere werden zwei Töchter, Lavinia und Elena, und ein Sohn geboren, dem die Eltern den Vornamen des Papstes, Giuliano, geben. Der Enkel von Alexander wird nach seinem größten Feind und Gegner benannt. Es ist nicht weniger erstaunlich, dass Julius gegen die Borgia-Tochter keine Einwände erhob, denn bei seinem Veto wäre diese Ehe nicht zustande gekommen. Er betrachtete Laura offensichtlich als eine Orsini.[80] Sicherlich wusste Julius von der Beziehung Alexanders zu Lauras Mutter, deren Herkunft ihm zumindest zweifelhaft erscheinen musste. Lauras weiteres Leben ist nicht dokumentiert.

DIE „ECHTEN" PAPSTKINDER

Giovanni und Rodrigo sind die beiden letzten Kinder von Alexander, gezeugt, als ihr Vater bereits Papst war, insofern „echte" Papstkinder; übrigens die einzig bekannten der Papstgeschichte der letzten tausend Jahre.

Giovanni Borgia (1498–1548)

Viele Verwicklungen, Fragen und Vermutungen gab es um dieses Kind, das eines Tages einfach im Vatikan auftauchte und schlichtweg „Infans Romanus" (römisches Kind) genannt wurde. Das klingt wie Findelkind oder ein Kind, das nicht zuzuordnen ist. Die Gerüchteküche brodelte, das Kind stamme aus einer Verbindung von Lucrezia mit einem päpstlichen Kammerherrn, dessen Leiche man im Tiber entdeckt hatte, oder gar aus einer inzestuösen Verbindung Lucrezias mit ihrem Vater. Als Alexander seinem Sohn Giovanni das Herzogtum Nepi 1501 übertragen wollte, mussten in dieser Urkunde die persönlichen Daten offen gelegt werden, damit zugleich der Makel der unehelichen Geburt getilgt werden konnte. So wurde am 1. 9. 1501 der Schleier gelüftet, Giovanni ist ein echter Papstsohn. Das soll natürlich nicht öffentlich werden, aber um das illegitime Kind zu schützen, um ihm nicht alle Chancen zu verbauen und um ihn erbfähig zu machen, unterzeichnet Alexander zwei Bullen am gleichen Tag: durch eine öffentliche Bulle wurde Giovanni als Sohn eines rechtmäßig verheirateten Laien erklärt, und zwar als unehelicher Sohn Cesares, und durch eine zweite Bulle, nur für das Geheimarchiv des Vatikans, gab der Papst seine eigene Vaterschaft an. Beide Schriftstücke sind am gleichen Tag ausgestellt, wobei das erstere eine glatte Lüge enthält. Die Mutter des rätselhaften Kindes bleibt unbekannt, es heißt nur „mulier soluta", allein stehende Frau. Alexander hat um diese Zeit keine feste Mätresse, die Beziehung mit Giulia war vorbei. Manche Autoren halten allerdings auch Giulia für die Mutter.

Giovanni lebte in jungen Jahren einige Zeit bei seiner Halbschwester am Hof von Ferrara. Immer wieder war er in Schlägereien verwickelt, sodass er kurzzeitig Ferrara verlassen musste. Er machte sich als Raufbold einen Namen. In der Begleitung von Alfonso d'Este kam er 1518 an den französischen Königshof und sollte dort einen guten Eindruck machen, was ihm allerdings nicht gelungen ist. Um 1530 kam er zurück nach Rom und erhielt eine Stellung an der Kurie als Protonotar und wurde ab und zu mit Botschaften zu italienischen Städten geschickt. Papst Paul III. unterstützte ihn; dieser Papst war ja den Borgia nach wie vor wohl gesonnen. Giovanni war an der Kurie nicht nur ein kleiner Schreiber, sondern hatte eine gehobene Stellung mit ordentlichen Einkünften. Jedenfalls war ein nicht geringes Vermögen angesammelt, als Giovanni Borgia 1547 in Genua starb. Zu Lebzeiten seines Vaters hatte er auch das Herzogtum Camerino besessen, das ihm Julius II. wieder wegnahm. Im Jahr 1529 versuchte er bei Karl V. in Bologna sein Herzogtum wieder zu bekommen. Deshalb führte er auch an der Kurie einen Prozess, den er allerdings verlor. Aus den Prozessunterlagen konnte er seine Herkunft ersehen, sodass er um seinen Status „Papstsohn" sehr wohl wusste.

Rodrigo Borgia (1503–1527)

Im Frühjahr 1503 wird dem 72-jährigen Papst noch einmal ein Sohn geboren, er nennt ihn Rodrigo und gibt ihm damit seinen eigenen Vornamen. Die Mutter ist wieder unbekannt. Ob es eine kurzzeitige Beziehung war oder ein Konkubinat, ist nicht bekannt. Der kleine Rodrigo ist gerade ein paar Wochen alt, da stirbt sein Vater.

Mit seiner Amme, von der Mutter ist wieder keine Rede, wurde der jüngste Papstsohn zu seiner Halbschwester Lucrezia nach Ferrara gebracht. Um 1507 ist er im Haushalt seines Halbbruders Giovanni in Carpi und einige Zeit später ist er wieder in Ferrara. Mit ca. zwölf Jahren lebt er in Rom in einem Priesterseminar und bereitet sich auf eine kirchliche Laufbahn vor. In einer päpstlichen Bulle[81] nennt ihn Papst Leo X. „Sohn unseres Vorgängers" und befreit ihn von dem Makel der unehelichen Geburt. Rodrigo wird in den geistlichen Stand aufgenommen und erhält zugleich einige Pfründen, sodass sein Lebensunterhalt gesichert ist. 1527 stirbt er als Abt des Klosters Cicciano di Nola in Süditalien. Vielleicht hätte er auch noch einen Bischofsstuhl erhalten können, aber Rodrigo ist schon mit vierundzwanzig Jahren gestorben.

DIE ENKEL UND NACHFAHREN ALEXANDERS VI.

Unter den 18 Enkeln waren die Herzöge von Ferrara, von Gandia in Spanien und von Squillace in Süditalien. Alexanders Familienpolitik erwies sich in seinem Sinne durchaus als erfolgreich. Der letzte Herzog von Gandia Luis Ignacio Borgia starb 1740 und damit erlischt das Papstgeschlecht in Europa. Ein anderer Borgia wurde Vizekönig von Peru und begründete eine eigene Linie.

Heiliger Borgia

Das Geschlecht in Gandia erlebte eine große Überraschung. Der Urenkel Alexanders, Francesco Borgia, Herzog von Gandia, verzichtete auf sein Herzogtum, wurde Jesuit und dritter Ordensgeneral und führte ein derart vorbildliches Leben, dass er am 21. April 1671 heilig gesprochen wurde. Wer vermutet einen echten Heiligen bei den Borgia? Und doch gehört auch dies zum Mythos dieser Familie: ein Borgia, zur Ehre der Altäre erhoben.

Die Nachkommen Lucrezias

Ihr Sohn Rodrigo mit Alfonso d'Aragon stirbt bereits mit zwölf Jahren in Süditalien.

Von ihren Kindern mit Alfonso d'Este wurde der Sohn Ercole II. Herzog von Ferrara. Er heiratete Renate von Frankreich, eine Tochter Ludwigs XII. Der nächste Sohn Ippolito wurde schon als Kind für eine kirchliche Laufbahn bestimmt und für einen d'Este konnte kein unbedeutender Bischofsstuhl in Frage kommen. Mit zehn Jahren wurde er zum Priester geweiht und kurz darauf zum Bischof ernannt, von seinem Onkel, dem Kardinal Ippolito d'Este übernahm er das Erzbistum Mailand. Von da an sprudelten für ihn reichliche Geldquellen und mit zwanzig Jahren wohnte er schon in einem eigenen Palast in Ferrara. Viele Jahre verbrachte er dann am französischen Königshof. 1538 folgte seine Erhebung zum Kardinal. Als echter Renaissance-Mensch beschäftigte sich Ippolito intensiv mit Kunst und Kultur, er sammelte antike Statuen, Gemälde und vieles mehr, umgab sich mit Künstlern und Dichtern wie Torquato Tasso und Musikern wie Giovanni Palestrina. Er besaß eine umfangreiche Bibliothek und betätigte sich als Auftraggeber für Bildhauer, Tapisserieweber und Kunsthandwerker.

Den Aufstieg in das Kardinalskollegium erreicht auch ein Enkel Lucrezias Ludovico d'Este und der Urenkel Louis de Guise (Kardinal 1615–1621). Dieser brachte es auf sechs uneheliche Kinder und erwies sich damit als echter Nachfahre des Borgia-Papstes. Hier zeigt sich klar die Bildung von regelrechten kirchlichen Dynastien. Lucrezias einzige Tochter Eleonora (1515–1578) wurde Äbtissin in Ferrara, und zwar im Kloster Corpus Christi.

Camilla und Girolamo Borgia, die beiden unehelichen Kinder von Cesare kamen 1505 nach Ferrara zu ihrer Tante. Die Papstenkelin Camilla trat in Ferrara ins Kloster ein, wurde Äbtissin und gerühmt wegen ihrer Frömmigkeit. Girolamo führte das Leben eines Landadeligen. Luisa Borgia, Cesares legitime Tochter, blieb bei ihrer Mutter und wurde dort zweimal verheiratet; mit dem letzten Ehemann, einem Bourbon, hatte sie sechs Kinder.

DER BORGIA-PAPST – BUHMANN DER PAPSTGESCHICHTE?

„Mit Papst Alexander VI. hat die katholische Kirche bis heute ihre Schwierigkeiten. Francesco Guicciardini, Historiker und fast noch Zeitgenosse Alexanders, gilt als wichtigster Gewährsmann für das Negativbild des Borgia-Papstes und seiner Familie. In seiner ‚Storia d'Italia' (1537–1540) stellt er den Pontifex als einen skrupellosen, des Inzests und der Simonie überführten Renaissancefürsten dar. Dieses Urteil beeinflusst noch im 19. Jahrhundert Historiker wie Gregorovius, Pastor und Ranke. Die jüngere Forschung konnte jedoch nachweisen, dass Guicciardini und andere Chronisten ihr einseitiges und verfälschendes Bild im Dienst einer Alexander-feindlichen kirchlichen Reformbewegung entwarfen."[82]

Im Laufe der letzten Jahre tritt das Bild dieses viel geschmähten und zum absoluten Bösewicht verurteilten Papstes wieder deutlicher aus dem Dunstkreis schlimmer Legendenbildung hervor.[83] Besonders im 19. Jahrhundert, in dem Prüderie und ein überzogenes Schamgefühl die kirchliche Moral dominierten, konnte ein Papst mit zehn Kindern nur in Grund und Boden verdammt werden. Marion Hermann-Röttgen[84] hat in einer sehr detaillierten Arbeit die Urteile über die Borgia über die Jahrhunderte hinweg untersucht und die Behandlung der Borgia in der Literatur dargestellt. Sie weist vor allem auf die frühzeitige Dämonisierung Alexanders hin, der im Pakt mit dem Teufel sein Papstamt ausgeübt haben soll. Nicht zu vergessen ist auch, mit welchem Hass Julius II. systematisch und gezielt seinen Vorgänger im Petrusamt für die Nachwelt in ein übles Licht rücken wollte.

Positive Urteile von Zeitgenossen wurden kaum zur Kenntnis genommen, wie folgende Notiz von Infessura:

Im selben Monat ernannte Alexander VI. Visitatoren der Kerker und bestimmte vier Kommissare, die alle Klagen in der Stadt anzuhören hatten. Auch bestimmte er den Dienstag für Audienzen für alle Bürger, Männer sowohl als Frauen, und er selbst hörte persönlich die Beschwerden an. Und er begann auf ganz wunderbare Weise Gerechtigkeit zu üben.[85]

Heute gilt Alexander VI. als rehabilitiert, was keineswegs einer Heiligsprechung gleichkommt. Von dem berühmten Borgia-Gift ist nicht mehr viel übrig geblieben. Glaubwürdige Hinweise auf ein spezielles Gift der Borgia sind nicht überliefert. Die Kardinals-Sterblichkeit hielt sich im Borgia-Pontifikat im üblichen Rahmen; im Übrigen fehlen alle Beweise, dass Alexander viele Kardinäle vergiften ließ, um ihr Vermögen einziehen zu können. Was allerdings nicht ausschließt, dass sein Sohn Cesare einige Widersacher mit Gift beseitigt hat.

Wenn man Alexander eingruppiert in die Reihe der Renaissancepäpste, fällt er beileibe nicht durch besonders schlimme Taten auf. Alles, was er tat und was zu Recht kritisiert wird: die machtbewusste Amtsausübung, das prunkvolle und großspurige Auftreten, die Versorgung der Kinder, seine Liebschaften, all das sind Kennzeichen des Renaissancepapsttums. Seine Grausamkeit im Umgang mit Gegnern, sein unbekümmerter Umgang mit den drei Hochzeiten seiner Tochter Lucrezia, seine weit übertriebene Zurschaustellung seiner Kinder, all das ist nicht zu entschuldigen. Es macht aber wenig Sinn, die Oberhirten dieser Zeit in einer Rankingliste zu erfassen und schon gar nicht eignet sich die Kinderzahl der Päpste als Messlatte von Schuld, je mehr Kinder, desto schlimmer das Pontifikat.

Ohne Zweifel hat Alexander sein Papstamt ernst genommen, er hat dem Heiligen Stuhl wieder Respekt verschafft und vor allem das Heilige Jahr 1500 wurde zu einer großen Bejahung dieses Pontifex. Wie noch nie strömten Pilger nach Rom und den päpstlichen Ostersegen im Jubeljahr 1500 auf dem Petersplatz erwarteten ähnlich viele Gläubige wie heute.

„In elf Jahren harter Arbeit war es ihm gelungen, das Papsttum politisch unabhängig zu machen, Rom der Gewalt des herrschenden Adels zu entreißen und der Kirche ihr Land zurückzuerobern."[86]
Alexander VI. hat sich sicherlich wie ein Herrscher auf dem höchsten Thron dieser Welt gefühlt und sein Amt entsprechend ausgeübt.

Von dieser Sicht her sind auch die vielen Feiern im Vatikan zu sehen, die gewiss nicht Zeichen von Frömmigkeit und Religion waren, aber vermutlich auch nicht total verruchte Orgien. *„Die wilden Orgien in den Papstpalästen, die Alexander VI. angeblich veranstaltete, haben sich inzwischen als Ausgeburten der erhitzten Fantasie seiner Feinde entpuppt."*[87] *„Kurtisanenballett im Papstpalast, Inzest mit seiner Tochter Lucrezia, Kardinalsvergiftungen am laufenden Band – all das darf getrost in den Bereich der Mythenbildung verwiesen werden. Ein skrupelloser Machtpolitiker im Interesse seiner Familie ist Alexander VI. allemal – entsprechend zahlreich die Feinde der Borgia."*[88]

Alexander war ein Praktiker, subtile theologische Themen und dogmatische Fragestellungen waren nicht sein Metier. *„Es steht nicht weniger fest, dass er theologisch-dogmatisch zu den konservativsten und vor allem in seiner Marien-Verehrung frömmsten Päpsten der Zeit zählte."*[89]

Die eindrucksvolle und würdige Gestaltung der päpstlichen Gottesdienste war ihm ein wichtiges Anliegen, auch verlangte er von den Kardinälen die Anwesenheit bei den wichtigen Papstmessen. Er förderte die Marienverehrung und erfüllte persönlich seine religiösen Pflichten, peinlich genau beobachtete er die Fastenzeit.[90] Er fühlte sich durchaus als rechtgläubiger und frommer Christ.

In der Papstgeschichte nimmt Alexander ohne Zweifel einen wichtigen Platz ein, im Urteil von Sixtus IV. und Urban VIII. kommt ihm ein hoher Rang zu.[91] *„Hinter vorgehaltener Hand hat man Alexander VI. noch in kurialen Kreisen des 17. Jahrhunderts als einen der großen Päpste gewürdigt."*[92]

Wenn am 18. August 2003 aus Anlass des 500. Todestages dieses Papstes wieder Erinnerungen wachgerufen werden, kann der Mythos Borgia seine Faszination neu entfalten.

Der fromme Alexander mit zehn unehelichen Kindern, der Zölibatär im Vatikan, der sich in einer seltenen Liberalität über kirchliche Gebote hinwegsetzte, und der über die Maßen eifrige Familienvater, ohne Zweifel ein Vorbild für andere Väter: In der Gestalt Alexanders VI. treffen sich viele Linien und bleiben bis heute rätselhaft.

DIE TÖCHTER JULIUS' II., DES PAPA TERRIBILE:
GIULIA, FELICE, CLARICE

Vater: Giuliano della Rovere: 1443–1513, 1471 Kardinal, 1503 Papst als Julius II.
Mutter: Lucrezia Normanni, verheiratete de Cupis

Giuliano, ein flotter Kardinal

Zu ihnen, den Töchtern war er gewiss nicht „terribile", ein Wort, das zuerst der venezianische Gesandte Lippomano[93] auf ihn anwandte und das zu einer Art Markenzeichen für diesen Papst wurde. Mit fürchterlich oder schrecklich ist es wohl nicht zu übersetzen, eher als furchtgebietend, gewaltig, energiegeladen, er war eine Kraftnatur, ein Power-Papst. Als Geliebter in den Armen seiner Mätresse und als fürsorglicher Vater ist er schwer vorstellbar, und doch war dies die andere Seite seines temperamentvollen Lebens.

Giuliano della Rovere ist geboren in Albissola nahe bei Savona an der Ligurischen Küste am 15. Dezember, vermutlich 1443, aber das ist nicht sicher bezeugt. Für ihn, den Zweitgeborenen, bot sich eine kirchliche Laufbahn wie von selber an. Erzogen bei den Franziskanermönchen in Perugia, studierte er wahrscheinlich Kirchenrecht unter der Obhut seines Onkels. Als dieser 1467 Kardinal wurde, war die Sache bereits so gut wie entschieden, denn am Horizont ahnte man schon eine Karriere in der Kirche. Als sein Onkel dann noch Papst (Sixtus IV.) wurde, war sein Lebensweg klar vorgezeichnet. Er selber wurde am 15.12.1471 zum Kardinal ernannt und gehörte damit zum Kreis der elitären kirchlichen Würdenträger: das bedeutete hohe Einkünfte, Hofhaltung, einen gewaltigen sozialen Aufstieg. Über das Thema Eignung oder Berufung für ein geistliches Amt wurde nicht weiter nachgedacht. Giuliano musste sich nicht hochdienen oder bewähren oder als geeignet erweisen. Durch seinen Papst-Onkel war er mit achtundzwanzig Jahren schon im obersten Kirchengremium angekommen. Niemand fragte nach der inneren Überzeugung und der Motivation für ein geistliches Amt. Della Rovere war gut aussehend, energisch, ein flotter, umtriebiger Kardinal, war schlagartig reich, und was lag näher, als ein schönes und aufwändiges Leben zu führen und den unverdienten Wohlstand zu genießen. Er gehörte zu dem Kreis von Kardinälen wie Borgia, Riario, die zwar formal ehelos lebten, aber nicht im Traum daran dachten, „Eunuchen für das Himmelreich" (Ranke-Heinemann) abzugeben. Dass es nicht bei erotischer Literatur blieb, zeigt auch die Tatsache, dass sich Giuliano die Franzosenkrankheit oder gallische Krankheit (Syphilis) zugezogen hat, an deren Folgen er noch im Alter gelitten hat; ein Papst mit Syphilis, auch damals peinlich, aber eben nicht ganz zu vertuschen. Eines Tages trifft er auf eine Frau, die ihn fasziniert, Lucrezia Normanni und bald ist sie seine feste Konkubine. Allerdings war diese Lucrezia verheiratet mit Bernardino de Cupis, der von 1484 an als Schreiber an der Kurie beschäftigt war und 1507 gestorben ist. Welche Frauenabenteuer Giuliano vor diesem Konkubinat hatte, ist nicht bekannt.

Von dieser seiner festen Geliebten hatte der lebensfrohe Kardinal wahrscheinlich drei Töchter: Giulia, Felice, Clarice.

Die meisten Historiker vertreten diese Meinung, Weber[94] nennt alle drei Töchter mit Namen.

Über Giulia ist nichts Näheres bekannt. Clarice wird in den Genealogien auch als Francesca de Cupis bezeichnet, verheiratet wird sie mit einem Agnolo di Cristoforo del Bufalo.

Eine Tochter Giulianos ist sicher bezeugt:

Felice della Rovere (ca. 1480–1536)

Die Tochter erlebt ihren Vater als Papst

Die drei Frauen waren aufgeregt: Lucchina, die Schwester, Lucrezia, die Nichte, und Felice, die Tochter des Mannes, der gleich an ihnen vorbeiziehen wird, aber nicht einfach so, sondern in einer Prozession, einem Auftritt mit theatralischem Gepränge. Die Frauen stehen nahe an einer tiefen Baugrube, die unmittelbar an der alten Peterskirche ausgehoben war. Vom Vatikan her nähert sich der pompöse Zug, die päpstliche Kapelle mit ihren Fanfarenbläsern ist weithin zu hören. An der Spitze des Zuges wird das päpstliche Kreuz getragen, es folgen Kleriker mit brennenden Kerzen, dann die Papstwachen in ihren farbigen Uniformen, Prälaten und Exzellenzen, prächtig herausgeputzt, und dann der Hauptakteur, Papst Julius II., deutlich abgehoben, er thront auf seiner „sedia gestatoria", dem päpstlichen Tragstuhl. Direkt vor dem Papst die Kardinäle in ihren

Raffael, Papst Julius II., 1511,
National Gallery, London

knallroten Roben, ihr eitles Daherschreiten ist nicht zu übersehen; hinter dem Papst kommen eher unauffällig die beiden Leibärzte, die Felice gut kennt und mit denen sie schon öfter gesprochen hat. Sie selber würde gerne mitziehen in dieser Prozession, sie sieht die Neffen Francesco und Galeotto zu Pferd, aber keine einzige Frau ist dabei. Auch für sie ist kein Platz, und es ist klar, sie kann nicht hinter ihm gehen oder mit ihm. Er, Papst Julius II., ihr Vater, sitzt auf einem Thron, dem höchsten Thron der Welt. Die Päpste haben lange gebraucht, um dies allen Königen und Fürsten klar zu machen, der Papst bildet die Spitze, der Papst ist Stellvertreter Christi auf Erden, „vicarius Christi". Er ist über alle erhaben.

Manchmal hat Felice eine gewisse Vertrautheit gespürt, wenn sie im kleinen Speisezimmer seiner Privaträume mit ihm allein beim Essen war. Julius sprach dann mit ihr über seine privaten Sorgen, wie sehr ihm die Gicht zu schaffen macht, und sie sagt, wie seltsam sie seinen langen Bart findet. Immer wieder ist sie erstaunt, wie ernsthaft er mit ihr redet, nicht von oben herab wie zu den Kurialen, die ihn deshalb fürchten. Er behandelt sie nicht wie ein dummes, kleines Mädchen. Er hat dafür gesorgt, dass sie nicht ungebildet aufgewachsen ist. In solchen Momenten empfindet sie eine gewisse Nähe zu ihrem Vater, der ansonsten Distanz verbreitet, und sie denkt daran, wie liebenswürdig er sein kann, wenn er seine Schwester Lucchina herzlich umarmt.

Aber heute, am 18. April 1506, einem denkwürdigen Tag in seinem Leben, dem Tag der Grundsteinlegung von Neu-St. Peter erfährt sie ihn als machtvollen Papst, bekleidet mit kostbaren Gewändern, einem Mantel, den man Pluviale nennt, in den Gold- und Silberfäden eingewebt sind, zusammengehalten von einer breiten goldenen Spange. Diese Chormantelschließe war geschmückt mit einem pyramidenförmigen Diamanten, der umgeben war von zwei Saphiren, Rubinen und vier Smaragden. Auf dem Kopf trägt Julius als besonderes Symbol der päpstlichen Herrschaft eine Tiara von ungewöhnlicher Größe, die von Perlen und Edelsteinen glitzert. So zieht der Papst an ihnen, den drei Frauen vorbei, segnet sie wie alle anderen, vielleicht hat er sie in der jubelnden Menge und in dem Gedränge gar nicht wahrgenommen. Felice sieht seine Macht und seinen Glanz und fühlt zugleich seine Unnahbarkeit, eine herbe Fremdartigkeit, der bittere Geschmack von Einsamkeit überkommt sie.

Sie ist doch seine Tochter, er hat es nie geleugnet, und jetzt ist sie

Papsttochter, aber damit ist er ihr vollends entrückt. Jahre lang hat Giuliano darauf hingearbeitet, er hatte nur eines im Sinn, den Aufstieg auf den Papstthron und vor drei Jahren war seine letzte Chance. Und heute am Samstag nach Ostern setzt er ein historisches Zeichen. Der Papst ist an der Baugrube angekommen. Auf einer Leiter steigt er sicher hinunter mit zwei Kardinälen und einigen Maurern, dabei ist auch der Stararchitekt Bramante, der die Bauarbeiten leitet und den ersten Bauplan entworfen hat. Am Viktoriapfeiler wird der Grundstein eingefügt, ein mächtiger Stein aus weißem Marmor mit einer Höhlung in der Mitte. Julius spricht den Segen über diesen Stein, der die Inschrift trägt: *„Papst Julius II. aus Ligurien hat 1506 im dritten Jahr seiner Regierung diese sehr verfallene Basilika wiederherstellen lassen."*[95]

Damit ist der Baubeginn markiert für die größte Kirche der Welt, ohne die man sich Rom heute schlichtweg nicht vorstellen kann. Zunächst war kein kompletter Neubau vorgesehen, den neuen Baustil sollte vor allem eine Kuppel verkörpern. Am Ende wurde dann doch in einer seltenen Barbarei die alte Basilika geopfert, eine der ehrwürdigsten Kirchen der Christenheit. Nur ein energiegeladener Papst wie Julius konnte so ein gigantisches Werk in Gang setzen. Die drei Frauen können sich dem Zauber dieser Zeremonie nicht entziehen; niemand von den vielen tausend Teilnehmern fühlt so intensiv mit dem Papst wie sie. Gerne würden die Frauen mit ihm darüber reden. Ein Abendessen beim Papst wäre jetzt schön, sie sind seine nächsten Angehörigen, aber sie gehen wie gewohnt unbemerkt in ihre Wohnung zurück. Ohne Einladung wagen sie sich nicht in den Vatikan.

Eine Tochter erfährt die Wahrheit

„Erinnert Ihr Euch nicht der Nachricht, dass Signora Felice della Rovere, als sie nach Savona fuhr und fürchtete, einige Segel, die man entdeckt hatte, wären Boote Papst Alexanders, die sie verfolgten, sich mit festem Entschluss vorbereitete, sich ins Wasser zu stürzen, falls sie näher kämen und kein Weg zur Flucht mehr möglich wäre. Man kann nicht glauben, dass sie es aus Leichtsinn getan hätte, da Ihr so gut wie andere wohl wisst, von wie viel Verstand und Klugheit die einzigartige Schönheit dieser Dame begleitet ist."[96]

Diese von Castiglione erwähnte Episode lässt Felice als eine sehr energische und entschlossene Frau erscheinen, die Ähnlichkeit mit ihrem Vater ist unverkennbar. Sie wusste um die Feindschaft ihres Vaters mit Alexander VI. und wollte nicht als Faustpfand in die Hand dieses Papstes geraten. Von ihrem Vater konnte sie keine Hilfe erwarten, er hielt sich zu der Zeit am französischen Königshof auf und polemisierte von dort aus heftig gegen Papst Alexander VI. Dass der Kardinal Giuliano della Rovere ihr Vater ist, war die große Überraschung ihres jungen Lebens. Unvergessen ist für sie der Augenblick, als ihre Mutter plötzlich das Geheimnis preisgab. Für Felices Altersgenossinnen waren die Väter eifrig bemüht, Eheverträge abzuschließen. Nur bei ihr tat sich nichts. Sie selber konnte nichts entscheiden, sie musste einfach warten. In einem heftigen Wutanfall schrie sie einmal ihre Mutter an, die darauf konterte „ganz wie dein Vater". Nun war es endlich Zeit, den wahren Vater zu nennen. Felice reagierte betroffen, Tage lang redete sie nicht darüber, da stand sie also zwischen dem kleinen Kurienbeamten de Cupis, ihrem aktenkundigen Vater und dem berühmten Kardinal della Rovere, ihrem leiblichen Vater. Der konnte und wollte sie jetzt nicht verheiraten, aber Briefe von ihm erreichten die Mutter und genügend Geld, vor allem auch für die Privatlehrer, die Felice unterrichteten, die ihr Latein beibrachten, allein schon dies war erstaunlich und passte nicht in ein einfaches Elternhaus.

Papsttochter auf Distanz

Im Jahr 1503 kam dann die Wende, della Rovere bestieg selber den Stuhl Petri und nun will er seine Tochter in seiner Nähe haben. Im Juni 1504 kam Felice zusammen mit Lucchina, der Schwester des Papstes nach Rom und erhielt eine Wohnung in der Nähe des Vatikan. Hier fühlt Felice sich wohl, hier ist immer etwas los: Umzüge, Prozessionen, Spiele und nicht zuvergessen der Fasching. Bis dahin lebte sie wahrscheinlich in Savona, wo sie vermutlich auch geboren wurde als Tochter der verheirateten Lucrezia de Cupis. Das genaue Geburtsjahr ist nicht bekannt. Die Vaterschaft muss frei von Zweifeln gewesen sein, denn Giuliano hat Felice eindeutig als seine Tochter betrachtet, auch wenn sie nach außen als Tochter de Cupis galt. Eine förmliche Legitimierung hat er nicht ausgesprochen. Er hat sie nicht verleugnet, aber auch nicht zur Schau gestellt. Im Unterschied zu Alexander VI. wollte Julius II. sehr bewusst und deutlich kein Familienleben im Vatikan führen. Felice gehörte zwar zum päpstlichen Hof, aber sie hatte keinerlei Funktion und keine bestimmte Aufgabe. Wenn sie bei öffentlichen Gesprächen zugegen war, konnte es passieren, dass ihr Vater sie unvermittelt aufforderte, sie solle zum Nähen gehen, sie also sozusagen in die Küche abschob. Sie kannte ihren Vater gut genug, dass dieser keinen Widerspruch duldete. Sanftheit war nicht seine Tugend. Sicherlich wurde sie öfter von Bittstellern um Fürsprache beim Papst gebeten, aber auf diesem Ohr war er taub. Kurz vor seinem Tod bat sie ihn, er möge ihren Halbbruder Giandomenico de Cupis zum Kardinal ernennen. Er hat ihr diesen Wunsch barsch abgeschlagen. Julius wollte kein Aufsehen und hielt seine Tochter auf Distanz, und sie fügte sich seinen Anweisungen. Sie lebte gleichsam im Halbschatten, als Papsttochter anerkannt, aber doch nicht öffentlich sichtbar. Ihre gelegentlichen Besuche im Vatikan stellten für niemand ein Ärgernis dar. Ihr Vater hat sie keineswegs großzügig beschenkt und bewusst kurz gehalten. *„Felice wurde nicht überhäuft mit Geld und Juwelen aus der päpstlichen Schatzkammer. Wenn sie in den päpstlichen Palast kam, um privat mit ihrem Vater zu dinieren, so hatte dies keine öffentliche Bedeutung."*[97]

Eine bescheidene Hochzeit

Ein Eheprojekt mit den Colonna hatte sich wieder zerschlagen; vor der Papstwahl wollte Giuliano kein öffentliches Ereignis, das seinen Weg nach oben hätte behindern können. Aber am 24. Mai 1506 war es dann so weit: Felice wurde verheiratet mit Giovanni Giordano Orsini, dem die Herrschaft über Bracciano gehörte. Er war bereits Witwer und in erster Ehe mit der natürlichen Tochter des Königs Ferdinand von Neapel verheiratet gewesen und jetzt erhielt er also wieder eine natürliche Tochter, eine Papsttochter. Die Heirat mit einem Angehörigen der bekannten stadtrömische Adelsfamilie der Orsini bot dem Papst ein gewisses Maß an Sicherheit für seine Tochter. Er dachte hier über seinen Tod hinaus und wollte sie vor seinen Nachfolgern schützen. Er verbot große öffentliche Feierlichkeiten, er wollte keineswegs die Praxis Alexanders VI. fortsetzen; die Hochzeit wurde dezent in Bracciano gefeiert. Ihre Mitgift war nicht besonders hoch, und ihr Mann war als Sonderling bekannt. Felice lebte nun in Bracciano, von wo aus sie gelegentlich ihren Vater besuchte und mit ihm auch über politische und kirchliche Themen diskutierte. Was Julius bei seiner Tochter ablehnte, hat er anderen Verwandten sehr wohl gestattet. Seine Nichte Lucrezia Gara heiratete am 22. Juli 1506 im Vatikan, und zwar in der Sala dei Pontifici.

Im Jahr zuvor, im November 1505, konnte der Papstneffe Niccoló im Papstpalast eine glänzende Hochzeit feiern, wobei die Anwesenheit von Frauen in der päpstlichen Residenz die Zeremonienmeister vor große Probleme stellte. *„So empört sich etwa de Grassis über seinen älteren Kollegen J. Burchardus, der die Regel, dass es dem Papst nicht erlaubt war, gemeinsam mit Frauen zu speisen, selbst wenn es sich um Königinnen handelte, nicht beachtete."*[98]

Ganz ohne Nepotismus ging es auch bei Julius II. nicht. Der Papstneffe Francesco Maria della Rovere wurde zum Präfekten von Rom ernannt, 1508 zum Herzog von Urbino und zum Befehlshaber der päpstlichen Truppen in Norditalien.

Felice war Mutter von vier Kindern: Francesco, Girolamo, Giulia und Clarice. Nach dem Tod ihres Ehemannes 1517 hat sie nicht mehr geheiratet, sie erreichte aber, dass sie als Vormund der Kinder und Verwalterin der Güter anerkannt wurde. Dies ist ersichtlich aus einem Breve von Papst Leo X. vom 1. März 1518.

Einmal griff die Papsttochter in die politischen Verwirrungen ein. Die Orsini hatten mit Venedig, das mit dem Papst verfeindet war, 1509 einen Soldvertrag abgeschlossen. Der Papst drohte daraufhin den Orsini die Exkommunikation an. Hier bewirkte Felice, dass die Orsini den Soldvertrag lösten und wieder auf die Linie des Papstes einschwenkten.

Triumphzug ihres Vaters

An einem besonderen Tag in Rom durfte sie nicht fehlen, es war Palmsonntag, der 28. März 1507. Sie war bereits schwanger und das Stehen fiel ihr schwer, aber sie wollte unbedingt dabei sein. Es war nicht die übliche Palmprozession, es war ein Triumphzug für einen siegreichen Feldherrn. Der Papst war im Herbst mit seinen Truppen in die Romagna aufgebrochen, um hier Ordnung zu schaffen. Er zog in das widerspenstige Bologna ein, die neben Rom wichtigste Stadt des Kirchenstaates und blieb den Winter über dort. Felice hatte ihren Vater Monate lang nicht gesehen, sie hatte sich Sorgen um ihn gemacht, aber jetzt ritt er auf einem weißen Pferd wie ein antiker Triumphator in seine Stadt, umgeben von der Schweizer Garde, die er vor kurzem angeworben hatte. Die Straßen waren mit Teppichen, Blumengirlanden und Inschriften geschmückt, Spruchbänder zitierten den Satz Julius Cäsars „Ich kam, sah und siegte" – der Papst hieß ja nicht umsonst Julius. Vor dem Vatikan war der Konstantinsbogen nachgebildet mit dem Verlauf des Feldzuges und überall eine jubelnde Menge und mitten darin die Tochter Felice, begleitet von ihrem Ehemann Orsini. Begeistert jubelt sie ihrem Vater zu, klatscht und winkt, und er winkt ihr zu, freudestrahlend, und wie gerne hätte sie ihm gesagt, dass er bald Großvater wird, aber dazu ist heute keine Gelegenheit. Drei Stunden dauerte es, bis der Papst, von achtundzwanzig Kardinälen begleitet, in St. Peter ankam.

Schriftsteller verfassten Lobreden, viele rühmten den Papst, der sich, auch als persönlicher Heerführer, europaweit Respekt verschafft hatte. Seine politischen Erfolge und sein machtvolles, teilweise despotisches Auftreten riefen auch Gegner auf den Plan. In Frankreich begann eine publizistische Offensive: In satirischen Darstellungen machte man sich lustig über seine niedere Herkunft aus einem Fischerdorf. Julius geriet in eine tiefe Krise, als einige französische und spanische Kardinäle zusammen mit dem französischen König ein Konzil nach Pisa einberiefen, um seine Absetzung zu betreiben. Dieses Ansinnen blieb zwar ohne Resonanz und erwies sich als Theaterdonner, aber der Papst sah sich gezwungen, nun selber ein Konzil einzuberufen, das V. Laterankonzil, das an Reformen nicht viel zu Wege brachte. Und noch einmal stürzte er sich mit Begeisterung in einen Feldzug und verbrachte den Winter im Heerlager. Ausgerechnet den Ehemann der Papsttochter Lucrezia Borgia, Alfonso I. von Ferrara wollte er niederringen, was ihm allerdings nicht gelang. Sein kriegerisches Auftreten und sein Jähzorn lösten eine heftige und auch übertriebene Polemik aus.

„Die negative Seite seines Rufs beruht hauptsächlich auf Pamphleten der Gegner, die ein Zerrbild des persönlichen Auftretens dieses Papstes als Heerführer zeichneten."[99]

Kunstinteressierte Tochter

Die Kritik an ihrem Vater blieb auch der Papsttochter nicht verborgen und sie war sehr erschüttert darüber. Mit Verwunderung allerdings sah sie, wie ihr Vater sich gerade in dieser schwierigen Zeit besonders viel um Kunstwerke kümmerte und intensiv mit den Künstlern über die Themen der Darstellungen im Vatikan diskutierte. Hier fand er die Anerkennung, die er in anderen Bereichen vermisste.

Auf seine besondere Einladung hin, kam Felice Anfang August 1511 wieder in den Vatikan und wurde von Julius sofort in die Sixtinische Kapelle geführt, in der gerade ein Teil des Gerüstes abgebaut wurde. Was sie dann sah, machte sie sprachlos. Sie wusste über den Auftrag an Michelangelo; Julius hatte ihr erzählt, wie heftig die Auseinandersetzungen waren und wie zornig er wurde, um den Bildhauer zu überzeugen, ein Fresko zu malen. Sie hatte mit Julius über die Themen diskutiert und nun sah sie die unbeschreibliche Schönheit der leuchtend klaren Fresken. Ergriffen blickte sie zu ihrem Vater hin und wusste in diesem Augenblick, dass damit auch der päpstliche Auftraggeber für immer unvergessen bleiben würde. Mit diesem Meisterwerk Michelangelos hatte sich der Papst selbst ein Denkmal gesetzt. Felices Interesse an Kunst war für ihren Vater, der als leidenschaftlicher Mäzen auftrat, eine besondere Freude. Als Papsttochter hatte sie Zugang zu den vatikanischen Gemächern und durfte Raffael beim Ausmalen der Stanzen bewundern. Leider hat Julius kein Bild seiner Tochter Felice malen lassen, aber er wollte nicht als Vater einer Tochter bekannt bleiben. Für sein Bild in der Nachwelt, das für ihn einen hohen Stellenwert hatte, sollte anderes maßgeblich sein. Auch an der Literatur zeigte die Papsttochter Interesse, auffallend war z. B. ihre Beschäftigung mit lateinischen Büchern. Felice gehörte zusammen mit dem Kardinal Giovanni de' Medici zu einem Zirkel, um den sich ein Kreis von bekannten Literaten bildete. Die Tochter von Julius erscheint als gebildete Frau, sicherlich zur Zufriedenheit ihres Vaters. Auch *„Castiglione war mit der wegen ihrer Schönheit und Klugheit berühmten Frau befreundet".*[100] Einer der Literaten soll auch *„Gedichte zum Lob der Madonna Felice"*[101] verfasst haben.

Die Tochter beim sterbenden Papst

Mit Sorge sah Felice die Kräfte des alternden Papstes schwinden. Bisher hatte er mit ungeheurer Willenskraft seine Krankheiten und Beschwerden gleichsam zügeln können, nun aber musste auch eine Kämpfernatur wie er sich ergeben. Seit Weihnachten 1512 war Julius bettlägerig und litt an Schlaf- und Appetitlosigkeit. Acht Ärzte bemühten sich um ihn. Am 20. Februar 1513 ließ der Papst die Kardinäle um sich versammeln, mit schwacher Stimme, aber geistig hellwach gab er ihnen letzte Anweisungen und ermahnte sie zu einer rechtmäßigen Papstwahl. Auch Felice[102] war anwesend. Sie ist die einzige Frau, die je an das Sterbebett eines Papstes treten durfte, und während alle anderen, die Kardinäle, Prälaten und Kammerdiener an die Wahl des nächsten Papstes dachten, war die Tochter ein Trost für den Sterbenden, der sie umarmte und ihre Zuneigung spürte. Unwillkürlich empfindet sie, wie in dem unnahbaren, weithin entrückten Papst der Mensch Giuliano zum Vorschein kommt, der einmal eine Frau geliebt hat und der jetzt bewundernd und ergriffen auf seine Tochter schaut, die mit ihren dreißig Jahren Schönheit und Anmut ausstrahlt. Wirkliches Mitgefühl mit dem sterbenden Papst, wer sollte es außer ihr empfinden? Alle anderen warten, bis beim Tod des Papstes das vorgesehene Zeremoniell seinen Gang nimmt und der Camerlengo, der Kardinal der Apostolischen Kammer, den Ring vom Finger des toten Papstes zieht und ihn zerschlägt. Julius ist in der Nacht vom 20. auf den 21. Februar 1513 verstorben.

Felice kann sich am Totenbett des Papstes der Tränen nicht erwehren und unvergessen ist ihr der Anblick ihres Vaters, als im Mai 1509 seine Schwester Lucchina beerdigt wurde und der sonst so energische Papst vor Rührung seinen Tränen freien Lauf ließ. Der weinende Julius ist gewiss kein Bild für die Geschichtsbücher, wohl aber bleibt er so in der Erinnerung seiner Tochter.

Julius II. ist in die Geschichte eingegangen als der große Mäzen, der die überragenden Künstler der Hochrenaissance gefördert und gefordert hat. Er war ein eminent politischer Papst, der das Werk Alexanders VI. fortgesetzt und den Kirchenstaat für lange Zeit stabilisiert hat. Dass die seelsorgerliche Komponente seines Amtes dabei verkümmern musste, lag wohl völlig außerhalb seiner Wahrnehmung.

Mit all seinen Kräften und geballter Energie hat er sich für seine Kirche eingesetzt, wobei diese Kirche einen religiösen Reformer benötigt hätte und nicht einen Verteidiger kirchlicher Machtpositionen. Vom 27. September 1536 ist eine testamentarische Willenserklärung von Felice Orsini erhalten und man darf vermuten, dass sie bald danach verstorben ist.

DIE FARNESE: PAPST PAUL III. ALS GRÜNDER EINER DYNASTIE

Vater: Alessandro Farnese: 1468–1549, 1493 Kardinal, 1534 Papst als Paul III.
Mutter: Silvia Ruffini: ca. 1480–1561, verh. Crispo
Kinder:
- Costanza: 1500–1545, verh. Sforza di S. Fiora
- Pier Luigi: 1503–1547, Herzog von Parma und Piacenza
- Paolo: 1504–1512 ?
- Ranuccio: 1509–1528

Der Sieger des Konklave heißt Paul III.

„Alessandro" – wie vom Sturm getrieben, weht der Name von Mund zu Mund und rauscht auf in einem Jubelschrei aus vielen tausend Kehlen auf dem Petersplatz: „Viva il papa", wir haben wieder einen Papst, wir haben einen neuen Papst, hoch soll er leben. Die Glocken der Peterskirche tönen über den Platz und wollen nicht aufhören zu läuten, und die Geschütze der Engelsburg feuern ihre Salven ab und donnern herüber. Das Konklave war kurz, kein ernsthafter Gegenkandidat war angetreten, die jüngeren Kardinäle wollten kein langes Pontifikat, und so einigten sich alle schnell auf den 67-jährigen Kardinal Farnese. Endlich hat er sein Ziel erreicht, der berühmte und reiche Kardinal Alessandro Farnese, dessen noch unvollendeter Palast in Rom unübersehbar ist. Die Menge jubelt, singt und klatscht und ist außer sich vor Freude.

Ein Ehepaar mit ihrem Sohn fängt an zu tanzen und kann sich nicht beruhigen vor Begeisterung. Auffallend laut rufen und jubeln sie „viva il papa"; für die vierunddreißigjährige Costanza ist es ihr „Papa", ihr Vater, der da gerade zum Nachfolger Petri gewählt worden ist, heute am 13. Oktober 1534, einem Glückstag auch für sie. Die päpstlichen Fanfaren ertönen und noch einmal braust Jubel auf, als der Neugewählte auf der Loggia der Peterskirche zu seinem ersten Papstsegen erscheint. Costanza reckt sich hoch, um ja alles zu sehen, ihr Vater steht da oben, ihr Herz pocht so heftig, dass ihr fast schwindelig wird. Ihr Mann Bosio zeigt mit dem Finger nach oben, schau, dein Vater, der Papst. Sie erschrickt dabei und kann noch nicht begreifen, dass sich eine neue Welt für sie öffnet, wenn sie zum ersten Mal den Vatikan betreten wird. Sie schaut ihrem sechzehnjährigen Sohn Guido Ascanio in die Augen und im Geiste sieht sie den roten Hut auf seinem Lockenkopf.

Die etwas ältere Frau an Costanzas Seite hat nicht laut gerufen und geklatscht; sie steht wie benommen da mit Tränen in den Augen. Silvia Ruffini hat ihm, dem neuen Pontifex vier Kinder geboren und ist von ihm immer im Verborgenen gehalten worden. Beides hat er also nun erreicht, er sitzt auf dem Papstthron, was er immer wollte und hat zugleich Kinder, welche die Familientradition weiterführen. Ihre Kinder waren also kein Hindernis auf dem Weg in den Papstpalast, der für sie persönlich verschlossen bleibt. Silvia gönnt ihm alles, sie selber aber steht im Schatten. Die letzten fünfzehn Jahre hat der Kardinal sie nur noch heimlich und sporadisch getroffen, um die beiden verstorbenen Kinder zu betrauern oder Familienangelegenheiten zu besprechen.

Der neue Papst nennt sich Paul III. Er ist zwar durch und durch ein Renaissancefürst, der gerne zur Jagd ausreitet, an Maskenbällen teilnimmt und sich an üppigen Gastmählern erfreut, aber er ist der erste Reformpapst, der das Problem der Reformation ernst nimmt und zu handeln beginnt. Er beruft Männer der Reform ins Kardinalskollegium und bestätigt 1540 den Jesuitenorden, er lässt nicht mehr alles treiben, er packt an. Er hat endlich begriffen, dass eine Trendwende einzuleiten ist, hat dem Drängen des Kaisers nachgegeben und das Konzil von Trient einberufen, das, am 13.12.1545 eröffnet, die Kirche aus einer lähmenden Erstarrung führt und mit der Reform ernst macht. Ohne Zweifel ein viel gerühmter Papst, manche Papstbücher überschlagen sich mit Lobeshymnen.

Paul III. ist ein Papst des Übergangs, persönlich noch eine schillernde Gestalt, ein Herrscher auf dem Papstthron mit glänzender Hofhaltung und vor allem ein sehr eifriger Familienvater, was die Versorgung seiner Nachkommen angeht. Keiner hat so effektiv Familienpolitik betrieben wie er. Nach ein paar Monaten Amtszeit erhebt er seine beiden Enkel, den 14-jährigen Alessandro und den 16-jährigen Guido Ascanio (1518–1564) in den Kardinalsrang:

„Mit der Wahl von zwei Nepoten wollte der Papst von Anfang an die Zukunft der Farnese-Dynastie in der Führung der Christenheit – kirchlich und politisch – sichern. "[103]

Viele Kardinalsernennungen erfolgen aus Familieninteressen, was mitunter zu deutlichen Fehlentscheidungen führt wie etwa der rote Hut für den 12-jährigen Nicola Caetani di Sermoneta. Die Mutter

Raffael, Kardinal Alessandro Farnese, 1510,
Museo e Gallerie Nazionali di Capodimonte, Neapel

des Papstes war eine geborene Caetani und dieses berühmte stadt-römische Geschlecht sollte wieder einmal mit dem Purpur geschmückt werden. Als Zeichen einer beginnenden Kirchenreform kann dies nicht gedeutet werden.

Alessandro Farnese kam am 2. Februar 1468 als zweitgeborener Sohn zur Welt und damit war sein Weg in ein kirchliches Amt vorgezeichnet. Von 1486–1489 erfuhr Alessandro in Florenz eine ausgezeichnete humanistische Bildung. Sein Einstieg in die kirchliche Laufbahn gestaltete sich, mangels einflussreicher Beziehungen, nicht einfach. Seine Familie kaufte ihm deshalb ein Amt an der Kurie. Die Farnese kommen aus dem Landadel, bewähren sich als „condottieri", Heerführer; sie haben mit Krieg und Militärdienst ihr Geld verdient, haben für den Kirchenstaat gekämpft, sich einige Verdienste erworben und es zu Gütern und Lehen gebracht. Der Vater von Alessandro heiratet in den römischen Stadtadel ein, in die Familie Caetani. Nach einer Anfangsphase als relativ bescheidener Kurienbeamter wird Alessandro zum apostolischen Protonotar befördert. 1493 wird er Kardinal, für Außenstehende völlig überraschend, für Insider kein Geheimnis. Seine Schwester Giulia hatte ihr Ohr nahe beim Papst, nicht umsonst lag sie bei Alexander VI. im Bett als seine Geliebte. Clever hat sie die Chance genützt und für ihren Bruder den Kardinalshut „verdient" und damit einen völlig neuen Status. Jetzt war er jemand in Rom. Ob er zu diesem Zeitpunkt schon Kinder hatte, ist nicht ersichtlich.

„Er war auch Vater eines Sohnes und einer Tochter von unbekannten Frauen, was ihn nicht hinderte, Kardinal zu werden"[104], heißt es bei Burham, aber Beweise oder Dokumente für diese Behauptung werden allerdings nicht genannt. 1499 beginnt Alessandro dann das Konkubinat mit Silvia Ruffini, von der alle seine vier Kinder stammen.

Als einziger Autor erwähnt Carlo Fornari eine weitere Tochter Isabella mit der Bemerkung, dass ihr nur eine kurze Lebenszeit beschieden war.[105] Bei drei Kindern verfügen wir über nähere Angaben, von dem 1504 geborenen Sohn Paolo wissen wir nur, dass er vor 1513 verstorben ist.

Costanza Farnese (1500–1545)

Seit 1497 war Giovanni Battista Crispo verheiratet mit Silvia Ruffini. Ein Kardinal kommt ins Haus, Alessandro Farnese, sehr diskret, fast scheu, unauffällig. Keiner soll es merken, er will keine Gerüchte und Spottverse, das schadet nämlich der Karriere. „Nicht mit mir", denkt anfangs der Ehemann, aber schnell fügt er sich in sein Schicksal. Er kennt genug andere Beispiele, dass vornehme Herren sich Konkubinen halten und der Ehemann mitspielt. Also ist er nicht da, wenn der andere kommt, von den Wohltaten des Liebhabers fällt auch für ihn etwas ab.

Der kleine Sohn Tiberio allerdings ist sein Sohn, da war noch nichts mit dem Kardinal, aber als jetzt im Heiligen Jahr 1500 eine kleine Tochter geboren wird, ist die Sache nicht minder klar. Sie trägt zwar seinen Namen, ist in Wirklichkeit aber eine Farnese, „figlia naturale", natürliche Tochter des Kardinals, wie das so sinnig heißt. Ob der Kardinal dafür einen Ablass gewinnen oder ein Bußwerk verrichten wird, wird Crispo sich womöglich gefragt haben. Als Costanza ein Jahr alt ist, stirbt ihr offizieller Vater. Jetzt hat der leibliche Vater freie Bahn. Die Tochter ist süß, er ist verzückt, aber er braucht Erben, und, wie gewünscht, schenkt ihm Silvia noch drei Söhne.

Während ihre drei Brüder durch päpstliche Urkunden legitimiert sind, fehlt für Costanza eine notarielle Bestätigung. Auf jeden Fall hat Alessandro sie immer als seine Tochter angesehen und sich als liebevoller Vater erwiesen.

Heirat und elf Kinder

Um 1517 heiratet Costanza Bosio Sforza, den Grafen von Santa Fiora, und zwar im Palazzo Farnese. Im November 1518 wird ihr erster Sohn Guido Ascanio geboren. Es folgen noch 10 Kinder, davon 6 Söhne und 4 Töchter mit klingenden Namen wie Francesca, Giulia, Camilla und Faustina. Der berühmte Palazzo Farnese in Rom war bis 1534 ihre Wohnung, solange lebte ihr Vater dort, bis er als neuer Papst in den Vatikan umzog. Sie selbst erhielt einen Palazzo in der Via Giulia. Ihre ersten Söhne wuchsen zusammen auf mit den Kindern ihres Bruders Pier Luigi auf den Gütern der Familie außerhalb Roms. Vom Mai 1530 ist ein Brief ihres Vaters erhalten, der sich besorgt über die zu lasche Erziehung seiner Enkel äußert.

Costanza erfreute sich der besonderen Zuneigung ihres Vaters, dies vor allem nach dem Tod ihres Bruders Ranuccio 1528. Als junge Frau erlebt sie eine schöne Zeit, verwöhnt mit Geschenken und Kostbarkeiten. Daneben erhält sie diverse Einkünfte, z. B. die Herrschaft Bolsena und feste Pensionszahlungen. Ihr Vater sorgt für einen gehobenen Lebensstil.

Bei der ersten Kardinalsernennung dieses Pontifikates 1534 war wie selbstverständlich ihr Erstgeborener, Guido Ascanio dabei. Er erhielt diverse Bistümer und Abteien und kirchliche Pfründen, um seiner Würde gemäß leben zu können. Damit war seine Zukunft gesichert. Wir können uns heute kaum vorstellen, wie ein Sechzehnjähriger einherstolziert in den hellroten, kostbaren Gewändern eines Kardinals. Die Zeichen seiner Würde, vor allem der große Kardinalshut, wurden ihm von seinem Großvater überreicht.

1535 starb Costanzas Ehemann. Sie hat nicht mehr geheiratet. Der zweitgeborene Sohn übernahm die Nachfolge, erhielt von seinem Großvater Vergünstigungen und wurde mit einer reichen Erbin verheiratet. Von den anderen Söhnen wurde einer Malteserritter, einer Abt und zwei weitere werden zu päpstlichen Sekretären ernannt. Für alle wird gesorgt und auch die vier Töchter werden standesgemäß beim gehobenen Adel untergebracht.

Nicht vergessen wurde bei der Fülle der päpstlichen Wohltaten ihr Stiefbruder Tiberio Crispo, auch er erhält den Purpur. Allerdings war ihre Verwandtschaft nicht öffentlich bekannt.

Ihre Rolle als Papsttochter

Nicht umsonst verbreitete sich in der Kurie das Gerücht von der Allmacht ihrer Fürsprache. Gesichert ist, dass sie sich bei ihrem Vater für die offizielle Anerkennung des Jesuitenordens eingesetzt hat. Offensichtlich führte sie kein Untergrund-Dasein, sondern war als Papsttochter bekannt. Die Anhänger des Ignatius von Loyola fanden jedenfalls nichts dabei, auch die Papsttochter um Unterstützung zu bitten. Manche schildern Costanza auch als geldgierig und geizig. Auf jeden Fall hatte sie den Ruf, als Papsttochter Einfluss ausüben zu können, immer wieder wurde sie um Fürsprache bei ihrem Vater gebeten. Bei der Kardinalserhebung vom Dezember 1539 hat sie kräftig mitgemischt und zumindest die beiden neuen Kardinäle Gambara und Parisani verdanken Costanza ihren Purpur.

„Beim Tode der geliebten Tochter des Papstes, Costanza, schreibt Masarelli eher boshaft in seinem Diarium, wie sie aus Gewinnsucht auch bei der Kardinalsernennung des Bischofs von Rimini, Parisani, wie später bei Crispo und Durante vermittelte: Era molto in gratia del papa.“[106]

„Von dem großen Einfluß derselben (Costanza) auf ihren Vater berichten die Gesandten häufig."[107] Während Paul III. zu seinem ältesten Sohn Pier Luigi und dessen Söhnen ein eher gespanntes Verhältnis hatte, war er seiner Tochter in herzlicher Zuneigung zugetan und diese zeigte sich rührend besorgt um ihn. Mit der Papsttochter kamen auch sehr menschliche Gefühle in die nüchternen Mauern des Vatikans.

„Die Tochter, die täglich den päpstlichen Palast aufsuchte und die strenge Atmosphäre des kirchlichen Hofes mit der weiblichen Anmut und der Eleganz ihrer Erscheinung aufhellte, war für Paul III. ein großer Trost. Ihre Liebe zeigte sich vor allem darin, dass sie sich ohne Rücksicht auf die Förmlichkeiten der Etikette ständig um ihn kümmerte und dafür sorgte, dass ihm die nötige Pflege zuteil wurde, um die Bürde seines hohen Alters zu erleichtern. Dabei war natürlich die Gesundheit ihr Hauptsorge."[108]

Vernissage in der Cappella Sistina

Nicht wenige Neugierige strömten am 31. Oktober 1541 in den Vatikan, eine Sensation war angekündigt: die Enthüllung des Freskos mit dem Jüngsten Gericht von Michelangelo. Neben Kardinälen, Prälaten, Baronen, Grafen und Künstlern erhielt auch Costanza in den vorderen Reihen einen Platz. Ihr Vater hatte sie eigens dazu eingeladen. Auch noch mit vierzig Jahren ist sie eine auffallende Erscheinung und wird beschrieben als Frau von besonderer Schönheit und jugendlichem Aussehen *„bellissimo et giovenile aspetto"*[109]. Die hohe Altarwand war mit einem dichten Tuch verhüllt und das allgemeine Gemurmel in der Kapelle verstummte, als die päpstlichen Fanfaren ertönten. Paul III. war erst am Tag zuvor aus Bologna zurückgekehrt, aber er wollte unbedingt selber die feierliche Vesper am Vorabend des Allerheiligenfestes halten und so zog er mit seiner festlichen Assistenz in die Kapelle ein. Der Chor der Sistina mit seinen hellen Kastratenstimmen intonierte den Psalm 122: „Wie freute ich mich, als man mir sagte: Zum Hause des Herrn wollen wir pilgern".

Der Papst gab ein Zeichen und der Vorhang fiel und nach einem erstaunten Schweigen brandete Jubel auf und Hochrufe auf den Meister, der bescheiden an der rechten Seite des Altares stand, ein Mann, gezeichnet von den Strapazen dieser ungeheuer schwierigen Arbeit. Der Papst umarmte ihn herzlich, sprach ihm seinen besonderen Dank aus und zeigte sich hoch zufrieden. Auch der Papstenkel Kardinal Alessandro Farnese beglückwünschte Michelangelo, der auch dem Palazzo Farnese seine entscheidende architektonische Gestalt gab. In den nächsten Jahren findet Michelangelos Darstellung ein zwiespältiges Echo, vor allem an den nackten Figuren entzündet sich die Kritik.

Paul III. beginnt den Gottesdienst und schaut auf zum Weltenrichter, der nicht jedem Theologen gefallen wird. Zu sehr erinnert er an einen antiken Gott. Der Blick nach oben ist für den Papst aber auch die Frage nach seinem eigenen Gericht, nach seinem persönlichen Glauben und seinem Lebenswandel. Die Anwesenheit seiner Tochter Costanza mag ihn an den wunden Punkt in seinem Leben erinnern.

Costanza wurde nicht alt, sie ist am 23. Mai 1545 in Rom gestorben. Für ihren Vater war dies ein schwerer Schlag. Er vermied es aber, in der Öffentlichkeit um sie zu trauern. Nach ihrem Tod zog er sich einige Tage nach Frascati zurück. Vielleicht kam auch Costanzas Mutter Silvia dorthin. In der Trauer sind ihre Eltern vereint, die ansonsten strikt getrennte Wege gehen.

Pier Luigi Farnese (1503–1547)

Der ersehnte Erbe

Der Kardinal hat es eilig, schnell steigt er aus der Sänfte und eilt in das Haus der Witwe Silvia Crispo, geborene Ruffini. Man hat ihn holen lassen, die Wehen haben schon eingesetzt und nervös geht er auf und ab, schickt Stoßgebete zum Himmel, obwohl er sich eigentlich nicht als sehr fromm ansieht. Er ist zwar Kardinal, aber mit seiner Frömmigkeit ist es nicht weit her, sein Astrologe hat ihm für die nächsten Tage eine Glück verheißende Konstellation vorhergesagt. „Nur kein Mädchen", murmelt er halblaut vor sich hin, während oben im ersten Stock ein geschäftiges Treiben zu hören ist, dann ein lauter Schrei, die Stimme eines Kindes und laute fröhliche Rufe, es ist ein Sohn. Der Kardinal nennt seinen ersten Sohn Pier Luigi nach seinem Vater.

Die kleine dreijährige Costanza hatte er gewiss ins Herz geschlossen, sie entfaltete einen Charme, wie es nur kleine Mädchen können, aber er brauchte einen Erben für den familiären Besitz. Nun also endlich der ersehnte Sohn, der Erstgeborene, mit Freude und Begeisterung nimmt er das Neugeborene auf den Arm. Die Messe für die glückliche Geburt feiert er nicht selber, er ist zwar Kardinal der heiligen Kirche, aber noch nicht Priester, die Weihe dazu erhält er erst im Juni 1519, zu Weihnachten desselben Jahren liest er seine erste Messe.

Ob sich die Mutter Silvia Ruffini ebenso gefreut hat, muss dahingestellt bleiben. Sie war zwar die feste Konkubine des Kardinal Farnese; nach außen aber war sie zunächst Witwe, und zwar aus vornehmem Haus, und als solche ein Kind zu gebären, erschien auch damals ungewöhnlich. Der gute Ruf einer ehrbaren Witwe war damit verspielt. Die Zuneigung des Kardinals sollte jedoch noch lange andauern.

Zwei Jahre später wird Papst Julius II. diesen Sohn und den 1504 geborenen Paolo in einer eigenen Legitimationsbulle mit Datum vom 8. Juli 1505 legitimieren. Aufbewahrt ist dieses päpstliche Dokument im Geheimarchiv des Vatikan. Um die Erbfolge möglichst gut abzusichern, bittet der Vater seinen Jugendfreund Papst Leo X. um Bestätigung der Legitimierung; dies geschieht mit einer Urkunde vom 23. Juni 1513.

Pier Luigi ist gerade sechzehn Jahre alt, da wird er von seinem Vater verheiratet mit Girolama Orsini, der Tochter des Grafen Ludovico von Pitigliano. Ganz im Sinne seines Vaters sorgt er rasch für Nachwuchs. Das Ehepaar hat eine Tochter und vier Söhne, die später berühmten Enkel von Paul III. Wegen seiner homosexuellen Neigungen hatte ihm sein Vater heftige Vorwürfe gemacht, Pier Luigi willigte aber folgsam in die Eheschließung ein. Im Stil der Zeit hat er ein lockeres und ungebundenes Leben geführt. Seppelt nennt ihn deshalb einen *„hemmungslosen Lüstling"*[110]. Der Versuch Pier Luigis, eine militärische Karriere zu beginnen, verläuft nicht erfolgreich, weshalb er sich wieder auf die Farnese-Güter zurückzieht. Weil er 1526/27 auf die Seite der Kaiserlichen umschwenkte und damit gegen die Interessen des Kirchenstaates handelte, wurde er von Papst Klemens VII. mit der Exkommunikation belegt und es war für ihn später nicht einfach, die Aufhebung des Kirchenbanns zu erreichen.

Bei der Papsterhebung seines Vaters war Pier Luigi nicht in Rom. Er wurde zunächst auf Distanz gehalten. Wie bei allen Päpsten zuvor gab es auch bei Paul III. am Anfang eine gewisse Scheu, den Nachwuchs ins Rampenlicht zu stellen.

Ende August 1535 wird Pier Luigi von seinem Vater nach Unteritalien geschickt, um einen Brief des Papstes an den Kaiser zu überbringen. Erst Mitte November traf er den Kaiser in Cosenza, wurde ungnädig empfangen und reiste ohne Erfolg wieder zurück.

Im November 1537 belehnt Paul III. seinen Sohn mit dem Herzogtum Castro, das aus diversen Besitzungen der Familie Farnese gebildet wird. Im gleichen Jahr wird Pier Luigi von seinem Vater zum Gonfaloniere der Kirche ernannt.

Amtseinführung als Gonfaloniere der Kirche

Paul III. kann seine Rührung nicht verbergen, vor Freude treten ihm Tränen in die Augen. In der Peterskirche wird ein großes Ereignis gefeiert. Es ist der 2. Februar 1537. Das Fest Mariä Lichtmess an diesem Tag ist kein kirchliches Hochfest, für den Kirchenstaat und erst recht für den Papstvater steht aus anderen Gründen ein bedeutender Tag an. Der Papst sitzt auf seinem Thron, die Brokatgewänder umhüllen die greise Gestalt, die von der Tiara gekrönt wird. Vor dem Papst steht sein Sohn Pier Luigi, der einzige, der ihm geblieben ist für die väterlichen Karrierepläne, nicht gerade ein Hoffnungsträger. Vergessen sind in diesem Augenblick die Auseinandersetzungen mit dem schwulen Sohn, der keinen guten Ruf in der Stadt genießt. Heute erhält er den Oberbefehl über die päpstlichen Truppen, ein glanzvolles Amt, damals das höchste Amt für einen Laien in der Kirche. Er, der Papst, hat die Macht, seinem Sohn dieses Amt zu geben, von dem ihre Vorfahren nicht einmal geträumt haben. Mit Fanfarenklängen sind sie in die Kirche eingezogen, der Papst und sein Sohn, begleitet vom kaiserlichen Gesandten und den römischen Baronen. Laut und deutlich leistet Pier Luigi den vorgesehenen Eid und schwört, die Kirche allezeit zu schützen mit all seinen Kräften. Er legt die linke Hand auf das Evangelienbuch, das von seinem ältesten Sohn Alessandro gehalten wird, der in dem hellroten Kardinalsgewand vor ihm steht. Als der neue Gonfaloniere, der oberste päpstliche Soldat aus der Kirche auszieht, fällt sein Blick wie zufällig auf eine Frau ganz hinten in der Kirche, deren Gesicht von einem Schleier fast verdeckt ist. Es ist seine Mutter Silvia Ruffini, die keinen Anteil hat an diesem Triumphtag der Familie Farnese. Wer einen Papst zum Vater hat, hat offensichtlich keine Mutter.

*Tizian, Pier Luigi Farnese, Herzog von Parma und Piacenza, 1546,
Museo e Gallerie Nazionali di Capodimonte, Neapel*

Pier Luigi ist in dem neuen Amt erfolgreich, das päpstliche Heer erobert unter seiner Führung Perugia und sorgt für Stabilität im Kirchenstaat.

Herzog von Parma und Piacenza durch päpstlich-väterliche Ernennung

Mit einer Bulle vom 26. August 1545 errichtet der Papst das Herzogtum Parma und Piacenza und ernennt seinen Sohn zum Herzog. Diese Gebiete waren erst durch Julius II. wieder für den Kirchenstaat zurückgewonnen worden; nun löst Paul III. diese Gebiete aus dem kirchlichen Herrschaftsbereich heraus und macht aus ihnen ein Familienerbe der Farnese. Diese sind dann etwa 200 Jahre die Herren von Parma und Piacenza. Karl V. pocht auf seine kaiserlichen Rechte, auf seine Lehenshoheit, und wendet sich entschieden gegen das päpstliche Vorgehen, obwohl Pier Luigi der Schwiegervater der Kaisertochter Margarete ist. Aber Verwandtschaft heißt bei diesen Ehen nicht unbedingt Zuneigung und innige Familienbande; politisch passt dieses neue Herzogtum dem Kaiser ganz und gar nicht. Nur zwei Jahre sind Pier Luigi in seinem Herzogtum gegönnt, er beginnt schwungvoll und temperamentvoll. Er versucht möglichst rasch, eine eigene Machtposition aufzubauen. Piacenza, strategisch günstig gelegen, erhält durch ihn Befestigungsanlagen und eine neue Burg, zudem gründet er eine militärische Elitetruppe. Er beginnt eine Verwaltungsreform und lässt z. B. eine Volkszählung durchführen. Seine forschen Reformen stoßen auf den Widerstand des alten Stadtadels, und es formiert sich eine Gruppe, die eine Verschwörung plant.

Attentat in Piacenza

10. September 1547: Pier Luigi tafelt im Speisesaal des alten Viscontipalastes von Piacenza, plötzlich wird die Tür aufgestoßen und Bewaffnete dringen ein. Deren Anführer ist dem Hausherrn gut bekannt, Graf Giovanni Anuissola. Bevor irgendeine Gegenwehr möglich wird, ist der Herzog bereits erdolcht. Seinen Leichnam zeigt man am Fenster und wirft ihn hinab. Der Mord wurde geplant von einer Gruppe unzufriedener Adeliger aus Piacenza, vermutlich mit Wissen und Billigung von Ferrante Gonzaga, dem Statthalter des Kaisers in Mailand. Prompt wird Piacenza von Gonzaga besetzt.

Ob auch Karl V. von dem Anschlag wusste, ist nicht sicher. Für den Papst ist dies ein herber Rückschlag. Der Mord ist auch ein Hinweis für ihn, dass ein Papstsohn nicht deshalb respektiert wird, weil der Vater den Thron Petri innehat. Pier Luigi hatte nicht selbst das Herzogtum usurpiert, vielmehr hatte sein Vater, der Papst, ihn dort eingesetzt. Es war ein politischer Mord, der auch den Papst treffen sollte. Pier Luigi wurde zunächst in Piacenza begraben, nach einem Jahr ließ seine Witwe den Leichnam nach Parma überführen, seine endgültige Grabstätte wurde vermutlich später das Familiengrab der Farnese auf der Insel im Lago di Bolsena.

Rannucio Farnese (1509–1528)

Rannucio ist 1509 in Rom geboren; die Mutter wird nicht erwähnt, es handelt sich aber sicherlich um Silvia Ruffini. Der Vater ist zu dieser Zeit bereits ein angesehener Kardinal. Die frühe Kindheit verbringt Ranuccio bei seiner Mutter, aber bald kommt er mit seinem Bruder Paolo auf die Stammgüter der Farnese, um dort eine humanistische Bildung zu erhalten, ein berühmter Dichter wird eigens dafür engagiert. Aber Ranuccio steht der Sinn nicht nach Gedichten und Literatur, er hat Spaß am Reiten und Fechten und an der Jagd. Der Vater überlässt nichts dem Zufall und stellt die rechtlichen Weichen; mit einer illegitimen Geburt kann man nichts werden, da hilft auch nicht das Wissen, ein Kardinalssohn zu sein. Der Jugendfreund des Vaters, Papst Leo X., unterschreibt gerne die nötigen Dokumente. In seiner Urkunde vom 23. Juni 1513 wird Ranuccio förmlich legitimiert und Kardinal Alessandro mit salbungsvollen Worten für sein Handeln gelobt. Weil die Familie Farnese Gefahr lief auszusterben, habe er sich gleichsam geopfert und, obwohl Kardinal der römischen Kirche, zwangsläufig intime Beziehungen aufnehmen müssen. Die Familie hätte anderenfalls die so mühselig über Jahrzehnte hin erworbenen päpstlichen Lehen verloren. Kinder zeugen einzig aus Pflichtgefühl, um der Familie das Vermögen zu erhalten – ob es nicht auch noch andere, sehr menschliche Motive gab, Motive, die, wären sie erwähnt, womöglich leichter nachvollziehbar wären?

Ein Sohn geht seinen Weg

Der Vater wollte seine Söhne nach dem klassischen Schema einsetzen: Der Erstgeborene ist für die Familiendynastie zuständig, der nächste schlägt die kirchliche Laufbahn ein. Deshalb hat Leo X. in einer zweiten Urkunde vom 22. März 1518 Ranuccio die Erlaubnis gewährt, kirchliche Weihen zu empfangen und hohe Ämter zu übernehmen; zugleich verlieh er ihm das Amt eines päpstlichen Notars. Der Vater übertrug ihm das Bistum Corneto und Montefiascone. Vielleicht sah er ihn schon auf dem Weg zum Kardinal und als neuen Cesare. Dass ein Papstsohn Kardinal wird, war ja immerhin schon einmal gelungen.

Und nun passiert für damalige Verhältnisse etwas Außergewöhnliches: Der Sohn geht seinen eigenen Weg, lehnt die Angebote des Vaters ab und beginnt eine militärische Laufbahn. Ein solches Ausmaß an Eigenständigkeit war selten. Ranuccios Traum ist, Condottiere zu werden, wie es seine Vorfahren über Generationen hinweg gewesen sind. Es blieb ihm aber keine Zeit, sich zu entfalten. Mit noch nicht einmal zwanzig Jahren ist er in einem der endlosen und sinnlosen Kriege Italiens Ende August 1528 gefallen. Im Sacco di Roma hatte er überlebt, weil er mit seinem Vater in die Engelsburg geflüchtet war. Danach schlug er sich auf die Seite der Franzosen. Eines Tages war er mit hundert Reitern unterwegs, er wurde in ein Gefecht verwickelt und kam dabei ums Leben.

Die schlimme Nachricht vom Tod des Sohnes traf den Vater zutiefst, er hatte immer eine besondere Zuneigung zu Ranuccio empfunden.

DIE OPPONIERENDEN ENKEL

Die 16-köpfige Enkelschar

Die umfangreiche Enkelschar wurde für den päpstlichen Großvater zu einer echten Herausforderung: Er übernimmt selber die Versorgung der insgesamt sieben männlichen Enkel, fünf von Pier Luigi und zwei von Costanza. Ottavio und Orazio werden als Heiratskandidaten geschickt eingesetzt, um ein Gleichgewicht zu schaffen: Verwandtschaft mit dem Kaiser und zugleich mit dem französischen Königshaus. Was die anderen Fürsten immer schon konnten, kann nun auch der Papst, er benutzt seine Enkel für politische Verbindungen. Päpstliche Politik wird als Familienpolitik ausgeführt.

Drei Enkel erhalten von ihrem Großvater die Kardinalswürde: Pier Luigis Söhne Alessandro und Ranuccio und Costanzas Sohn Guido Ascanio, der mit dreiundzwanzig Jahren schon den stolzen Titel eines Patriarchen von Alexandrien führen darf. Schon als Jugendliche erlangen sie Top-Positionen in der kirchlichen Hierarchie. Sie müssen sich nicht hocharbeiten, werden vielmehr mit Vergünstigungen regelrecht überschüttet, mit Posten und Pfründen überhäuft. Das ist Familienpolitik im großen Stil und zugleich päpstliche Selbstbedienung. Ranuccio (1530–1565, Kardinal ab 1545) residiert mit fürstlichem Gehabe im Palazzo Farnese. Er hat den Titel Patriarch von Konstantinopel und als Leiter der Pönitentiarie ein einträgliches Amt inne. Sein Grabmal in San Giovanni in Laterano ist ein Hinweis auf seine herausragende Position.

Il Gran Cardinale

Insbesondere Alessandro Farnese (1520–1589) kommt zu großem Reichtum und Ansehen. „Il Gran Cardinale", der große Kardinal wird er genannt, über fünfzig Jahre lang wird er den Purpur tragen. Bei seiner Ernennung ist er vierzehn Jahre alt. Er ist der Erstgeborene und möchte die Nachfolge in Parma antreten, aber der Papst als Großvater führt keine langen Debatten mit seinem Nachwuchs, er hat jedem eine Rolle zugewiesen. Lange Zeit ist Alessandro voll Neid auf seinen Bruder Ottavio, dann aber wächst er langsam in die Kardinalsrolle hinein. Er wohnt fürstlich in der Cancelleria, wird Gouverneur von Tivoli, Erzbischof von Avignon und erhält eine Fülle an weiteren Bistümern und Abteien. Mit fünfzehn Jahren ist er Vizekanzler der Kirche und bekleidet damit eines ihrer höchsten Ämter. Er betätigt sich als bedeutender Kunstmäzen. Er lässt den Palazzo Farnese vollenden, baut Caprarola aus und erwirbt von dem Bankier Chigi die Farnesina mit den berühmten Fresken Raffaels. Fünf Mal nimmt er an einem Konklave teil, für die eigene Papstkarriere reicht es aber nicht. Die Zeit der kirchlichen Renaissancefürsten geht zu Ende. Alessandros Lebensstil entspricht noch ganz dem seines Großvaters. So hatte er ein Verhältnis mit einer auffallend schönen Frau und von ihr eine Tochter Clelia. Diese wird später die Geliebte des Kardinals Ferdinando de' Medici. Der Papstenkel hat eine uneheliche Tochter, und diese Urenkelin des Papstes bleibt in diesem Beziehungsgeflecht als Konkubine eines Kardinals. So ziehen sich Linien durch die Familiengeschichte.

Eine unglückliche Ehe: von Kaiser und Papst zusammengefügt

Der für die Dynastie Farnese wichtigste Enkel war Ottavio (1524–1586), er sollte die Nachfolge in Parma antreten. 1538 wurde er verheiratet mit der unehelichen Tochter Karls V., Margarete von Österreich, die nach der Ermordung ihres ersten Ehemannes, Alessandro de' Medici, mit ihren 16 Jahren bereits Witwe war. Der Kaiser hatte die Verbindung vorgeschlagen und der Papst willigte hoch erfreut ein. Die Kaisertochter und Mediciwitwe stellte für einen Farnese eine glänzende Partie dar. Im Übrigen spekulierte der Papst auch auf Florenz für seine Familie. Die zukünftige Ehefrau wehrt sich aber heftig, der Wechsel vom Papstsohn[111] zum Papstenkel sagt ihr ganz und gar nicht zu. Für sie ist das „tu felix Austria nube" (du glückliches Österreich heirate) glatter Hohn. Der vorgesehene Ehemann Ottavio ist erst vierzehn Jahre alt. Sie protestiert und schreibt ihrem Vater entrüstet: *„Sie haben mich zweimal verehelicht. Das erste Mal war er wesentlich älter und ich war noch ein Kind. Jetzt bin ich eine Frau und ich muss ein Kind heiraten."*[112] Und in einem weiteren Brief nennt sie Ottavio abfällig *„brutto, piccolo, rozzo e sporco"* (hässlich, klein, roh und schmutzig).[113] Aber ihr Vater bleibt unerbittlich, die Verwandtschaft mit dem Papst kommt ihm sehr gelegen.

Der Ehevertrag wird in Anwesenheit des Papstes im Vatikan abgeschlossen und auch die Hochzeitsfeier entzückt den Großvater. Mit Sinn für Symbolik begannen die Hochzeitsfeierlichkeiten am 3. November, dem Jahrestag der Papstkrönung. Der Enkel sollte am Krönungstag des Großvaters heiraten. Margarete wurde an der Porta del Popolo von ihrem Schwager Kardinal Alessandro Farnese empfangen und in einem festlichen und opulenten Zug mit Kardinälen und Gesandten zum Vatikan geleitet, wo ihr Bräutigam und der Papst auf sie warteten. Am nächsten Tag fand die Trauung im Papstpalast statt, und zwar in der Sixtinische Kapelle. Unter den leuchtend strahlenden Fresken Michelangelos findet für das Brautpaar eine nicht gerade frohe Feier statt. Die Braut demonstriert deutlich ihre fehlende Zustimmung; sie hatte nur Verachtung übrig für

*Tizian, Papst Paul III. mit Kardinal Alessandro Farnese und
Ottavio Farnese, 1545-1548,
Museo e Gallerie Nazionali di Capodimonte, Neapel.
Alessandro legt die Hand an den Thron und weist sich damit als Kandidat
für die Papstnachfolge aus. Ottavio ist der Erbe des Herzogtums
Parma und Piacenza.*

den jungen Ehemann. Aber die Farnese-Hochzeit in der Sixtini-schen Kapelle mit anschließendem Festessen in den päpstlichen Gemächern war politisch erzwungen und das Brautpaar hatte sich zu fügen.

Der Kaiser nahm seinen Schwiegersohn mit auf den Feldzug nach Tunis. Nach der Rückkehr Ottavios begann das ungeliebte Ehele-ben, und Margarete gebar im August 1545 Zwillinge, die man sinni-gerweise Alessandro und Carlo nannte: nach dem Papst als Urgroß-vater und dem Kaiser als Großvater. Der greise Papst zeigte sich überglücklich und beschenkte die junge Mutter mit wertvollem Schmuck. Nur der kleine Alessandro überlebte und seine Taufe wur-de wiederum am 3. November, am Krönungstag des Papstes im Bei-sein vieler Kardinäle gefeiert. Bald ging das Ehepaar getrennte Wege. Ottavio hatte noch vier außereheliche Töchter, und Margarete brach 1559 als Regentin in die Niederlande auf und kehrte erst 1567 wie-der nach Parma zurück.

Die Rebellion der Enkel

Harte Zeiten begannen für den Papst, als 1547 sein Sohn Pier Luigi ermordet wurde. Paul III. vollzieht eine Kehrtwendung: Er will Par-ma und Piazenza wieder dem Kirchenstaat einverleiben. Aber Otta-vio macht nicht mit. Er tritt die Nachfolge seines Vaters in Parma an, unterstützt von seinem Schwiegervater, dem Kaiser, und seinem Bruder, dem Kardinal Alessandro. Der Papst ist außer sich über die offene Rebellion des Enkels.

Der andere Enkel Orazio (1532–1553) war 1541 an den französi-schen Hof geschickt worden und wird 1547 verheiratet mit Diana von Valois, der illegitimen Tochter des französischen Thronfolgers, des späteren Königs Heinrich II. Dieser Orazio sollte nach dem aus-drücklichen Willen des päpstlichen Großvaters an Stelle von Otta-vio die Linie der Farnese weiterführen und Nepi und Camerino erhalten. Vorher schon war ihm vom Großvater das Herzogtum Castro übertragen worden.

Die Enkel lassen den Großvater in Rom toben und schimpfen, sie opponieren gegen die großväterlichen und zugleich päpstlichen Anweisungen. Widerstand in der eigenen Familie ist für Paul III. zu viel, und es heißt, der Ärger über die Enkel habe zu einem Zusammenbruch geführt und zu seinem überraschenden Tod am

10. November 1549. Als der Papst im Sterben lag, versammelte er noch einmal das Kollegium der Kardinäle um sich. *„Er empfahl den Kardinälen die Angelegenheiten der Kirche und seine geliebten Nepoten.“*[114] Paul III. bleibt Familienvater bis zum letzten Atemzug. Unter den anwesenden Kardinälen sind drei Enkel von ihm, die ohne ihn vermutlich bescheidene Kurienbeamte geblieben wären.

Ottavio sichert sich Parma und kann sich inmitten von Intrigen und Anschlagsgerüchten als Herzog behaupten. Er lehnt sich an Spanien an und bekommt später Piacenza dazu. Damit etablieren sich die Papstnachkommen im Wechselspiel der politischen Kräfte in Italien als ein bedeutendes Adelsgeschlecht. Die von Paul III. begründete Farnesedynastie regiert in Parma bis 1731.

DER LETZTE PAPSTSOHN: DER NACHKOMME GREGORS XIII.

Vater: Ugo Boncompagni: 1502–1585, 1565 Kardinal, 1572 Papst als Gregor XIII.
Mutter: Maddalena da Carpi

Giacomo Boncompagni (1548–1612)

Dem Kurienbeamten Ugo Boncompagni, der schon 46 Jahre alt ist, wird in Bologna am 18. Mai 1548 ein Sohn geboren, den er Giacomo taufen lässt.

Er selbst hat Jura studiert an der dortigen Universität, die für diesen Studiengang in ganz Europa bekannt und berühmt war. Von 1531–1539 übte er selbst eine Lehrtätigkeit an dieser Universität aus. Unter seinen Studenten befanden sich auch die späteren Kardinäle Alessandro Farnese und Carlo Borromeo. Jura-Professor in Bologna zu sein, sah er aber nicht als sein Lebensziel an. So ging er nach Rom; fähige Juristen waren gefragt, vor allem an der Kurie. Er trat in den päpstlichen Dienst ein, wurde betraut mit diversen juristischen Aufgaben; daneben war er Mitarbeiter bei einigen diplomatischen Missionen, auch am Konzil von Trient nahm er teil.

Als Giacomos Mutter wird eine Maddalena aus Carpi erwähnt, eher beiläufig, aber immerhin. Ihr Name ist ersichtlich aus der Legitimationsurkunde vom Juli des gleichen Jahres, in der sie als „soluta“ bezeichnet wird, als ledige Frau. Ugo lebte also nicht in einem Konkubinat mit einer verheirateten Frau. Der Vater bekennt sich zu seinem Sohn und verschweigt auch nicht die Mutter. Wie weit sie Anteil an der Erziehung nehmen konnte, wie ihre Kontakte waren, ob sie bei der Hochzeit ihres Sohnes dabei war, alles umgibt ein geheimnisvolles Schweigen. Die Stimme der Mutter ist aus den vorhandenen Unterlagen nicht zu vernehmen. Ob es sich um ein flüchtiges Abenteuer gehandelt hat oder um eine längerfristige Beziehung, wissen wir nicht. Gewisse Andeutungen lassen vermuten, dass Ugo einen Erben für die Besitzungen der Familie haben wollte. Er ist zu diesem Zeitpunkt im Dienst der Kirche als einfacher Kleriker, die Priesterweihe hat er noch nicht empfangen, ein Zölibatsvergehen liegt bei ihm nicht vor. Sicherlich hat er sich deswegen nicht zur Heirat entschlossen, weil er eine kirchliche Karriere im Blick hatte. Diese ist natürlich mit einem unehelichen Kind schon in Frage gestellt, jetzt in der Zeit des Trienter Konzils. Ugo muss sich von seinem Vater heftige Vorwürfe anhören. Schließlich übernimmt der Großvater die Sorge für den kleinen Giacomo und kümmert sich um seine Erziehung.

Aufstieg zum Papstsohn

Als Giacomo zehn Jahre alt ist, wird sein Vater Bischof, und der Siebzehnjährige erlebt die feierliche Aufnahme seines Vaters in das Kardinalskollegium. Der rote Hut des Vaters lässt den Sohn Hoffnung schöpfen auf eine nicht zu dürftige Karriere. Die Boncompagni sind ein alt eingesessenes Geschlecht in Bologna, nicht unvermögend, aber zu den Adelsfamilien von Rang gehören sie nicht. Auch Giacomo empfindet es als eine Sensation, als sein Vater als siebzigjähriger Greis den Stuhl Petri besteigt, ein Ereignis, aus dem der vierundzwanzigjährige Sohn gehörig Kapital schlagen will. Er studiert zu dieser Zeit an der Universität Padua, wechselt nach der Papsterhebung seines Vaters nach Rom und besucht Vorlesungen im Germanicum, dem Kolleg vorwiegend für deutsche Theologiestudenten. Gregor hat dieses Kolleg erneuert und mit den nötigen Einkünften ausgestattet. Absolventen dieses Kollegs haben bis heute unzählige Bischofsstühle in Deutschland besetzt.
Um das Heilige Jahr 1575 ungestört feiern zu können, schickte der Vater seinen Sohn von Rom weg mit dem fadenscheinigen Auftrag, er solle sich um die Befestigungsanlagen in Ancona kümmern. Gre-

gor wollte keinen Schatten auf den Glanz dieses Jahres fallen lassen, das „Gubileo", das Jubeljahr sollte ungetrübten Beifall für den Papst bringen. Der Sohn Giacomo hätte gerne mitgefeiert und war sehr verärgert über die Entfernung aus der Stadt. Er zog sich einige Zeit völlig zurück und ließ nach Rom berichten, er leide unter gefährlichen und schlimmen Krankheitsanfällen. Aber auch das konnte seinen Vater nicht erweichen, erst nach Ablauf des Jahres durfte der Sohn zurückkehren; ein Papstsohn im Rampenlicht war nicht mehr erwünscht, schon gar nicht vom Papstvater selber.

Früchte vom Papstthron

Gleich nach der Papstwahl, Gregor war zwanzig Tage im Amt, verfuhr er ähnlich wie seine Vorgänger, nur diskreter und weniger spektakulär: Er ernannte 1572 seinen Sohn zum Kastellan der Engelsburg und ein Jahr später zum Befehlshaber der päpstlichen Truppen. Er kaufte ihm einige Adelstitel und Lehen, verschaffte ihm Ämter und Auszeichnungen. Ehrungen und Titel erhielt der Papstsohn auch von anderer Seite, z. B. von Venedig wurde er zum „Nobile" erklärt und der spanischen König Philipp II. verlieh ihm den Titel „Marchese". Die Stadt Rom ernannte ihn zum Ehrenbürger.

Aber die Zeiten Alexanders VI. und Pauls III. waren vorbei. Die ehrgeizigen Wünsche nach einem eigenen Fürstentum wie bei den Farnese waren nicht mehr zu realisieren. Ein Papstsohn galt in dieser Zeit, da die Reformbewegung in Schwung geraten war, schon als Relikt einer vergangenen Epoche und bei allem Wohlwollen hielt der Papst seinen Sohn im Hintergrund, als würde er sich doch etwas genieren. Zudem übte die starke Reformpartei aus Jesuiten und Theatinern einen gewissen Druck auf Gregor aus und verlangte Zurückhaltung bei der Ämtervergabe für seinen Sohn.

Hochzeit mit der Enkelin einer Papsttochter

Erst nach dem Heiligen Jahr kümmerte sich der päpstliche Vater um die Verheiratung seines Sohnes. Auf Vorschlag von Kardinal Medici erhielt Giacomo als Ehefrau Costanza Ippolita Sforza, die als Gräfin von Santa Fiora eine reiche Mitgift mitbrachte. Diese Gräfin war die Enkelin von Costanza Farnese, der Tochter Pauls III., sodass der Papstsohn eine Papsturenkelin heiratet. Dies ist nicht das einzige

Beispiel dafür, dass Papstfamilien eng zusammenrücken und vielfältige Verbindungen eingehen. Manche Nachfahren verweisen nicht ohne Stolz auf mehrere Päpste in ihrem Stammbaum. Vermutlich hatte Giacomo selber kein Mitspracherecht bei dieser Auswahl. Im Februar 1576 wurde in Rom Hochzeit gefeiert in prunkvoller und pomphafter Weise, weitere Festfeiern fanden Anfang März in Bologna statt. Zum allerletzten Mal in der Geschichte des Vatikan erfüllte das Zeremoniell einer glanzvollen Vermählung die päpstlichen Gemächer und erlebte ein Papstsohn seine Trauung unter dem Wohlwollen und Segen seines Vaters in diesem ohne Zweifel stilvollen Ambiente. Für den Bruder der Braut winkt als zusätzliches Hochzeitsgeschenk der Kardinalshut: Francesco Sforza erfährt 1583 seine Erhebung zum Kardinal.

Kurzzeitige Verbannung – Langfristige Versorgung

Im August 1576 kam es zu einem ernsthaften Zerwürfnis zwischen Vater und Sohn. Dieser hatte einen Universitätsfreund, der wegen Mordes eingesperrt war, aus dem Gefängnis geholt unter Hinweis auf seinen päpstlichen Vater. Darüber geriet der Papst dermaßen in Wut, dass er mit sich überschlagender Stimme seinen Sohn zurechtwies. Er war so erbost, dass er seinem Sohn alle Ämter und Pfründen aberkennen wollte. Die Gemahlin Costanza warf sich dem Papst zu Füßen und flehte um Gnade, und nachdem auch einige Kardinäle sich bemüht hatten, ließ sich der Papst besänftigen. Für kurze Zeit schickte er allerdings seinen Sohn nach Perugia in die Verbannung. Ein Jahr später ist der Papst fest entschlossen, für seinen Sohn und damit für seine Dynastie einen eigenen Staat zu gründen. Seine im Februar 1577 begonnenen Versuche führen allerdings nicht zum Erfolg, im Visier des Papstes war Saluzzo, aber der französische König Heinrich III. zieht nicht mit. Der Traum Giacomos von einem eigenen Herzogtum, wie es bei den Farnese gelungen ist, erfüllte sich nicht. Er bestürmt seinen Vater ständig um mehr Sicherheiten für die Zeit nach dessen Pontifikat. Das Wohlwollen des Nachfolgers war einem Papstsohn keineswegs sicher.

In den letzten Lebensjahren des Papstes gewann der Sohn zunehmend Einfluss auf seinen Vater. Dieser gab jetzt viel Geld aus, um Besitztümer zu beschaffen, wobei es sich um kirchliche Gelder handelte, die in Familienbesitz umgeleitet wurden. Der Papst erwarb für seinen Sohn das Marchesat von Vignola, die Grafschaft von Sora und Aquino und weitere. Üppig ausgestattet, konnte Giacomo ein fürstliches Leben führen, prunkvoll und aufwändig. Gerühmt wird er aber auch als großzügiger Mäzen von Künstlern und Literaten, zeitweilig stand auch Palestrina als Konzertmeister in seinen Diensten. Er war auch interessiert an wissenschaftlichen Fragen. Die letzten Jahre zog er sich zurück nach Sora. Dort ist er am 18. August 1612 verstorben. *„Durch eine standesgemäße Ehe und durch den Erwerb zahlreicher Adelstitel und Lehen im Kirchenstaat wie im Königreich Neapel wurde ihm der Weg in die obersten Ränge der römischen und neapolitanischen Aristokratie geebnet, doch ebenfalls nicht an die Schalthebel der päpstlichen Macht."* [115]

Dem Ehepaar Boncompagni wurden elf Kinder geboren, von denen nur fünf das Erwachsenenalter erreichten, darunter der Sohn Francesco, der 1621 in das Kardinalskollegium berufen wurde. Er ist der letzte Papstenkel, der als Purpurträger auftritt. Auch der Urenkel Girolamo übt von 1664–1684 die Funktion eines Kardinals aus. Nachfahren des Fürstenhauses Boncompagni leben heute noch in Rom.

Gregors Ruhm in der Geschichte

Berühmt ist dieser Papst eigentlich für eine Sache, die mit seinem Amt direkt nichts zu tun hat: Er ist der Papst, der eine Kalenderreform durchsetzte, die den julianischen Kalender korrigierte. Dabei fielen einige Tage aus: auf den 4.10.1582 folgte als nächster Tag der 15.10.1582. Der neue – gregorianische – Kalender ist nach ihm benannt.

Im Unterschied zu seinem Sohn pflegte Gregor einen bescheidenen Lebensstil mit einem einfachen Essen, er war eminent fleißig und seine Frömmigkeit war vorbildlich. *„Jeden Sonntag las er selbst die Messe."* [116] Es mag erstaunen, dass solches Lob aufgeschrieben wurde, aber die Renaissancepäpste beschränkten sich darauf, die Messe zu hören, als Zelebranten traten sie selten auf.

Man könnte Gregor auch einen „Bildungspapst" nennen. Er hatte die fundamentale Bedeutung von Bildung erkannt, förderte sie in jeder Weise und war bestrebt einen halbwegs intellektuellen Klerus heranzuziehen. Die päpstliche Universität heißt nach ihm Gregoriana.

Gregor übte sein Papstamt aus, ohne Blessuren einer überzogenen Familienpolitik davonzutragen. Sein Sohn, der die Rolle Papstsohn glanzvoll und großartig gestalten wollte, musste in dem Rahmen bleiben, den der Vater ihm zugedacht hatte. Die Tatsache, dass er aus seiner vorpriesterlichen Zeit einen Sohn hatte, hat manche Biografen dazu veranlasst, der Wahrheit nicht die Ehre zu geben und aus Giacomo einen Neffen zu machen, unnötigerweise bei Licht besehen.

III Einzelne Papstväter mit Kindern

Der kleine Piccolomini

Sie hieß Elisabeth, war Engländerin, verheiratet, hatte eine fünfjährige Tochter bei sich, sprach fließend Italienisch und er, Enea Silvio Piccolomini, war Italiener aus der Nähe von Siena, keine imposante Erscheinung, eher klein und zierlich, aber ein Mann mit Charme und Liebenswürdigkeit, äußerst sprachbegabt, ein feuriger Dichter, der hinreißende Liebeslyrik schreiben und dieser Elisabeth effektvoll rezitieren konnte. Er war als Diplomat des Papstes unterwegs, in offizieller Mission, gleichsam auf Dienstreise. Die beiden trafen sich zufällig in einem Gasthof in Straßburg und so kam es zu einer spontanen Liebesnacht. Eine Ehe hatte Enea nicht im Sinn. Auch als nach neun Monaten ein kleiner Enea geboren wurde, und zwar in Florenz, waren die Eltern nicht an einem gemeinsamen Leben und der Erziehung ihres Kindes interessiert, sondern der Junge kam, wie so oft, zu seinen Großeltern.

Die lebten in Corsignano, einem kleinen Ort bei Siena. Erhalten ist uns ein Brief des Enea Silvio an seinen Vater, in dem er inständig bittet, seinen kleinen Sohn aufzunehmen und für ihn zu sorgen. Der überraschte Opa war davon nicht sehr begeistert, stimmte aber zu, zumal Enea mit vielen Worten und recht euphorisch auf ihn einredet:

„Graz, 20. September 1443, Enea Silvio, Dichter, grüßt herzlich seinen Vater.

Lieber Vater! Du schreibst, du wüsstest nicht, ob du dich nun freuen oder ärgern sollst, dass mir der Herr einen Nachkommen geschenkt hat. Ich für meinen Teil sehe darin einen Anlass zur Freude, aber keinen zur Betrübnis. Was ist süßer auf Erden, als ein Ebenbild zu zeugen, gleichsam sein Blut zu verbreiten und einen zu haben, den man auf der Welt zurücklässt? Und was ist seliger auf Erden als die Kinder seiner Kinder zu sehen? Mir ist es eine große Freude, dass mein Samen Frucht trug, dass bei meinem Tode doch etwas von mir übrig bleibt, und ich sage Dank dem Herrn, dass er mir im Schoß des Weibes ein Söhnchen bildete."[118]

Der Vater hatte ihm Vorwürfe gemacht wegen seines Lebenswandels, dass er seinen Sohn in sündigem Umgang gezeugt habe. Hierauf weiß Enea locker zu antworten:

„Ich gestehe meinen Fehltritt offen ein, weil ich nicht heiliger bin als

David und weiser als Salomo. Denn mein Vergehen ist schon sehr oft da gewesen, und ich kenne niemand, der es nicht auch begangen hätte. Ja, dieses Übel ist weit verbreitet; obschon ich nicht einsehe, warum die Liebeslust verdammt werden soll. "[119] Und weiterhin versucht Enea seinen Vater dahingehend zu belehren, dass die Natur nun einmal dem Menschen dieses Verlangen mitgegeben habe, und was sei schon dabei, dieses auch auszuleben. Hier schreibt der aufgeklärte Humanist und beileibe kein Theologe des Mittelalters. Erstaunlich modern klingt dieser Brief, das gewandelte Denken der neuen Epoche wird greifbar.

Eneas Vater hatte auch Zweifel geäußert, ob das nun wirklich ein kleiner Piccolomini sei, oder ob er sich ein Kind habe unterschieben lassen. Da setzt Enea dann zu einer Verteidigungsrede an und schildert detailliert den ganzen Ablauf, die Frau sei immer gut gelaunt gewesen, hat ihn aber beim ersten Versuch abgewiesen und ließ ihn „drei Tage lang schmachten". Und dann kam ihr letzter Abend, am anderen Tag wollte sie abreisen. Was dann geschieht, soll sein Vater genau wissen:

„Ich fürchte, dass mir die Beute entgeht. Ich bitte sie, bei Nacht den Riegel an ihrer Tür offen zu lassen. Sie schlägt es ab und gibt nicht die geringste Hoffnung. Ich dränge. Sie antwortet immer dasselbe. Man geht schlafen. Ich grüble nach: was weiß ich, ob sie meinen Wunsch erfüllt. Nachdem überall Stille eingetreten ist, gehe ich zu dem Zimmer der Frau. Die Türe ist geschlossen, aber nicht verriegelt. Ich öffne, trete ein, bemächtige mich des Weibes. Und so wurde mein Sohn gezeugt."[120]

Mitte November 1442 wird der Sohn in Florenz geboren. Enea trifft Elisabeth in Basel, er will sich zunächst drücken, aber die Zeit stimmt, und er akzeptiert schließlich seine Vaterschaft. Er kann sich aber die Bemerkung nicht verkneifen, dass üblicherweise es ein „Kunstgriff der Weiber" sei, Geld herauszupressen. Elisabeth aber will kein Geld, und das hat ihn überzeugt. Eine förmliche Legitimation ist allerdings nicht erfolgt. Warum die Mutter selber das Kind nicht behalten und aufgezogen hat, ist nicht bekannt. Für sie als Ehefrau war es ja ein Seitensprung, eben das Kind einer Hotelnacht, und vermutlich ist sie zu ihrem Mann zurückgekehrt.

So wuchs der kleine Enkel Enea in Corsignano bei Siena auf, während der Vater als gefeierter Humanist, Schriftsteller, Diplomat und Kurienbeamter seinen Weg nach oben nahm. Er führte ein freizügiges und genussvolles Leben auch im Umgang mit Frauen, das Abenteuer mit Elisabeth war nicht das einzige. Er bekennt sich zu seinen wechselnden Frauenbekanntschaften, die er in seinen Briefen freimütig schildert: bei ihrer Lektüre fühlt man sich geradezu in die Gegenwart versetzt. Seine Offenheit, über sexuelle Beziehungen zu schreiben, ist erstaunlich.

Die Spur des kleinen Enea bei seinen Großeltern verliert sich, man vermutet einen frühen Tod, weil der Vater seinen Sohn nie mehr erwähnt. Es existiert aber auch keine Notiz, dass er den Tod seines Sohnes betrauert hätte. Bei einer diplomatischen Reise nach Schottland blieb Piccolominis Zuneigung zu Frauen nicht ohne Folgen, er schreibt nämlich von einem anderen Sohn „alius in Scotia mihi natus" (ein anderer ist mir in Schottland geboren)[121], der allerdings nicht lange lebte. Von zwei Söhnen spricht er also selber, ob er noch weitere Kinder hatte, darüber schweigen sich seine Briefe aus. Schmugge geht noch von weiteren Söhnen aus:

„Piccolomini muss noch weitere Kinder gezeugt haben, die ins Erwachsenenalter gekommen sind. Aus seiner Basler Zeit ist eine nicht näher identifizierbare Geliebte Glicerium bekannt. Nachdem Enea als Pius II. 1458 den Stuhl Petri bestiegen hatte, wurde er in Rom gelegentlich von einem Sohn besucht, so im Sommer 1461 von einem gewissen Wolfgang, dem er durch den Geheimkämmerer sehr dezent einige Dukaten auszahlen ließ und den Status des päpstlichen Familiaren verlieh. Ein weiterer Basler Sohn des Enea könnte ein gewisser Matheus Flugel gewesen sein, ein Basler Kleriker, der sich während seines Pontifikates an der Kurie aufhielt und ansonsten unerklärliche Zuwendungen vom Papst bekam."[122]

Piccolomini war in jungen Jahren viel unterwegs: als Sekretär des Kardinals Capranica in Basel beim Konzil, dann in Schottland bei Jakob I., auf dem Frankfurter Reichstag, wo ihn Kaiser Friedrich III. zum Dichter krönte. Später trat er als Sekretär in die Reichskanzlei ein und lebte einige Zeit in Wien. Nach großer Karriere sah da alles nicht aus, er war zwar ein berühmter Schriftsteller und Humanist, aber es fehlte die materielle Sicherheit, wie sie kirchliche Pfründen bieten. So mag der Anlass zunächst nicht sehr edel gewesen sein, aber seine Priesterweihe am 4. März 1447 markiert einen Wendepunkt. Er nimmt sein geistliches Amt ernst und hält sich an das Zölibatsgebot.

Familienfreundlicher Pontifex

Schnell geht es steil nach oben auf der kirchlichen Karriereleiter, 1447 wird Piccolomini Bischof von Trient, dann von Siena, 1456 Kardinal, 1458 Papst.

Er zeigt sich als sehr familien- und heimatbewusst, von einer Versorgung von Kindern ist urkundlich nichts bekannt. Seine weitere Verwandtschaft allerdings profitiert auf großzügige Weise, z. B. ernennt er seinen Neffen Francesco zum Kardinal, der dann später sogar als Papst Pius III. amtiert hat, allerdings nur für sechsundzwanzig Tage. Viele Verwandte erhielten Stellungen und Posten und nicht wenige Sieneser bevölkerten die Kurie.

Sein Heimatdorf, in dem er am 18. Oktober 1405 geboren worden war, wurde im Stil der Renaissance neu angelegt und zum Bischofssitz erhoben. Pius ließ eine Kathedrale bauen und bat Kardinäle, dort Paläste errichten zu lassen. Diese neue Stadt erhielt nach ihm den Namen Pienza. Sie sollte eine architektonisch vollkommene, „ideale" Stadt sein, und als neue Piusstadt seinen Ruhm verkünden. Pius II. war ein vollkommener Renaissancefürst auf dem Papstthron, nicht nur ein Förderer der Humanisten, er war selber Humanist.

PIUS IV. UND SEINE VERSTECKTEN KINDER

Giovanni Angelo Medici, der übrigens nicht aus der Florentiner Dynastie stammte, wurde am 31. März 1499 in Mailand geboren. Er studierte zuerst Medizin, dann Jura in Bologna. 1526 kam er nach Rom und erhielt eine Stelle in der Verwaltung des Kirchenstaates. Paul III. hat ihn aus verwandtschaftlichen Gründen sehr gefördert. 1545 wurde Giovanni Angelo Erzbischof von Ragusa. Aus diesem Anlass empfing er die höheren Weihen, 1549 folgte seine Aufnahme in das Kardinalskollegium. Papst war er von 1559–1565.

Seine Kinder wurden wohl in seiner vorpriesterlichen Zeit geboren.

An ihrer Existenz ist allerdings nicht zu zweifeln: *„Aus der Zeit vor Empfang der höheren Weihen hatte Gian Angelo mehrere uneheliche Kinder, einen 1541 oder 1542 geborenen Sohn und zwei Töchter; er hatte diese Verfehlungen geheim gehalten und sich bemüht, jeden äußeren Anstoß zu vermeiden."*[123] Diesem Urteil schließt sich auch Seppelt an: *„Wir wissen von drei unehelichen Kindern aus diesen Jahren, und auch später, selbst in der Zeit seines Pontifikates, wollten die Gerüchte über sittliche Verfehlungen nicht verstummen."*[124]

Während das Vatikanlexikon bei Pius IV. keine Kinder erwähnt, findet sich doch im neuesten Papstlexikon ein kurzer Hinweis: *„Persönlich noch von der Mentalität der Renaissance geprägt (mehrere uneheliche Kinder aus der vorpäpstlichen Zeit), konnte er sich der Notwendigkeit nicht entziehen, eine Reform der Kirche durchzuführen."*[125]

Nicht die Kinder, wohl aber die Verwandtschaft konnte sich über Wohltaten nicht beklagen. *„Als erstes bemühte der Papst sich um das gesicherte Fortkommen von etwa zwanzig Nepoten verwandter Familien: der Serbelloni, der Hohenems, der Borromeo und anderer. Einer aus der Reihe, der spätere heilige Carlo Borromeo, wurde zu einem der tragenden Geister der Gegenreformation. Nicht hingegen förderte der Papst seine eigenen drei Kinder."*[126]

Die Namen seiner Kinder sind nicht überliefert, sie wurden nicht legitimiert. Schämte er sich seiner Kinder oder wollte er seinen Aufstieg zum Papstthron nicht gefährden? Auf dem Weg nach oben sind jetzt in der Zeit des Trienter Konzils eigene Kinder doch sehr hinderlich. Als Papst wird ihm ein frommer und einfacher Lebenswandel bescheinigt, als leiblicher Vater erscheint er nicht gerade vorbildlich. Seine drei Kinder treten in der Öffentlichkeit nicht in Erscheinung, offensichtlich hat der Papstvater keinen Kontakt zu ihnen gehalten. Vielleicht hat er ihnen privat und diskret etwas zukommen lassen.

Hier zeigt sich ein deutlicher Stilwandel zu Alexander VI. Die Kinder spielen in der Kirchenpolitik des Papstes keine Rolle mehr. Pius IV. hat das Konzil von Trient zum Abschluss gebracht und dessen Dekrete im Januar 1564 gebilligt. Dafür hat er viel Lob erhalten, seine verborgenen Kinder haben sein Bild in der Geschichtsschreibung nicht verdunkelt.

KLEMENS VII.: DER MEDICI UND DER PAPSTSOHN MIT FRAGE-ZEICHEN: ALESSANDRO DE' MEDICI

Der Papst auf glattem Terrain

Geboren war Giulio am 26. Mai 1478 als Sohn des schönen Giulia-no de' Medici, der im April 1478 im Dom von Florenz als Folge der Pazzi-Verschwörung ermordet wurde. Giulianos Mätresse Fioretta d'Antonio wird als Mutter genannt. Giulio kam in den Haushalt sei-nes Onkels Lorenzo des Prächtigen. Hier wuchs er auf an einem glänzenden Hof, an dem Künstler und Intellektuelle eine wahre Blütezeit erlebten. 1513 wurde er trotz seiner unehelichen Geburt Erzbischof von Florenz und Kardinal, ein Mann mit vielen Vorzü-gen, gut aussehend, gebildet, humorvoll, bescheiden. Nach dem Pontifikat des strengen Hadrian einigten sich die Kardinäle wieder auf einen Medici und wählten Giulio zum Pontifex maximus (1523–1534). Als neuer Papst wurde er allgemein freudig begrüßt. Er begann auch mit viel Fleiß und Eifer, erschien als fromm und hielt die Fastenzeit, wofür er – immerhin der Papst – ausdrücklich gelobt wird. Aber das Terrain der Kirchenpolitik erwies sich für ihn als zu glatt: Er zauderte, schwankte hin und her und geriet durch ungeschicktes Taktieren in die Rivalität zwischen Kaiser Karl V. und Frankreich. Klemens erlebte den unglaublich brutalen Sacco di Roma im Mai 1527, als die herrenlose Soldateska des Kaisers wie die letzten Barbaren über die Stadt herfiel. Monate lang saß der Papst gefangen in der Engelsburg und musste sich beim Kaiser frei kaufen, nicht gerade ein Ruhmesblatt für einen christlichen Kaiser. Dessen energische Forderung nach einem Konzil lehnte er nach wie vor ab, die eigentlichen Probleme der Kirche hat der Medicipapst nicht begriffen. In seinem Pontifikat trennte sich ein Drittel der abendländischen Christenheit von Rom. Ein sympathisches Kir-chenoberhaupt, aber unfähig in der instabilen politischen Lage Ita-liens und den rivalisierenden Mächten nicht gewachsen.

Karneval in Florenz

Es ist Karneval in Florenz im Jahr 1537. Raubüberfälle und Verbre-chen aller Art sind nicht gerade selten, aber in dieser Nacht wird nicht ein Goldschmied überfallen oder ein ertappter Liebhaber in den Arno geworfen, es geht nicht um Geld, sondern um Macht, um politische Macht und es geschieht ein Mord wie in einem Krimi, perfekt geplant und ausgeführt.

Alessandro und Lorenzino, zwei Medici-Sprösslinge sind unterwegs, um sich im Karneval zu vergnügen. Sie haben sich seit Jahren gefunden, um rücksichtslos und brutal Orgien aller Art zu feiern. Ihre üppigen Saufgelage waren weithin bekannt. Nachts waren sie in Häuser eingedrungen, hatten Frauen vergewaltigt, Klöster überfallen, sie waren alles andere als zimperlich. In dieser Nacht, es ist der 6. Januar 1537, nimmt Lorenzino de' Medici seinen Sauf-Kumpanen Alessandro mit in seine Wohnung. Ein professioneller Mörder kommt dazu, und der stark angetrunkene Alessandro hat keine Chance: Am nächsten Morgen verbreitet sich in Florenz wie ein Lauffeuer die Nachricht: Alessandro de' Medici liegt erstochen in der Wohnung von Lorenzino. Dieser Alessandro war nicht irgendwer, er war der Herzog von Florenz, der Schwiegersohn des Kaisers. Der Mörder flieht nach Venedig. Er wollte die Stadt von einem Tyrannen befreien und selber die Nachfolge antreten, aber das gelingt ihm nicht.

Ungewöhnliches im Hause Medici

Alessandro hatte viele Feinde. Er war den Florentinern als Regent aufgezwungen worden. Die Republik wurde abgeschafft, die Signorie beendet. Ein Mitglied des Hauses Medici ein Mörder, das war schon ungewöhnlich. Da der Herzog tot ist, die feierlichen Exequien für ihn im Dom abgehalten werden, ein pompöser Leichenzug durch die Stadt zieht, hinter dem Sarg die jugendliche Witwe von fünfzehn Jahren, unfähig zur Trauer, eher erlöst von einem ungeliebten Mann – da kommen die Fragen hoch, wer er eigentlich war und warum er so auffallend schlimm war, und die Antworten sind nicht eindeutig. Über seiner Herkunft liegt ein mysteriöser Schleier. Gewiss Alessandro ist ein Medici, aufgewachsen in der damals besonders prominenten und berühmten Familie; wusste er aber eigentlich selber, wer er war? Wenn er in den Spiegel schaute, erblickte er ein etwas fremdländisches Gesicht und wunderte sich über sein exotisches Aussehen. Viele nannten ihn den „Mulatten".
„Seine dunkle Haut, seine niedrige Stirn, die dicken Lippen und das stark gekräuselte Haar schienen das Gerücht zu bestätigen, seine Mutter habe

Melchior Meier, Florenz als Beherrscherin der Toskana, 2. Hälfte des 16. Jh., Graphische Sammlung Albertina, Wien. Unter den Medaillonbildnissen von Alessandro und Cosimo de' Medici die Ansichten der Städte Florenz und Siena.

maurisches Blut gehabt. Leute, die ihn kannten, betrachteten ihn als kleines Ungeheuer."[127]

Seine dunkelhäutige Mutter lebte vermutlich als Hausangestellte bei den Medicis, aber wer war der Vater? Offiziell genannt wird Lorenzo di Piero de' Medici, Herzog von Urbino, in Wirklichkeit war es wohl der Kardinal Giulio de' Medici. Der Medici-Clan hatte keine Probleme, Alessandros wahre Identität geschickt zu verbergen. Alessandro de' Medici wird offiziell als Papstneffe geführt. Dass er in Wirklichkeit der Sohn war, ist nicht mit Dokumenten beweisbar. Die neueste Literatur sieht in Alessandro allerdings mit hoher Wahrscheinlichkeit den Sohn von Papst Klemens VII.[128]

Als Alessandro zwei Jahre alt ist, wird sein Vater Kardinal. Der Zwölfjährige erlebt ihn als Papst und Alessandro wird ausersehen zum künftigen Herrscher von Florenz, wo der Papst das Sagen hat. Mit der Vorbereitung auf die spätere Herrschertätigkeit ist es nicht weit her. Der Halbwüchsige fällt durch ungehobeltes, jähzorniges Benehmen auf, dazu kommen später sexuelle Eskapaden. Sein übler Ruf eilt ihm voraus. Gleichwohl erhält er eine prominente Braut.

Herzog in Florenz und Ehemann der Kaisertochter Margarete

Papst und Kaiser, Klemens VII. und Karl V. treffen sich in Bologna, hier findet 1530 die Kaiserkrönung statt und die Versöhnung wird besiegelt durch einen familiären Handel: Ein Brautpaar wird gleichsam auf dem Schachbrett zusammengestellt, Papst und Kaiser setzen als Figuren ihre eigenen Kinder ein: da ist Alessandro, der uneheliche Sohn oder Neffe des Papstes und Margherita d' Austria, die uneheliche Tochter des Kaisers. Eine Meisterleistung der später so berühmten habsburgischen Heiratspolitik war dies aber nicht.

Alessandro zieht 1531 als erster Herzog in Florenz ein, nachdem die Stadt durch kaiserliche Truppen erobert worden war. Damit haben die Medici einen offiziellen Herrschertitel, bisher waren sie mehr die heimlichen Herren von Florenz. Der neue Herzog macht am Anfang eine ganz passable Figur, nimmt sich zusammen, dann beginnt er wieder sein bekanntes ausschweifendes und orgienreiches Leben. Der Kaiser lässt ihn nach Neapel kommen, dort kann Alessandro sich geschickt verteidigen und kehrt nach vielen Versprechungen zurück, um sich weiterhin hemmungslos und gewalttätig auszuleben.

1536 kommt Karl V. nach Florenz zu einem offiziellen Staatsbesuch, im gleichen Jahr im Sommer erscheint seine Tochter Margarete. Sie ist nun vierzehn Jahre alt, und es ist Zeit Hochzeit zu feiern. Ihr Vater ist längst wieder abgereist und überlässt sie diesem Wüstling von Mann. Aber viel menschliche Zuwendung kann eine uneheliche Tochter von einem Kaiser wohl nicht erwarten.

Alessandro hatte auch drei uneheliche Kinder, einen Sohn Giulio und die beiden Töchter Giulia und Porzia. Ganz uncharmant war Alessandro nicht. Als er seine Braut zum ersten Mal begrüßte, nannte er sie galant „Madama" und diese Anrede ist ihr geblieben. Sie, die uneheliche Kaisertochter, hat damit einem berühmten Palast in Rom den Namen gegeben, es ist der Palazzo Madama, heute Sitz des italienischen Senats. Die Ehefrau des Papstsohnes ist deshalb bis heute unvergessen.

PÄPSTE, DIE VIELLEICHT ODER WAHRSCHEINLICH KINDER HATTEN

Die Vaterschaft einiger Päpste kann nicht eindeutig geklärt werden, dazu stellt sich die Datenlage zu diffus und verschleiert dar. Eine abschließende Klärung ist oft nicht mehr möglich, außer es werden neue Dokumente in diversen Archiven gefunden. Jedenfalls haben die hier aufgeführten Päpste ihre vermeintlichen oder echten Kinder formal nie anerkannt.

Kalixt III. und sein Sohn Francesco Borgia

Mit hoher Wahrscheinlichkeit kann Francesco Borgia (1441–1511) als Papstsohn bezeichnet werden, der in Spanien als Sohn des Alfonso Borgia, des späteren Kalixt III. (1455–1458) im Jahr 1441 geboren wurde. Als Bischof von Teano und Cosenza erhielt Francesco im Jahr 1500 den Kardinalshut von seinem Cousin Papst Alexander VI. Schon seit 1493 versah er das Amt eines Schatzmeisters und gehörte zum engsten Kreis um Alexander, der ihn mit vielerlei Aufgaben betraute. Francesco begleitete Lucrezia auf ihrem Brautzug nach Ferrara und übernahm die Vormundschaft für den kleinen Papstsohn Giovanni. Ob er selber seine Herkunft kannte und darüber schwieg, ist nicht überliefert, auch nicht, wie weit Alexander in dieses Geheimnis eingeweiht war. Francesco Borgia gehörte zu der Gruppe französischer und spanischer Kardinäle, die gegen Julius II. rebellierten und ein Konzil nach Pisa einberiefen zur Absetzung des Papstes. Julius sprach gegen die aufständischen Kardinäle die Exkommunikation aus. Kurz nach Beginn des Pisaner Konzils starb Francesco Borgia im November 1511 in Pisa. Im Appartamento Borgia im Vatikan soll sich eine Abbildung von ihm erhalten haben: *„Francesco Borgia ist aller Wahrscheinlichkeit nach in der Szene der Himmelfahrt Mariens der Sala dei Misteri dargestellt."*[129]
In den Papst-Genealogien von Weber wird ein *„Francisco als figlio naturale des Alfonso Borgia angeführt".*[130] Damit kann man nach derzeitiger Quellenlage mit Recht von einem Papstsohn bei Kalixt sprechen.[131]

Paul II. (1464–1471)

„Als Pietro Barbo unter dem Namen Paul II. 1464 Papst wurde, hatte der ansehnliche Venezianer, der ursprünglich Kaufmann werden sollte, bereits mehrere Kinder, die allerdings während seines Pontifikats nicht in den Vordergrund traten."[132] Ein Dokument oder einen Beleg für diese Behauptung nennt Schmugge nicht. Bei Seppelt oder Pastor findet sich kein Hinweis auf Kinder, auch nicht in den Papst-Genealogien von Weber.

Waren sie Neffen oder Söhne? Gemeint sind Pietro und Girolamo Riario. In der Öffentlichkeit erschien der Papst stets als Onkel, auch heute ist das Geheimnis nicht zu lüften, die Literatur liefert divergierende Aussagen:

„Sixtus IV., einst ein vorbildlicher Franziskaner, öffnete dem weltlichen Treiben im Vatikan Tür und Tor. Neben seinen eigenen Kindern und Enkelkindern erhielten erstmals auch fremde Frauen Zugang. Dem Nepotismus huldigte er allzu sehr."[133]

„Zwei Lieblingsneffen bevorzugte Sixtus besonders und ihnen machte er die Bahn frei zu hohen Würden. Es gibt unter den Historikern auch die Ansicht, diese beiden seien nur angeblich Neffen, in Wirklichkeit aber die leiblichen Söhne des Papstes gewesen. Der eine war Pietro Riario, der trotz des Rufs seiner Gottlosigkeit zum Kardinal ernannt wurde.
Der zweite Lieblingsneffe, Schwesternsohn und politische Hoffnung des Papstes, war Girolamo Riario."[134]

„Es ist mehr als wahrscheinlich, dass die beiden Brüder (Pietro und Giromalo Riario) Söhne des Papstes waren."[135] Pastor erwähnt keine Kinder, sondern schreibt vom *„Ruf seiner theologischen Gelehrsamkeit und seines tadellosen Lebenswandels"*.[136]

Auch bei Seppelt und den Papst-Genealogien von Weber erscheinen bei Sixtus IV. keine eigenen Nachkommen. Die Frage seiner Vaterschaft sollte deshalb offen bleiben.

Papst Sixtus IV. betrieb einen hemmungslosen Nepotismus, insgesamt sechs Neffen ernannte er zu Kardinälen. Nach seiner Papsterhebung kamen seine zwei Brüder und vier Schwestern mit ihrem Anhang geradezu in einer Goldgräberstimmung nach Rom und über die ganze Sippe Della Rovere ergossen sich wahre Ströme von päpstlichen Wohltaten. Der Papst war äußerst erfindungsreich in der Geldbeschaffung, er verkaufte Ämter und Pfründen und ließ die römischen Bordelle organisatorisch erfassen, um von ihnen Gebühren zu erheben.

Ein besonderer Missgriff war die Kardinalsernennung von Pietro Riario. Dieser verprasste mit seiner offiziellen Mätresse ein Riesenvermögen. Sein in ganz Rom berühmt-berüchtigtes Leben war mit 28 Jahren zu Ende. Pietro ist am Überfluss gestorben.

Sixtus, bis heute bekannt als der Erbauer der Sixtinischen Kapelle, war Generaloberer der Franziskaner und damit eigentlich ein Vertreter des Armutsgedankens in der Kirche. Ausgerechnet er ermöglichte seinen Neffen ein Leben in Saus und Braus und sah zu, wie sie ein Vermögen verprassten.

Pius III. (1503–1503)

Dieser Papst soll nur der Vollständigkeit halber erwähnt werden mit dem Hinweis, dass ein berühmter Historiker wie Gregorovius ihm Nachkommen zuschreibt: *„Es blieb Gregorovius vorbehalten, in seiner ,Lucrezia Borgia' die Behauptung aufzustellen, Pius III. sei ,ein glücklicher Vater von nicht weniger als zwölf Kindern gewesen'. Eine Spur von einem Beweis bringt Gregorovius für seine Behauptung nicht."*[137]

Auch Durant erwähnt in seiner Kulturgeschichte in einem merkwürdigen Satzgebilde Kinder bei Pius III. *„Obschon er eine zahlreiche Nachkommenschaft besaß, zeichnete er sich doch durch Frömmigkeit und Gelehrsamkeit aus."*[138]

In den entsprechenden Archiven sind bisher keine wirklichen Anhaltspunkte für eine Vaterschaft von Pius III. entdeckt worden.

Julius III. (1550–1555) und sein Sohn Innocenzo

Vom Affenwärter zum Purpurträger

In die Kategorie Papstkinder gehört vielleicht auch der 1532 geborene Innocenzo del Monte, dessen Herkunft unklar ist. Als er als Jugendlicher mit einem Affen geschickt umzugehen wusste, machte ihn der Kardinal Giovanni Maria del Monte zum Wärter seines Affen. Der Kardinal zeigte fortan eine seltsame Zuneigung zu diesem Zooangestellten, den sein Bruder auf sein Betreiben hin adoptierte und ihm den Namen Innocenzo del Monte gab. Kaum saß der Kardinal del Monte auf dem päpstlichen Stuhl (Julius III., 1550–1555), ernannte er am 30. Mai seinen siebzehnjährigen Adoptivneffen oder Sohn zum Kardinal gegen den heftigen Widerstand des Kardinalskollegiums und setzte diesem für das Amt völlig Unfähigen am 2. Juli 1550 den Kardinalshut auf. Diese unverständliche Ernennung nährte natürlich Vermutungen und Gerüchte; von vielen wurde der Papst als der Vater des neuen Kardinals angesehen. Jedenfalls wurde der junge Kardinal auffällig reich mit Einnahmen versehen, er erhielt viele Pfründen, z. B. auch so bekannte Abteien wie St. Michel in der Normandie und St. Zeno in Verona.

Ein Genießer auf dem Papstthron

Der Papst selber war ein froher und lebenslustiger Renaissancefürst, der sich nicht nur zahlreiche Hofnarren hielt, sondern auch im Vatikan Komödien von zweifelhaftem Inhalt aufführen ließ.
„An den großen Geschäften der Kirche nahm er nur so viel Anteil, als nun schlechterdings unvermeidlich war."[139] Ihm genügte das harmlose, vergnügliche Leben auf seiner Villa, er erfreute sich an üppigen Gastmählern, ging gerne auf die Jagd, spielte zum Zeitvertreib um hohe Einsätze und war bekannt als Erzähler von Witzen und Redensarten, *„welche freilich wohl zuweilen erröten machten".*[140]
Julius passte eigentlich nicht mehr in die Zeit. In der Aufbruchstimmung des Trienter Konzils verkörperte ein genussfreudiger Papst nicht mehr das passende Oberhaupt, das die Reformkräfte der Kirche dringend benötigten. Die Hinweise auf eine Vaterschaft von Julius III. bleiben Vermutungen, dokumentarische Beweise fehlen. Garin spricht davon, dass es *„zu skandalträchtigen Ernennungen kam: Innocenzo, ein natürlicher Sohn Julius III., den dieser von einem Bruder adoptieren ließ und später im zarten Alter von 17 Jahren zum Kardinal erhob, musste mehrmals ins Gefängnis gebracht werden und wurde (allerdings vergebens) der Obhut frommer Ordensbrüder anvertraut, die ihm den rechten Weg weisen sollten."*[141]
Immer mehr häuften sich die Klagen über den skandalösen Lebenswandel von Innocenzo del Monte, der immerhin zweiundzwanzig Jahre dem Kardinalskollegium angehörte. 1577 starb Innocenzo, nachdem er zwei Jahre Haft in der Engelsburg absitzen musste wegen seines unsittlichen Verhaltens. Er ist einer der schillerndsten und unwürdigsten Figuren, die je den Kardinalspurpur getragen haben und die Frage, ob er Papstsohn war oder nicht, erscheint dagegen als nachrangig.

IV Spurensuche

QUELLEN UND LITERATUR: PAPSTKINDER ZWISCHEN GESCHICHTE UND LEGENDE

Papstliteratur

Papstkinder, unmöglich, das kann doch nicht wahr sein: mit dieser spontanen Reaktion kann man heute dieses Thema nicht mehr unterdrücken. Eine eindeutige, historische Quellenlage lässt an Papstkindern nicht mehr zweifeln. Ein Buch über diese Kinder existiert bisher allerdings nicht, wohl kamen Werke auf den Buchmarkt über „unheilige Väter" oder „sündige Päpste" oder „Heiliges Lotterleben". Auch in weiteren Büchern verwandter Thematik wird versucht, in journalistischer Manier ein Papst-Sündenregister zusammenzustellen und eine blühende Erfindungsgabe fördert nicht wenige Kinder ans Tageslicht. Die echten Papstkinder eignen sich nicht als Beweismittel für die Unfähigkeit oder Schlechtigkeit ihrer Väter.

In den üblichen Papstlexika findet sich kein Stichwort „Papstkinder". Diese werden auch sonst in der Fachliteratur kaum erwähnt. Meistens begegnet nur bei Alexander VI. ein Hinweis auf seine Kinder. Die neueste Enciclopedia dei Papi[142], erschienen im Jahr 2000, ein dreibändiges, umfangreiches Werk, listet bei Alexander VI. lückenlos alle seine zehn Kinder mit Namen auf, bei den anderen Päpsten zeigt sie diskrete Zurückhaltung. In einem einzigen Buchtitel habe ich den Begriff Papstkinder gefunden, und zwar in einem Werk von 1910, das ein Autor unter dem Pseudonym Ahriman verfasst hat mit dem Titel „Päpste, Papstliebchen, Papstkinder". Mit diesem reißerischen Titel wollte der Autor wohl Aufmerksamkeit erhalten für eine Fülle von Vorwürfen gegen die katholische Kirche, Papstkinder sind nur ein Aufhänger seiner Anklagen.

Als Kapitelüberschrift findet sich „Papstkinder" in Schmugges Werk[143] über das päpstliche Dispenswesen und neben den namentlich erwähnten Bischofs- und Abtkindern sollten die Papstkinder nicht fehlen. Die Aufzählung ist allerdings nicht vollständig.

Auf der Suche nach den Papstkindern greift man zunächst nach einer umfangreichen Papstgeschichte, z. B. dem fünfbändigen Werk von Fr. Xaver Seppelt. Er erwähnt bis auf einige Ausnahmen die Papstkinder, sein Buch ist allerdings schon über vierzig Jahre alt. Erstaunlicherweise ist bisher keine aktuelle detaillierte Papstgeschichte im deutschen Sprachraum erschienen, in die die neuesten Forschungsergebnisse eingearbeitet sind. Die umfangreichste Papstgeschichte mit 16 Bänden stammt von dem berühmten Ludwig von Pastor, der seinen ersten Band 1886 publiziert hat. Pastors Werk bietet eine Fülle von Informationen und ist als Fundgrube unverzichtbar; seinen Interpretationen wird man sich heute oftmals nicht mehr anschließen. Sein apologetischer Grundtenor lässt immer wieder die geforderte Objektivität vermissen.

Einen ersten Überblick über die Papstkinder vermitteln die Genealogien der Papstfamilien[144]. Die Autoren dieses vierbändigen, umfangreichen Werkes haben mit großer Akribie und Sorgfalt alle verfügbaren Archive, auch die entsprechenden Familienarchive, ausgewertet und bieten einen aktuellen und verlässlichen Forschungsstand über die Papstnachkommen.

Geheime und öffentliche Archive

Das vatikanische Geheimarchiv (Archivio Segreto Vaticano) wurde 1882 für Forscher geöffnet, sodass schon Ludwig von Pastor Zugang hatte. Dieses berühmte und nach wie vor geheimnisvolle Archiv mit seinem unerschöpflichen Quellenmaterial umfasst zusammen mit den anderen päpstlichen Archiven und der vatikanischen Bibliothek eine lückenlose Dokumentation über die offizielle Tätigkeit der Päpste: den amtlichen Schriftverkehr, Geldeinnahmen und Ausgaben, die Dispensen und Gnadenerweise, und unter all dem auch die Legitimationsurkunden der unehelichen Kardinalskinder und vieles mehr. Es existiert eine Fülle von Dokumenten, Urkunden, Berichten, Notizen, Briefen, Gerichtsakten, Notariatsakten in diversen Archiven in Rom.

1872 erhielt Ferdinand Gregorovius Einblick in das Archiv der Notare des Kapitols, das nach dem Ende des Kirchenstaates zugänglich wurde. Er fand die Protokolle des Notars Camillo Beneimbene, der alle Verträge für Alexander VI. abwickelte, darunter auch die Eheverträge seiner Kinder mit entsprechenden Angaben. Der Zugang zu dem heutigen Archivio di Stato di Roma gestaltet sich erstaunlich unkompliziert. Bei meiner Vorsprache im November 2001 hatte ich nach einer halben Stunde Wartezeit den Protokollband des Notars Beneimbene in Händen mit den Originalakten der Jahre 1467–1485. Mit Datum vom Januar 1482 finden sich beispielsweise die Dokumente[145] zur Eheschließung von Girolama Borgia, geschrieben auch Jeronima oder Hieronyma, mit Gianandrea Cesarini. Der Brautvater Kardinal Rodrigo Borgia ist bei der Beurkundung persönlich anwesend und erklärt sich als Vater der edlen Jungfrau Hieronyma, die zugleich als Schwester des Petrus Ludovicus de Borgia bezeichnet wird.

Auch in vielen anderen Archiven in Mantua, Venedig, Neapel, Parma, Valencia und Wien lagern nicht wenige papstrelevante Dokumente, die einen Bezug zu den Papstkindern herstellen, insbesondere handelt es sich dabei um die Berichte der Gesandten beim Heiligen Stuhl an ihre Herrscher. Beispielsweise findet sich im Bayerischen Staatsarchiv München ein Dokument über die Hochzeit des Papstsohnes Giacomo Boncompagni im Februar 1576. Darin berichtet ein gewisser Hortensi Tyriacensis an den Herzog Wilhelm V.[146] Die Gesandten schreiben über das Leben in Rom und am päpstlichen Hof und geben dabei natürlich ihre subjektiv gefärbten Eindrücke wieder und ihre Angaben müssen als tendenziöse Berichterstattung gewertet werden. Je nach der politischen Konstellation schreibt der Spanier anders als der Venezianer. Nur eine kritische Sichtweise und sorgfältige Analyse der Quellen ergibt ein ziemlich realistisches Bild des Lebens der Papstkinder.

Erhalten sind auch Rechnungen der päpstlichen Schatzkammer, unter den Ausgaben ist z. B. verzeichnet, dass Paul III. jedes Jahr an Allerseelen zwölf Fackeln am Grab von Alexander VI. anzünden ließ zum ehrenden Gedenken. Erfasst sind hier auch die Ausgaben der Päpste für ihre Kinder, die Mitgift für die Töchter kam aus der päpstlichen Kasse.

Reger Briefwechsel

Typisch für die Zeit ist ein äußerst reger Briefwechsel, die Menschen hatten ein ausgeprägtes Mitteilungsbedürfnis und vor allem, sie haben ihre Briefe aufgehoben, sodass riesige Briefsammlungen vorhanden sind. Man meint, in einem vortechnischen Handy-Zeitalter zu sein, wenn z. B. der Kardinal Ippolito d'Este sich unmittelbar nach der Hochzeitsfeier von Lucrezia Borgia hinsetzt und einen ausführlichen Brief an seine Schwester Isabella von Mantua schreibt. Er will ganz schnell mitteilen, welches Kleid Lucrezia anhatte und wie die Feier abgelaufen ist, im Grunde lauter Belanglosigkeiten. Überhaupt wird sehr viel über die äußere Aufmachung geschrieben, die Mode hatte offensichtlich einen hohen Stellenwert.

Von einem Papst, nämlich Pius II., ist eine umfangreiche Korrespondenz überliefert. Er zeigt sich darin als sprachgewandter Selbstdarsteller, dessen naturpoetische Schilderungen und Reiseberichte auch Einblick in sein Inneres gewähren.

Im Geheimarchiv des Vatikan sind Teile der Privatkorrespondenz von Papst Alexander VI. erhalten geblieben, darunter sieben Originalbriefe seiner Tochter Lucrezia, drei Briefe seiner ehemaligen Konkubine Vannozza, zwei Briefe seiner Geliebten Giulia Farnese vom 10. Juni 1494 und vom 14. August 1494. Wer in Giulias Briefen erotische Andeutungen oder Intimitäten erwartet, wird enttäuscht. Die wirklichen Gefühle werden nicht ausgesprochen. Die Briefe berichten von Alltäglichkeiten und bleiben, was Stil und Form angeht, im üblichen Rahmen. Giulia beginnt mit der Anrede „Padre Santo" (Heiliger Vater) und nennt ihren Liebhaber stilgemäß „Vostra Santita" (Eure Heiligkeit) und sich selbst am Ende „indegna serva e schiava" (unwürdige Dienerin und Sklavin).[147]

Ein Faksimileblatt eines Originalbriefes von Lucrezia wird in den vatikanischen Museen zum Kauf angeboten, es handelt sich dabei um einen Brief an ihren Vater vom 10. Juni 1494[148], geschrieben in Pesaro „manu propria" (mit eigener Hand).

Unterschiedliche Datenlage

Über die Väter wissen wir eine ganze Menge, sie standen im Blickpunkt, ihr kirchenpolitisches und amtliches Handeln ist sehr genau dokumentiert. Was ihre menschliche Seite angeht, ihre Gefühle und ihr Verhalten zu den Müttern ihrer Kinder, so muss man zwischen den Zeilen lesen und aus Indizien schließen. Über die päpstlichen Kinder sind die Informationen verständlicherweise bruchstückhaft. Einige Papstsöhne haben öffentliche Ämter und Funktionen erhalten und wurden selber Gestalten der Geschichte; ihr Leben ist eigenständig dokumentiert. Die Papsttöchter finden weniger Erwähnung, außer ihre Eheschließung wird groß gefeiert. Abgesehen von Lucrezia Borgia, die glanzvolle Auftritte inszenierte, blieben die Papsttöchter im Hintergrund. Ihr Wirken am Papsthof wird deshalb leicht unterschätzt. Sie waren präsenter und einflussreicher als die Geschichtsschreibung bisher wahrgenommen hat. Manche kleine

Notizen lassen sich zu einem Bild zusammenfügen. Immerhin bietet das Dizionario biografico degli Italiani eigene Artikel über die Papsttöchter Felice della Rovere[149] und Costanza Farnese.[150]

Illegitime Kinder stehen normalerweise nicht im Rampenlicht, so sind auch nicht alle Papstkinder berühmt geworden. Zwei haben gleichsam Weltruhm gewonnen: Lucrezia und Cesare Borgia. Über sie ist eine Fülle an Literatur erschienen. Über Cesare etwa sind mehr Bücher geschrieben worden als über seinen Vater, den Papst. Über die Borgias sind in den letzten Jahren neue Monographien publiziert worden, vor allem auch Romane; der Mythos Borgia findet weiter Aufmerksamkeit.

Im Mai 1992 fand in Schwäbisch-Hall ein Borgia-Kongress statt, bei dem der aktuelle Stand der Borgia-Forschung zur Diskussion stand. Es fehlt nicht an Versuchen, durch das Gestrüpp der Legendenbildung hindurch das historische Bild dieser Familie zu finden und zu erklären.

Kritische Sicht der Quellen

Von den zeitgenössischen Geschichtsschreibern sind vor allem Infessura und Guicciardini zu erwähnen.

Stefano Infessura (ca. 1440–ca. 1500)

Er stammt aus einer angesehenen römischen Bürgerfamilie und wurde Senatschreiber. Das klingt bescheiden, war aber damals ein sehr bedeutendes Amt in der Stadtverwaltung. Sein römisches Tagebuch: „Diario della città di Roma", umfasst den Zeitraum von 1484 bis 1494. Seine Urteile über die Päpste sind teilweise haarsträubend, beispielsweise sein Kommentar zum Tod von Sixtus IV.: *„An einem Donnerstag, um 5 Uhr nachts ist Sixtus gestorben. An diesem allerglückseligsten Tage also hat der allmächtige Gott seine Macht auf Erden gezeigt, und hat das christliche Volk aus den Händen dieses gottlosesten und verbrecherischsten Tyrannen befreit, der keine Gottesfurcht kannte, keine liebevolle Hingabe an die Leitung des christlichen Volkes, kein Gefühl christlicher Barmherzigkeit und Liebe, der einzig und allein, immer und ununterbrochen von gemeiner Sinnlichkeit sich beherrschen ließ, von Habsucht und Prachtliebe und leerer Ruhmsucht und der nichts im Herzen trug. Dieser Papst ist, wie es allgemein heißt und wie die Tat-*

sachen bewiesen haben, ein Knabenschänder und Sodomit gewesen."[151]
Und über die Aufbahrung des Leichnams schreibt er ähnlich abfällig und fantasievoll wie dies später Burchard bei Alexander VI. tun
wird: *"Am anderen Morgen ward des Sixtus Leichnam nach der Kirche
von Sankt Peter getragen, mit höchstens 20 brennenden Wachskerzen, in
ein altes goldgesticktes und fast zerfetztes Messgewand gekleidet; nur
wenige Leute begleiteten ihn. Er war ganz schwarz und entstellt, sein Hals
aufgeschwollen, sein Gesicht gleich dem eines Teufels. Seine Seele ward
von allen, die ihn sahen, verflucht und heimlich und offen dem Teufel
empfohlen."*[152]

Francesco Guicciardini

1538 begann er seine berühmte Storia d'Italia, die einen Rückblick
auf die letzten 40 Jahre beinhaltet. Als Schriftsteller wollte er sich
den Ruhm erwerben, der ihm in politischen Ämtern und als Ratgeber von Klemens VII. versagt geblieben ist. Die Stimmungslage des
Werkes ist gekennzeichnet durch „die pessimistische Weltsicht von
Guicciardini"[153] Seine antipäpstliche Einstellung kommt vor allem
bei seiner Wertung von Alexander VI. zum Ausdruck.

Johannes Burchard

Kaum hatte Alexander VI. die Augen geschlossen, da begann schon
ein ideologischer Verdammungsfeldzug und die Hauptquelle dafür
ist der damalige päpstliche Zeremonienmeister, der Straßburger
Johannes Burchard, der Mann, der zu den engsten Mitarbeitern des
Papstes gehörte und fast immer in seiner Nähe war. Dieser Burchard
(auch Burkhard), eine zwielichtige Gestalt, kam von Straßburg nach
Rom und kaufte für 450 Gulden ein Amt an der Kurie und stieg
dann rasch auf zum Zeremonienmeister, ein Posten, den er unter
fünf Päpsten von 1483–1506 innehatte. Burchard führte ein Tagebuch (Diarium oder Liber Notarum), das eigentlich für die Auf-
zeichnung liturgischer Handlungen gedacht war.
*„Vom Original sind nur noch 25 1/2 Seiten im Vatikan erhalten. Das
übrige Manuskript ist verschollen. Abschriften des Manuskriptes sind in
vielen Bibliotheken erhalten. Auch die Münchner Handschrift ist nur die
teilweise veränderte Abschrift einer Kopie, nicht des Originals."*[154]
In den vorliegenden Kopien sind zahlreiche Einschübe und Verän-

derungen zu erkennen und deshalb ist Vorsicht angebracht. Zumal Burchard es sich nicht verkneifen konnte, Details über das Leben im Vatikan aufzuschreiben und seinen Missmut zu artikulieren, auch über Dinge, die er selbst nicht gesehen hat. Das Gebaren und Auftreten des Borgia-Papstes war ihm so sehr zum Ärgernis geworden, dass er seine Abneigung und Verachtung schriftlich festhalten wollte. Dabei hat er auch mit fantasievollen Ausmalungen nicht gespart. Zudem war er ein abergläubischer Mensch, beseelt vom Hexenwahn und von dämonischen Vorstellungen. Da war eine objektive Darstellung nicht zu erwarten.

Unterschiedliche Interpretationen

Auch wenn ein historisches Ereignis klar dokumentiert ist, so ergeben sich unter Umständen viele Interpretationsmöglichkeiten. Ein Beispiel möge dies verdeutlichen:

Am 5. August 1503, einem heißen und schwülen Tag wird abends im Weinberg des Kardinals Adriano da Corneto ein Fest veranstaltet, an dem Papst Alexander VI. mit seinem Sohn Cesare teilnimmt. Am 11. August erkranken beide schwer, am 18. August stirbt der Papst, der sich bis dahin als vitaler und kräftiger Mann einer robusten Gesundheit erfreut hat. Und nun beginnen die Spekulationen:

Die kriminalistische Version besagt, der Papst habe seinem Gastgeber als Geschenk einen vergifteten Wein mitgebracht, bei der Festfeier sei der Wein versehentlich vertauscht worden und die Borgia hätten ihren eigenen Giftwein getrunken und seien daran erkrankt; ohne Zweifel eine interessante Geschichte mit dem Hinweis: das Böse schlägt auf seinen Urheber zurück, interessant, aber ziemlich sicher unwahr.

Die weniger moralisierende Version geht von der Malaria aus, die regelmäßig im heißen August in Rom grassierte. Mord oder Krankheit, Gift oder Malaria: natürlich ließ sich damals die Todesursache nicht zweifelsfrei diagnostizieren, aber Gift passte im Nachhinein besser zu dem Mythos Borgia. Sehr wahrscheinlich ist Alexander eines natürlichen Todes gestorben.

Pinturicchio und Gehilfen,
Fensternische in den ehemaligen Privaträumen Alexanders VI.,
Appartamento Borgia, Vatikan

Papstkinder und ihre Väter: Wenn wir ihren Spuren folgen, welche Erinnerungen und Monumente sind geblieben? Oder sind sie spurlos verschwunden?

Einzelne Impressionen sollen Spuren aufleuchten lassen, Vollständigkeit ist nicht beabsichtigt. Vor allem die Suche nach den Vätern wäre uferlos: die Papstväter waren fast alle bedeutende Gestalten auf dem Stuhl Petri und besonders eifrige Kunstmäzene wie Julius II. und Paul III. An vielen Stellen in Rom haben sie sich verewigt: Peterskirche, Sixtinische Kapelle, Stanzen des Raffael, Kapitolsplatz, überall in Rom sind sie präsent, z. B. auch in der Via Giulia, die Julius II. als Prachtstraße für Banken und Geschäfte hat anlegen lassen, in der Nr. 14 lädt ein Ristorante „Papa Giulio" ein, dieses großen Papstes zu gedenken.

Der Vatikan: Elternhaus der Papstkinder?

Bei der Spurensuche führt der erste Weg zum Vatikan: Hier haben die Papstväter die Kirche geleitet, ihren Kindern kirchliche Ämter verliehen und sie in die päpstliche Politik mit einbezogen. Der Papstsohn Cesare hat einige Zeit hier gewohnt, von seinem Vater ist das Appartamento Borgia erhalten, das die Nachfolger nicht mehr als Wohnung benützen wollten und das heute Teil der Vatikanischen Museen ist. Alexander VI. hat es durch Bernardino Pinturicchio eindrucksvoll ausmalen lassen und dabei natürlich sich selbst nicht vergessen. In einer Darstellung der Auferstehung Christi in der Sala dei Misteri kniet der Papst mit gefalteten Händen, mit einem prächtigen, goldenen Pluviale angetan, der Ring des Bischofs von Rom leuchtet an der rechten Hand. Die Japaner, die interessiert durch das Appartamento gehen, das zur Zeit für Kunstausstellungen zweckentfremdet wird, halten den abgebildeten Papst sicher für einen frommen Mann, die römischen Prälaten sind da wohl anderer Meinung.

Der Pontifex zu Füßen des Auferstandenen stellt eine eigenartige Bildkomposition dar, die in dieser Weise sonst nicht vorkommt. Pinturicchio zeigt hier das Amtsverständnis von Alexander: *„Das sakrale Bild wird zur Vision eines regierenden Papstes und aus dieser Vision wird ein kirchenpolitisches Programm. ... Damit wird die gedankliche*

Verbindung des Pontifikats mit dem Triumph Christi über den Tod und die Ankündigung seiner ewigen Herrschaft hergestellt, das Fresko im Appartamento Borgia zeigt Alexander VI. als Vicarius Christi. Für eine Deutung des Bildnisses Alexanders als Repräsentation eines Herrschaftsgedankens spricht der Aufbau der Darstellung, die den Gedanken der Fürbitte nicht aufkommen lässt."[155]

Im Vatikan, dem Amtssitz der Väter wurden glänzende Hochzeiten gefeiert, hier sind Papstkinder aus- und eingegangen, hier haben Enkel und Neffen als Kardinäle an offiziellen Veranstaltungen teilgenommen und hier wurde immer wieder über viele Jahrzehnte päpstliche Familie sichtbar und erfahrbar. Allerdings war der Vatikan nie Elternhaus, wohl aber Residenz und Palast der Väter, zugleich ein exquisites und romantisches Ambiente für Familienfeste. Umsonst gestaltet sich die Suche nach einem Familienbild im Vatikan. Kein Pontifex hat es gewollt oder gewagt, sich im Kreise seiner Kinder abbilden zu lassen. Familienbilder im weiteren Sinn existieren dagegen schon: z. B. Sixtus IV. mit seinen Neffen, Paul III. mit seinen Enkeln. Vermutungen, dass Papstkinder gleichsam versteckt im Appartamento Borgia dargestellt sind, treffen nicht zu. Die berühmte Katharina trägt keineswegs die Züge der Papsttochter Lucrezia und ein Grabwächter stellt auch nicht Juan Borgia dar. Sabine Poeschel widerspricht diesen Annahmen entschieden: *„Die Identifizierung des Grabwächters als Juan oder Cesare Borgia muss daher zurückgewiesen werden."*[156]

Die Spurensuche in Rom führt vorbei an der Engelsburg, in der Cesare, der Papstsohn, Zuflucht gesucht hatte nach dem Tod seines Vaters. Alexander VI. hat hier durch Pinturicchio einige Räume ausgestalten lassen.

Kardinalspaläste

Biegt man in den Corso Vittorio Emanuele II ein, so trifft man bald auf die kleine, romantische Piazza Sforza-Cesarini mit einem mächtigen Palazzo gleichen Namens, den sich einst Kardinal Rodrigo Borgia erbauen ließ und in dem er rauschende Feste gefeiert hat. In einem Brief erwähnt Pius II. diesen Palast als ein „riesiges, hochaufragendes Haus", das aus Anlass einer Prozession besonders fantasievoll geschmückt war. Die geschmackvolle und hochwertige Inneneinrichtung ist allen Besuchern aufgefallen. Kardinal Ascanio

Sforza, der bei Rodrigo Borgia zum Abendessen eingeladen war, beschrieb in einem Brief an seinen Bruder Ludovico il Moro das Innere der Kardinalswohnung:

„Das Haus war hervorragend eingerichtet und verfügte über einen ersten Saal, der ganz mit bemalten Tapisserien geschmückt war, bei dem Saal ist ein anderer Raum, der ganz mit sehr schöner Tapisserie verkleidet ist, mit Teppichen auf dem Boden, die gut zu der übrigen Ausstattung passten, und mit einem ganz mit karmesinrotem Samt bezogenen Himmelbett, und hier gab es eine Kredenz voller sehr gut gearbeiteter Gold- und Silbergefäße. Dahinter waren zwei weitere Zimmer, eines mit edelsten Wandteppichen und Läufern auf dem Boden ausgestattet, mit einem weiteren Himmelbett aus Alexandrinischem Samt; das andere Zimmer war noch viel reicher geschmückt als die genannten, mit noch einem Bett, das mit Goldbrokat bezogen war."[157]

An kostbaren Betten war also in diesem Palast kein Mangel, für den ehelosen Besitzer eine reiche Ausstattung. Nach seiner Papstwahl schenkte Alexander VI. diesen Palast dem Kardinal Ascanio Sforza, vermutlich als Dank für dessen Stimme im Konklave. Von den Sforza ging der Palast später auf die Cesarini über. Von der ursprünglichen Bausubstanz ist nicht mehr viel erhalten, einige Teile gingen in einen 1888 errichteten Neubau ein. Der Palazzo befindet sich heute in Privatbesitz.

Wer vom Corso zum Campo dei Fiori abbiegt, findet auch unweigerlich den berühmtesten Kardinalspalast, den Palazzo Farnese. Alessandro Farnese hat ihn 1514, damals schon vierfacher Vater, von Sangallo beginnen lassen. Für die etwa 300 Mitglieder seines Hofstaates wurde der Palazzo entsprechend dimensioniert, seine harmonische Form verdankt der Palast Michelangelo. Phasenweise haben die Kinder von Paul III. hier gewohnt, sein Enkel Alessandro hat eine prächtige und fürstliche Inneneinrichtung schaffen lassen. 1911 kaufte der französische Staat diesen Palast, der heute als französische Botschaft für Besucher nicht frei zugänglich ist.

Sensationeller Fund in San Marco

San Marco an der Piazza Venezia: jeder Tourist kennt diesen Platz, die Kirche ist eine beliebte Hochzeitskirche der Römer. Wenn sich nach der Trauung das Brautpaar in der Eingangshalle fotografieren lässt, kommt vielleicht zufällig eine verwitterte Steinplatte an der

Brief von Vannozza de Cattanei an Alexander VI. (Archiv Vatikan).
Der undatierte, eigenhändig geschriebene Brief schließt folgendermaßen:
„Die Tag und Nacht für das Leben Eurer Heiligkeit betet,
Vannozza de Catanj."

Grabplatte der Vannozza Cattanei, Eingangshalle S. Marco, Rom rechten Seitenwand mit ins Bild. Gewiss schwer zu entziffern, doch mit einiger Mühe lesbar: „VANOTIAE CATHANEAE" und dann folgen ihre vier Kinder CESARE VALENTIAE, JOANNE GANDIAE, JAFREDO SCYLATII ET LUCRETIAE FERRARIAE".

Rühmenswertes über sie selbst ist nicht vergessen, man liest „PRUDENTIA" (Klugheit) und dass sie sich ausgezeichnet hat durch auffallende Frömmigkeit.

Hierher verschlagen hat es die originale Grabplatte mit den Namen der Vannozza Cattanei, der Geliebten des Kardinals Rodrigo Borgia, und ihrer gemeinsamen Kinder. Als 1948 bei Restaurierungsarbeiten im Fußboden zufällig die Grabplatte von Vannozza entdeckt wurde, werteten Historiker dies als sensationellen Fund. Ursprünglich war diese Grabplatte in Santa Maria del Popolo, wo Vannozza begraben wurde. Mitte des 18. Jahrhunderts war sie dort spurlos verschwunden, sie kam wohl zum Abfall. Da der Römer aber nichts wegwirft, was weiter verwendbar ist, wurde die Platte als Bodenbelag am Haupteingang von San Marco verwendet, allerdings mit der Inschrift nach unten. Diese Grabplatte ist wirklich eine Rarität, ein echtes Dokument, ein Erinnerungsstück in Stein an die berühmteste Geliebte eines Kardinals und späteren Papstes, ein rühmendes, großzügiges Dokument fern aller moralisierender Verdammung. Als der Autor dieses Buches die Grabplatte fotografierte, kam zufällig der Pfarrer von San Marco vorbei und schaute nicht wenig erstaunt, dass da ein „Tedesco" auf der Suche nach den Papstkindern diesen Vannozza-Erinnerungsstein inspizierte. Mit einem verständnisvollen Lächeln antwortete der Pfarrer auf den Hinweis, diese verwitterte Steinplatte sei ein Zeugnis einer großen „Storia d'amore" und beide, Rodrigo und Vannozza könnten in ihrer Kinderliebe Vorbild für jedes Brautpaar sein, weshalb der Pfarrer doch einmal bei einer Trauungspredigt an diese tapfere und großartige Frau erinnern solle.

Am Corso nahe bei der Piazza Venezia steht die große Jesuitenkirche Il Gesù, der Prototyp vieler mächtiger Barockkirchen. Ihre Entstehung verdankt sie dem Zusammenwirken von zwei Papstnachkommen, des Papstenkels Alessandro Farnese und des Papsturenkels Francesco Borgia. An der gesäuberten Hauptfassade prangt ein Schriftband in großen Buchstaben „ALEXANDER CARDINALIS FARNESIUS", wobei das FARNESIUS genau in der Mitte über dem Haupteingang steht. Hier hat sich der Enkel von Paul III. für die

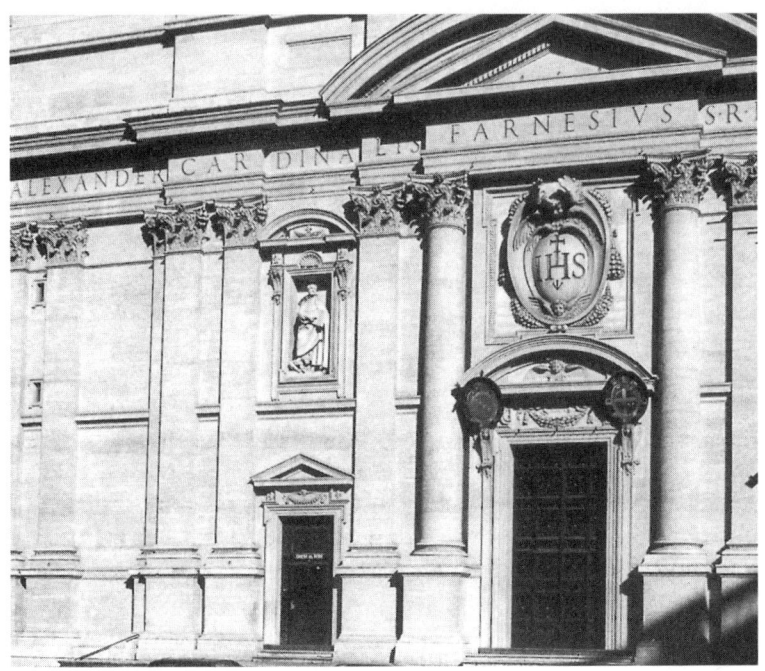

Il Gesù, Rom

Nachwelt verewigt, zugleich mit einem Loblied auf die Familie Farnese. Unbestreitbar hatte der reiche und kunstsinnige Kardinal große Verdienste um diesen Kirchenbau, er hat die Finanzierung übernommen und wurde auch dort 1586 begraben. Eine runde Marmorplatte mit sechs Lilien und einem Kardinalshut in der Mitte direkt vor dem Hauptaltar zusammen mit einer rechteckigen Platte mit dem Namen des Kardinals ist ein deutliches Erinnerungsstück an diesen Papstenkel.

Vergessen ist dagegen der Urenkel von Alexander VI., Francesco Borgia, der als Jesuitengeneral den Bau der Kirche in die Wege geleitet hat. Er wurde zwar heilig gesprochen, aber diesen heiligen Borgia auf einem Altar so recht zur Schau stellen, wollten die Jesuiten dann doch nicht. Eine Seitenkapelle hinten beim Eingang ist dem Andenken von Francesco Borgia gewidmet, aber sie dient eher als Abstellraum als der Ehre eines Heiligen.

Pompöse Grabmäler der Papstväter

Die bekannten Papstväter wollten auch nach ihrem Tod nicht in verborgenen Nischen vergessen werden, sie haben sich bewusst für die Nachwelt mit imponierenden Gesten in Szene gesetzt und für eindrucksvolle Grabmäler gesorgt – mit Ausnahme von Alexander VI.

Innozenz VIII.: Sein Grabmal aus der alten Petersbasilika wurde in das linke Seitenschiff der neuen Peterskirche übertragen.

Gregor XIII.: Auch der Vater des letzten bekannten Papstsohnes hat es zu einem mächtigen Grabmal in der Peterskirche gebracht.

Julius II.: Eine Attraktivität für jeden Rombesucher ist ohne Zweifel die Kirche San Pietro in Vincoli. Es sind aber weder das Kirchengebäude noch die Ketten des Apostels, welche die Menschen anziehen; die Touristen strömen vielmehr nach innen und bleiben verzückt und begeistert vor einer Statue Michelangelos stehen, dem berühmten Moses, der Figur in der Mitte des Grabmals für Julius II. Niemand kommt wegen des Papstes, vielmehr geht es den Besuchern um die grandiose Plastik des genialen Renaissancekünstlers. Julius wollte ja ein ganz anderes Grabmal, er legte den Grundstein für die neue Peterskirche, in deren Mitte sein Grabmal errichtet werden sollte, ein monumentales Gebilde. Das Projekt war zu riesig dimensioniert und nicht zu realisieren, deshalb wurde die kleine Lösung in Vincoli gewählt. Nach viel Ärger und Aufregung sprach Michelangelo am Ende von der „tragedia della tomba".

Die nackte Gerechtigkeit

Der fromme Rompilger, der die Peterskirche betritt, sucht natürlich keine Papstväter, ein Begriff, der wesensfremd und ungewohnt ist. Der Pilger tut sich schwer, Zeichen echter Frömmigkeit zu finden, er geht vorbei an der Petrusstatue mit dem glänzenden Fuß, geht am Papstaltar vorbei, ganz nach vorne und kommt zur Apsis der Kirche, sieht vor sich die „Kathedra Petri" und die Alabasterrosette von Bernini. Hier schweift sein Blick unvermeidbar etwas nach links, und er bemerkt in einer Wandnische eine mächtige Bronzestatue, die sich nach vorne beugt, und zu ihren Füßen zwei rätselhafte Frauengestalten.

Die Inschrift auf einem Medaillon klärt auf: „PAULO III. FARNESIO", wie so oft darf auch die Familie nicht fehlen, und bei ihm ist

Grabmal Pauls III., St. Peter, Rom-Vatikan

dieser Zusatz besonders aussagekräftig, weil er das Geschlecht der Farnese mit päpstlichem Segen überhäuft hat. Der Papst hat die rechte Hand etwas erhoben, dies ist kein Segensgestus, eher kann es als Friedengruß interpretiert werden, Paul III. erscheint als Friedenspapst. Er trägt keine päpstlichen Insignien, religiöse Symbole oder Zeichen sind an diesem Grabmal nicht zu entdecken. Guglielmo della Porta schuf dieses Monumentalgrab im Auftrag von Kardinal Alessandro Farnese, im Heiligen Jahr 1575 wurde es feierlich enthüllt.

Was aber bedeuten die zwei seltsamen, halbliegenden Frauenfiguren, von denen eine mit bloßem Oberkörper in einen Spiegel schaut, den sie in der rechten Hand hält, wobei sie die nackten Brüste einer älteren Frau zeigt? Die zweite junge und kräftige Gestalt mit einem eindrucksvollen Lockenkopf, in der linken Hand einen Schlüssel, streckt ihre blanken Knie dem Betrachter entgegen. Ursprünglich war der Papst von vier weiblichen Skulpturen umgeben, Symbolgestalten, welche die vier Tugenden verkörperten:

Justitia (Gerechtigkeit)   *Prudentia (Klugheit)*
Pax (Friede)   *Abundantia (Überfluss)*.

Im Jahr 1628 wurde Pauls Grabmal an seinen heutigen Platz in der Apsis der Peterskirche versetzt, dabei wurden zwei Statuen in den Palazzo Farnese gebracht, geblieben sind „Prudentia" und „Justitia". Die Allegorie der Gerechtigkeit war, warum auch immer, vollkommen nackt. Der regierende Papst Gregor XIII. fand rühmende Worte für das Monument und störte sich nicht an der nackten Liegenden. Als dann Klemens VIII. nach seiner Krönung die Peterskirche besichtigte, war er entsetzt über die Hüllenlose zu Füßen von Paul III. Er verlangte Verhüllung oder Entfernung, und der Kardinal Odoardo Farnese bestellte 1595 ein Metallhemd, das der Justitia anzogen wurde. „*Das Metallkleid, das der Papst der Statue anlegen ließ, verfehlte völlig die gewünschte Wirkung und erhöhte ganz im Gegenteil die erotische Faszination des Marmorbildes. Schließlich entdeckte man, dass das verhüllende Metall nicht fest angeschmiedet war, sondern sich abnehmen ließ. ... Als sich herumsprach, dass das Metallhemd abnehmbar war, wurde der nackte Körper der Statue zu einem der beliebtesten römischen Pilgerziele aus aller Herren Länder. Nach dem Bericht eines deutschen Reisenden kostete es einen Zechin, das Metallkleid abnehmen zu lassen, um die schöne Marmorskulptur wieder nackt anschauen zu können.*"[158]
Frauen als Symbolfiguren für Tugenden sind ein geläufiges Bild und

zu Füßen eines Papstes nicht ungewöhnlich. Sie haben im konkreten Fall natürlich die Fantasie angeregt. Da erschien Paul III. umgeben von Frauen aus seinem Leben, man dachte an seine Tochter Costanza, seine Mätresse Silvia Ruffini, seine Schwester Giulia und seine Mutter Giovannella. Die Papsttochter Costanza sah man in der Statue der Justitia, und es muss auch heute nicht verboten sein, die Tochter nahe bei ihrem Vater zu sehen.

Auch mit einem Metallhemd versehen, verkörpert die Justitia zu Füßen des Papstes und im Zentrum der Peterskirche ein unkompliziertes Verhältnis zur Leiblichkeit, das der Kirche irgendwann abhanden gekommen ist. Wenn heute eine Kirchenbesucherin den Petersdom betreten wollte, ähnlich bekleidet wie die Justitia, sie hätte keine Chance. Die Aufseher am Eingang würden hindeuten auf die Warnhinweise für geziemende Bekleidung und ihr den Eintritt verwehren.

Papst ist nicht gleich Papst

Wo lässt sich ein Foto vom Grabmal Alexanders VI. machen? Wo ruhen die Gebeine dieses Papstes? Vor vierhundert Jahren hätten manche gesagt, es gibt sie gar nicht, er ist mit Haut und Haaren in die Hölle gefahren. Vielleicht hat man ihn auch spurlos verschwinden lassen, um sein Andenken auszulöschen. In der Peterskirche mit der Fülle von Papstgräbern ist Alexander VI. jedoch nicht zu finden.

Fast vierhundert Jahre hatte er kein Grabmal, aber heute lässt sich eines ausmachen. Eingedenk dessen, dass Alexander Spanier war, entdecken wir seine letzte Ruhestätte in der spanischen Nationalkirche Santa Maria di Monserrato, nicht weit entfernt vom Palazzo Farnese. Die Kirche wurde auf Veranlassung Alexanders 1495 von Antonio da Sangallo dem Älteren für seine Landsleute, die Katalanen und Aragonesen, erbaut. Francesco da Volterra errichtete im 16. Jahrhundert die Fassade. In der ersten Kapelle rechts hinten befinden sich die Gräber der beiden spanischen Päpste Kalixt III. und Alexander VI. Angehörige des spanischen Adels haben hier 1889 ein Grabmonument mit einem Marmorsarkophag in der Seitenwand der Kapelle in Auftrag gegeben, versehen mit den Porträt-Medaillons ihrer Landsleute. Eine Kommunität aus Valencia sorgte im Jahre 2000 für die Renovierung dieser Kapelle. Fast 300 Jahre waren die Gebeine der Päpste pietätlos in einem Winkel der Sakristei in einer staubigen Bleikiste abgestellt. Während sich die Nachfolger der spanischen Päpste prunkvolle Gräber bestellten, dachte keiner an ein einigermaßen würdiges Grabmal für diese beiden.

Papst ist eben nicht gleich Papst, Pietät den Vorgängern gegenüber nicht durchgängig päpstlicher Stil. Dabei hatte Alexander seinen Onkel Kalixt III. in der spanischen Nationalkapelle von Alt-St. Peter, S. Maria della Febbre begraben und für ihn eine Gruft anlegen lassen. Dort wurde auch er selbst bestattet. Aber mit dem Neubau von St. Peter wurde diese Kapelle den Kanonikern von St. Peter als Sakristei übergeben, sie haben die Grabdenkmäler zerstört. 1585 wurden die Särge geöffnet und die Gebeine in eine Bleikassette eingeschlossen und im Vorraum einer Orgel aufbewahrt. Ein spanischer Protonotar der Kurie hat sie dann im Jahre 1610 in der Abenddämmerung still und unauffällig nach S. Maria di Monserrato überführt, wo sie dann bis 1889 in der Sakristei verblieben.

„Gefallen auf dem Feld von Viana"

Diese leicht theatralische Inschrift auf einer Marmorplatte am Haupteingang des Domes Santa Maria in Viana in Spanien, lässt an Soldaten der beiden Weltkriege denken, aber das Datum macht stutzig: 11. März 1507 und dazu der Name Cesare Borgia. 1953 wurden die Gebeine eines Mannes, welche 1945 gefunden worden waren und Cesare zuzuschreiben sind, mit einer feierlichen Prozession, einem spanischen Festzug, neu beigesetzt unter der besagten Grabplatte. 1965 wurde eine Bronzebüste von Cesare bei der Kirche Santa Maria aufgestellt. Hier in Viana ist er bis heute unvergessen, der berühmteste Papstsohn. Während er in Italien keine sichtbaren Spuren hinterlassen hat, ist er in Navarra neu zur Symbolfigur geworden.

Nach seinem Tod war Cesares Leichnam im Dom zu Viana beigesetzt worden, und zwar auf Weisung des Königs von Navarra direkt vor dem Hochaltar. Ein Gedenkstein markiert diesen Platz bis heute. Dazu wurde ein Grabmonument errichtet. Später wurde alles entfernt, weil Bischof und Domherren von Viana sich weigerten, über den Gebeinen des berüchtigten Papstsohnes Gottesdienst zu feiern, wobei sie wohl nicht daran dachten, dass dieser Verstorbene einmal Bischof von Pamplona und Erzbischof von Valencia war.

Grabmal Kalixt' III. und Alexanders VI., S. Maria di Monserrato, Rom

Jedenfalls wurden seine Gebeine vor der Kirchentüre beigesetzt und dort eben 1945 wieder aufgefunden. Erstaunlich ist, dass Cesare an diesem Ort geehrt wird, an dem er nur kurze Zeit gelebt hatte. Heute ist Viana eine Kleinstadt mit ca. 4000 Einwohnern, die auf dem Jakobsweg zwischen Pamplona und Burgos liegt, nahe bei Logrono. Die Pilger und Touristen, die hier Halt machen und vielleicht in dem Pilgerhospiz übernachten, mögen sich verwundert die Augen reiben an der Gedächtnisstätte des Cesare Borgia, dessen verschlungener Lebensweg hier ein überraschendes Ende gefunden hat.

Ein Gegenstand, der für Cesare eine besondere Bewandtnis hatte, ist erhalten geblieben, nämlich sein Schwert, *„das noch heute im Britischen Museum in London zu sehen ist. Es trägt unter anderem die Gravuren: Cum nomine Cesaris omen – iacta est alea – aut Caesar aut nihil: Mit Caesars Namen als Omen – Der Würfel ist gefallen – Entweder Cäsar oder gar nichts. Dieses Schwert hat Cesare sich anfertigen lassen, nachdem er, wie Julius Caesar, bei Rimini den Rubicon überschritten hat."*[159]

Osuna, Ferrara und Tivoli

Zwei Papstsöhne haben nach einiger Wanderschaft in Osuna ihre letzte Ruhestätte gefunden. Pedro-Luis und Juan Borgia, die ersten Herzöge von Gandia, wurden in Rom in der Kirche Santa Maria del Popolo beigesetzt. Später wurden ihre Gebeine nach Gandia bei Valencia überführt. Als die Herzöge von Osuna das Herzogtum Gandia erbten, verlegten sie sämtliche Gräber nach Osuna bei Granada.

Dass wir das Grab der berühmten Papsttochter Lucrezia in Ferrara finden, leuchtet ein, der genaue Ort ist der Chor des Klosters Corpus Domini. In der Weihnachtsnacht 1665 wurde Lucrezias Grab durch eine Feuersbrunst schwer beschädigt.

Eine Kuriosität sollte nicht unerwähnt bleiben: eine Stirnlocke Lucrezias, die sie einst dem Dichter Bembo verehrt hatte, ist von diesem sorgfältig gehütet worden und liegt heute mit seinen berühmten Schriften in der Bibliotheca Ambrosiana in Mailand.

Lucrezias Sohn Ippolito d'Este, der Papstenkel und berühmte Kardinal, hat sich selber ein prächtiges Denkmal erbauen lassen, nämlich die Villa d'Este in Tivoli bei Rom. Beim Konklave im Jahr 1550 votierte Ippolito für den Kardinal del Monte, der sich als Julius III.

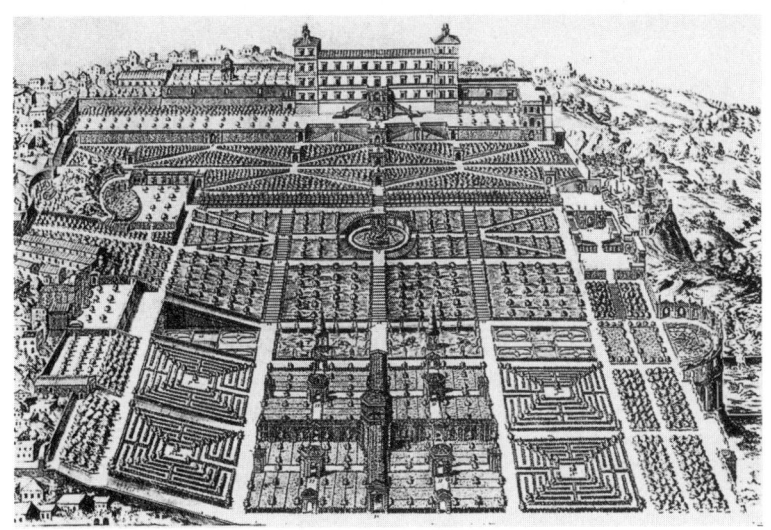

Étienne Dupérac, Villa d'Este in Tivoli, 1573, Biblioteca Nazionale, Rom

dankbar zeigte und d'Este zum Statthalter von Tivoli berief. Sofort ließ sich Ippolito einen prächtigen Palast errichten samt einer grandiosen Gartenanlage mit einer Vielzahl fantasievoller Brunnen. Wer in diesem exotischen Park den Wasserspielen zuschaut, kann sich hineindenken in das Lebensgefühl eines herrschaftlichen Kardinals und Enkels Alexanders VI. Und vielleicht sieht der Blick zurück den Herrn Kardinal mit seiner erwachsenen Tochter spazieren gehen auf dem „viale delle Cento Fontane"[160]. Mit ihren langen blonden Haaren erinnert sie an seine Mutter Lucrezia, die Papsttochter, die, bis heute unvergessen, aus dem Brunnen der Nymphen und Sibyllen hervorzutauchen scheint.

PÄPSTE UND IHRE KINDER

1. Päpste im 10. Jahrhundert

Sergius III.	904–911
Sohn: Johannes XI.	931–935

2. Päpste im 15. und 16. Jahrhundert (Renaissancepäpste)

Fünf Päpste haben ihre Kinder anerkannt und diese sind öffentlich als Papstkinder aufgetreten.

Innozenz VIII.   1484–1492
Zwei Kinder: Franceschetto und Theodorina Cibo

Alexander VI.   1492–1503
Zehn Kinder: Pedro-Luis, Girolama, Isabella, Cesare, Juan, Lucrezia, Jofré, Laura, Giovanni, Rodrigo Borgia

Julius II.   1503–1513
Drei Töchter: Giulia, Felice, Clarice della Rovere

Paul III.   1534–1549
Vier Kinder: Costanza, Pier Luigi, Paolo, Ranuccio Farnese

Gregor XIII.   1572–1585
Ein Sohn: Giacomo Boncompagni.

Zwei Päpste hatten ohne Zweifel Kinder, über die jedoch nicht viel bekannt ist.

Pius II.   1458–1464
           Zwei Söhne

Pius IV.   1559–1565
Drei Kinder: ein Sohn und zwei Töchter

Bei einigen Päpsten ist die Quellenlage unklar: Sie haben vielleicht, vermutlich, wahrscheinlich Kinder gehabt, diese aber nicht öffentlich anerkannt.

Klemens VII.   1523–1534
Sohn Alessandro de' Medici ?

Kalixt III.   1455–1458
Sohn Francesco Borgia

Paul II.   1464–1471

Sixtus IV.   1471–1484

Pius III.   1503–1503

Julius III.   1550–1555
Sohn Innocenzo del Monte?

Päpste von 1455–1585

Papstname	Pontifikat[161]	Familienname	Herkunft
Kallixt III. +	8. 4.1455– 6. 8.1458	Alonso de Borja	Jativa/Spanien
Pius II. *	19. 8.1458–15. 8.1464	Enea Silvio Piccolomini	Corsignano-Pienza
Paul II.	30. 8.1464–26. 7.1471	Pietro Barbo	Venedig
Sixtus IV. +	9. 8.1471–12. 8.1484	Francesco della Rovere	Celle Ligure, Savona
Innozenz VIII. *	29. 8.1484–25. 7.1492	Giovanni Battista Cibo	Genua
Alexander VI. *	11. 8.1492–18. 8.1503	Rodrigo de Borja	Jativa/Spanien
Pius III.	22. 9.1503–18.10.1503	Francesco Todeschini Piccolomini	Siena
Julius II. *	31.10.1503–21. 2.1513	Giuliano della Rovere	Albissola, Savona
Leo X.	11. 3.1513– 1.12.1521	Giovanni de' Medici	Florenz
Hadrian VI.	9. 1.1522–14. 9.1523	Adrian von Utrecht	Utrecht
Klemens VII. +	19.11.1523–25. 9.1534	Giulio de'Medici	Florenz
Paul III. *	13.10.1534–10.11.1549	Alessandro Farnese	Canino, Viterbo
Julius III. +	7. 2.1550–23. 3.1555	Giovan Maria Ciochi del Monte	Rom
Marcellus II.	9. 4.1555– 1. 5.1555	Marcello Cervini	Montefano, Macerata
Paul IV.	23. 5.1555–18. 8.1559	Gian Pietro Carafa	Capriglia, Avellino
Pius IV. *	25.12.1559– 9.12.1565	Giovanni Angelo Medici	Mailand
Pius V.	7. 1.1566– 1. 5.1572	Antonio Ghislieri	Alessandria
Gregor XIII. *	13. 5.1572–10. 4.1585	Ugo Boncompagni	Bologna

* Von diesen Päpsten sind Kinder sicher bezeugt
\+ Eigene Kinder werden vermutet

LITERATURANGABEN

Archivum Historiae Pontificiae, hg. v. Pontificia Universitas
   Gregoriana, Bd. 38, Roma, 2000
Barth, Reinhard / Bedürftig, Friedemann: Taschenlexikon Päpste,
   München, 2000
Berger, Frederik: Die Geliebte des Papstes, Berlin, 2001 (Roman)
Buchowiecki, Walter: Handbuch der Kirchen Roms, Wien, 1967,
   3 Bände
Büchel, Daniel/Reinhardt, Volker (Hg.): Die Kreise der Nepoten,
   Bern, 2001
Burchard, Johannes: Tagebuch: Ausgabe von Luca Bianchi:
   Alla corte di cinque Papi, Milano, 1988
Burke, Peter: Die europäische Renaissance, München, 1998
Burman, Edward: Italienische Dynastien, Bergisch-Gladbach, 1991
Cardini, Franco: An den Höfen der Päpste, Glanz und Größe der
   Weltmacht Vatikan, Augsburg, 1996
Castiglione, Baldesar: Das Buch vom Hofmann, übersetzt von
   Fritz Baumgart, München, 1986
Chamberlin, E. R.: Unheilige Päpste, Tübingen u. Stuttgart, 1971
Cleugh, James: Die Medici – Macht und Glanz einer europäischen
   Familie, Augsburg, 1996
Decker-Hauff, Hansmartin: Gärten und Schicksale, Historische Stätten
   und Gestalten in Italien, Stuttgart, 1992
Denzler, Georg: Das Papsttum: Geschichte und Gegenwart,
   München, 1997
Denzler, Georg: Das Papsttum und der Amtszölibat, 2. Teil,
   Stuttgart, 1976
Diju, Rosine de: Des Kaisers Frauen, Stuttgart, 1999
Dizionario biografico degli Italiani, Rom, 1960 ff
Durant, Will: Kulturgeschichte der Menschheit, Bd. 8: Glanz und
   Zerfall der italienischen Renaissance, Frankfurt a. M., 1981,
   unveränderte Aufl. v. 1954
Enciclopedia dei Papi, Roma, 2000, 3 Bände
Fuhrmann, Horst: Die Päpste: von Petrus bis Johannes Paul II.,
   München, 1998
Garin, Eugenio (Hg.): Der Mensch der Renaissance,
   Frankfurt a. M., 1996
Geerk, Frank: Das Liebesleben des Papstes: Der verschwiegene Nachlass
   des Enea Silvio Piccolomini; Düsseldorf-Zürich,
   1997 (Roman)

Gilbert, Felix: Guicciardini, Machiavelli und die Geschichts-
    schreibung der italienischen Renaissance, Berlin, 1991
Haidacher, A.: Geschichte der Päpste in Bildern, Heidelberg, 1965
Haller, J.: Das Papsttum, Idee und Wirklichkeit, 5 Bände,
    Tübingen, 1950–1953
Hiller, Helmut: Die Geschäftsführer Gottes, Hamburg, 1983
Hochrenaissance im Vatikan: Kunst und Kultur im Rom der Päpste,
    Hg.: Kunst- und Ausstellungshalle der Bundesrepublik Deutschland,
    Ausstellungskatalog, Bonn, 1999
Hoeges, Dirk: Niccolò Machiavelli: Die Macht und der Schein,
    München, 2000
Infessura, Stephano: Römisches Tagebuch, übersetzt u. eingeleitet von
    Hermann Hefele, Düsseldorf/Köln, 1913, Nachdruck 1979
Johnson, Paul (Hg.): Das Papsttum, von seinen Anfängen bis zur
    Gegenwart, Stuttgart, 1998
King, Margaret L.: Frauen in der Renaissance, München, 1998, Engl.
    Originalausg. 1991
Krabs, Otto: Wir von Gottes Gnaden, München, 1996
Kühner, Hans: Tabus der Kirchengeschichte, Nürnberg, 1971
Kühner, Hans: Lexikon der Päpste, Wiesbaden, 1977,
    Neuaufl. 1991
Küng, Hans: Kleine Geschichte der katholischen Kirche,
    Berlin, 2002
Kurzel-Runtscheiner, Monica: Töchter der Venus – Die Kurtisanen
    Roms im 16. Jahrhundert, München, 1995
Lexikon der Päpste und des Papsttums, Freiburg, 2001
Pastor, Ludwig von: Geschichte der Päpste seit dem Ausgang des
    Mittelalters, 16 Bände, Freiburg, 1886–1933
Piccolomini, Enea Silvio: Briefe – Dichtungen, München, 1966,
    übers. von Mell u. Abel
Ranke, Leopold von: Die römischen Päpste in den letzten vier Jahrhun-
    derten, Essen, 1996
Re, Del (Hg): Vatikanlexikon, Augsburg, 1998
Reinhardt, Volker (Hg.): Die großen Familien Italiens,
    Stuttgart, 1992
Reinhardt, Volker: Die Renaissance in Italien, München 2002
Reinhardt, Volker: Rom, München, 1999
Reese, Thomas J.: Im Inneren des Vatikan: Politik und
    Organisation der katholischen Kirche, Frankfurt a. M., 1998
Rosa, Peter de: Gottes erste Diener: Die dunkle Seite
    des Papsttums, München, 1989

Savonarola, Predigten und Schriften, hg. v. Mario Ferrara, Salzburg, 1957

Schimmelpfennig, Bernhard: Das Papsttum: von der Antike bis zur Renaissance, 3. unveränd. Aufl. Darmstadt, 1988

Schnitzer, Joseph: Savonarola, München, 1924

Schwarze, Michael (Hg.): Der neue Mensch, Regensburg, 2000

Seppelt, Franz Xaver: Geschichte der Päpste von den Anfängen bis zur Mitte des 20. Jahrhunderts, 5 Bände, Bd. 4 und 5 neu bearbeitet von G. Schwaiger, 1954–1959

Smolinsky, Heribert: Kirchengeschichte der Neuzeit I, Düsseldorf, 1993

Schmugge, Ludwig (Hg.): Illegitimität im Spätmittelalter, München, 1994

Schmugge, Ludwig: Kirche, Kinder, Karrieren: Päpstliche Dispense von der unehelichen Geburt im Spätmittelalter, Zürich, 1995

Shaw, Christine: Julius II. The Warrior Pope, Oxford, 1993

Völkel, Markus: Römische Kardinalshaushalte des 17. Jahrhunderts, Tübingen, 1993

Weber, Christoph: Genealogien zur Papstgeschichte, Stuttgart, 1999 ff, 4 Bände

Weber, Christoph: Senatus Divinus: Verborgene Strukturen im Kardinalskollegium der frühen Neuzeit (1500–1800), Frankfurt a. M., 1996

Widmer, Berthe (Hg.): Enea Silvio Piccolomini, Papst Pius II. Ausgewählte Texte aus seinen Schriften, Basel, 1960

Wucher, Albert: Die Päpste, Freiburg, 2000

Zimmermann, Harald: Das dunkle Jahrhundert, Graz, 1971

Spezielle Literatur über die Borgia-Familie

Bradford, Sarah: Cesare Borgia: ein Leben in der Renaissance, Hamburg, 1979

Brambach, Joachim: Die Borgia: Faszination einer Renaissance-Familie, München, 1995

Grillandi, Massimo: Lucrezia Borgia, Düsseldorf, 1991, Original-Ausgabe 1984

Cloulas, Ivan: Die Borgias: Biographie einer Familiendynastie, 4. Aufl. Düsseldorf, 1994

Ferrara, Orestes: Alexander VI. Borgia, Zürich, 1957

Gregorovius, Ferdinand: Lucrezia Borgia, Stuttgart, 1871, Ausgabe München 1982

Güttich, H: Die andere Lucrezia Borgia, Berg, 1987

Hermann-Röttgen, Marion: Die Familie Borgia: Geschichte einer Legende, Stuttgart-Weimar, 1992

Hermann-Röttgen, Marion (Hg.): Die Borgia zwischen Wissenschaft und Kunst – ein Kongress in Schwäbisch Hall, Stuttgart, 1996

Mallett, Michael: The Borgias, Chicago, 1987

Montalbán, Manuel Vázquez: Kaiser oder nichts, Berlin, 1999 (Roman)

Müller, M. (Hg.): Kirchenfürsten und Intriganten, Ungewöhnliche Hofnachrichten aus dem Tagebuch des Johannes Burcardus, Zürich, 1985

Poeschel, Sabine: Alexander Maximus: das Bildprogramm des Appartamento Borgia im Vatikan, Weimar, 1999

Schraut, Elisabeth (Hg.): Die Renaissancefamilie Borgia: Geschichte und Legende, Sigmaringen, 1992

Schüller-Pirolli, Susanne: Die Borgia-Päpste Kalixt III. und Alexander VI., München,1980

Schüller-Pirolli, Susanne: Die Borgia-Dynastie: Legende und Geschichte, München, 1985

Sinn, Dieter: Rom zu meinen Füßen: Cesare Borgia, ein Roman der Macht, Bayreuth, 1977

Spinosa, Antonio: La Saga dei Borgia, Milano, 1999

Vannucci, Marcello: I Borgia: Dalla Spagna a Roma: La storia di una famiglia che del potere e della ricchezza fece il proprio Dio, Roma, 2002

Spezielle Literatur über die Farnese

Affò, Ireneo: Vita di Pierluigi Farnese, Milano, 1821

Berger, Frederik: Die Geliebte des Papstes, Berlin, 2001

Fornari, Carlo: Giulia Farnese: una donna schiava della propria bellezza, Parma, 1995

Robertson, Clare: Il gran Cardinale: Alessandro Farnese, Patron of the Arts, New Haven and London, 1992

Rocca, Emilio Nasalli: I Farnese: Storia di una grande famiglia italiana, Milano, 1995

Vitali, Christoph: Der Glanz der Farnese, München, 1995

Zapperi, Roberto: Tizian, Paul III. und seine Enkel, Frankfurt a. M. 1990

Zapperi, Roberto: Der Neid und die Macht: Die Farnese und Aldobrandini im barocken Rom, München, 1994

Zapperi, Roberto: Die vier Frauen des Papstes: Das Leben Pauls III. zwischen Legende und Zensur, München, 1997

LITERATURANGABEN

[1] Küng, Kleine Geschichte der katholischen Kirche, S. 163.
[2] Denzler, Das Papsttum: Geschichte und Gegenwart, S. 38.
[3] Barth, Taschenlexikon, S. 115.
[4] Fuhrmann, Die Päpste, S. 107.
[5] Seppelt, Geschichte der Päpste, Bd. 2, S. 355.
[6] Peter Burke, Die europäische Renaissance, S. 37.
[7] Volker Reinhardt, Die Renaissance in Italien, S. 14.
[8] Wiedergegeben bei Pastor, Päpste, Bd. 3/1, S. 323–325.
[9] Völkel, Römische Kardinalshaushalte, S. 312.
[10] Ebenda, S. 50.
[11] Pastor, Päpste, Bd. 3/1, S. 630.
[12] Burke, Die europäische Renaissance, S. 207.
[13] Der Titel lautet: Historia de duobus amantibus Eurialo et Lucretia.
[14] Piccolomini, Briefe – Dichtungen, übersetzt von Mell und Abel, S. 293/294.
[15] Ebenda, S. 245.
[16] Pastor, Päpste, Bd. 4/1, S. 381.
[17] Burke, Die europäische Renaissance, S. 259.
[18] Kurzel-Runtscheiner, Töchter der Venus, S. 188.
[19] King, Frauen in der Renaissance, S. 100.
[20] Reinhardt, Die Renaissance in Italien, S. 103.
[21] James Hankins, in: Hochrenaissance, S. 299.
[22] Pastor, Päpste, Bd. 3/1, S. 616 Pastors euphorische Aussagen müssen wohl etwas nüchterner gesehen werden.
[23] Pastor, Päpste, Bd. 4/1, S. 411.
[24] Leopold von Ranke, Die Päpste, S. 219.
[25] Burke, Die europäische Renaissance, S. 61.
[26] Pastor, Päpste, Bd. 4/1, S. 420.
[27] Pastor, Päpste: Bd. 5, S. 247.
[28] Christoph Weber, Senatus Divinus, S. 36.
[29] Massimo Firpo, in: Garin (Hg), Der Mensch der Renaissance, S. 87.
[30] Schnitzer, Savonarola, S. 709/710.
[31] Savonarola, Predigten und Schriften, S. 223: Predigt am 13. Januar 1495.
[32] Ebenda, S. 327: Predigt am 18. 2. 1498.
[33] F. Guicciardini, Storia d'Italia, zitiert bei Garin (Hg), Der Mensch der Renaissance, S. 112.
[34] Smolinsky, Kirchengeschichte der Neuzeit I, S. 25.
[35] Schmugge, Kirche, Kinder, Karrieren, S. 27.
[36] Büchel, Die Kreise der Nepoten, S. 24
[37] Weber, Senatus Divinus, S. 243
[38] Weber, ebenda, S. 251
[39] Antonio Spinosa, S. 141: „dallo stesso pontefice l'ordine di non presenziare alle nozze della loro figlia".
[40] Sheryl Reiss, Hochrenaissance im Vatikan, S. 150.
[41] Burchard Johannes, Diarium, Ausgabe von Luca Bianchi, S. 460–463.
[42] Fornari, Giulia Farnese, S. 242.
[43] Ebenda, S. 241.
[44] Silvia Ruffini ist die Hauptgestalt in dem Roman von Berger, „Die Geliebte des Papstes", einem fantasievollen Werk mit 568 Seiten. Der Titel ist wohl aus Marketinggründen gewählt, denn Paul III. hatte als Papst keine Liebesbeziehung mehr zu ihr.
[45] Burchard, Diarium, Ausgabe von Luca Bianchi, S. 160–163.
[46] Zitiert bei Pastor, Geschichte der Päpste, Bd. 3/1, 5.–7. Auflage, S. 215.
[47] Infessura, Römisches Tagebuch, S. 156.

[48] Cleugh, Die Medici, S. 174.
[49] Infessura, Römisches Tagebuch, S. 204.
[50] Ebenda, S. 208/209.
[51] Infessura, ebenda, S. 260.
[52] Seppelt, Bd. 3, S. 370.
[53] Infessura, Römisches Tagebuch, S. 226.
[54] Dizionario, Bd. 25, 1981, S. 245.
[55] Grillandi, Lucrezia, S. 22.
[56] Infessura, Römisches Tagebuch, LXXV.
[57] Pastor, Päpste, Bd. 3, 1924, S. 327.
[58] Poeschel in Schraut, Die Renaissancefamilie Borgia, S. 51.
[59] Verse des Dichters Ercole Strozzi anlässlich des Todes von Cesare Borgia, Epicedium Caesare B.1530,31 zitiert bei Hermann-Röttgen, Die Familie Borgia, S. 181.
[60] Tagebuch des Johannes Burcardus, hg. von M. Müller, S. 173.
[61] Hermann-Röttgen, in: Schraut, Die Renaissancefamilie Borgia, S. 22.
[62] Schwarze, Der neue Mensch, S. 166.
[63] Bradford, Cesare Borgia, S. 93.
[64] Ebenda, S. 110.
[65] Krabs, Wir von Gottes Gnaden, S. 97.
[66] Schüller-Pirolli, Die Borgia-Dynastie, S. 93.
[67] Bradford, Cesare Borgia, S. 158.
[68] Ebenda.
[69] Zitat bei Hoeges, Niccolò Machiavelli, S. 174.
[70] Bradford, Cesare Borgia, S. 82.
[71] Müller (Hg): Kirchenfürsten und Intriganten, S. 76/77.
[72] Zitiert bei Cloulas, Die Borgias, S. 331.
[73] Zitat bei Schraut, Die Renaissancefamilie Borgia, S. 60.
[74] Spinosa, La Saga dei Borgia, S. 211 erwähnt einen Flugzettel mit dieser Überschrift.
[75] Müller (Hg), Kirchenfürsten und Intriganten, S. 176/177.
[76] Krabs, Wir von Gottes Gnaden, S. 94.
[77] Zitiert bei Cloulas, Die Borgias, S. 324.
[78] Müller (Hg), Kirchenfürsten und Intriganten, S. 29.
[79] Bradford, Cesare Borgia, S. 76.
[80] Dass Laura eine Borgia-Tochter ist, wird von Mallett abgelehnt: „That such an alliance was permitted by Julius II. to his own family and with the ceremonies taking place in the Vatican, makes it extremely unlikely that Laura was a Borgia": Mallett, The Borgias, S. 267.
[81] Urkunde vom 15. August 1515: „de Romano Pontifice genitus" (vom römischen Pontifex gezeugt), bei Pastor, 3/1, S. 597.
[82] Hoffmann, Gabriele, in: Neue Zürcher Zeitung vom 20.5.2000 Nr. 117/84.
[83] Bis vor kurzem tauchte Alexander VI. als Figur in Borgia-Romanen auf, die historische Forschung hat sich mit ihm wenig beschäftigt. Gleichsam als Tiefpunkt der Papstgeschichte war er kein Thema. Das hat sich seit einigen Jahren geändert. Vom 1.–4. Dezember 1999 wurde in Rom ein Historikerkongress abgehalten von dem Comitato Nazionale Incontri di studio per il V centenario del pontificato di Alessandro VI. Der Tagungsbericht mit drei Bänden ist 2001 erschienen: Chiabò, Maddalo, Miglio, Oliva (Hg): Roma di fronte all' Europa al tempo di Alessandro VI., Roma, 2001. Eine große Borgia-Ausstellung wurde am 3. Oktober 2002 im Palazzo Ruspoli eröffnet (Dauer bis 23. Februar 2003). Für diese umfassende Schau mit dem Titel „I Borgia, L' Arte del Potere" (Kunst des Herrschens) wurden 200 Exponate der Borgia-Zeit zusammengestellt.
[84] Hermann-Röttgen, Die Familie Borgia, 1992.
[85] Infessura, Römisches Tagebuch, S. 263.
[86] Ferrara, Orestes: Alexander VI., S. 470.
[87] John W. O' Malley, in: Johnson, Das Papsttum, S. 104.

[88] Reinhardt, Die Renaissance in Italien, S. 33.

[89] Reinhardt, Die großen Familien Italiens, S. 99.

[90] Mallett, The Borgias, S. 249 : „He was very strict about the observance of Lenten fasts."

[91] Mallett, The Borgias, S. 9: „It is said that when asked to enumerate the most illustrious Popes, Sixtus V. replied: St. Peter, Alexander and ourselves, and Urban VIII., when confronted with the same question, offered: St. Peter, St. Sylvester, Alexander and me."

[92] Reinhardt, Rom, S. 148.

[93] Pastor, Päpste, Bd. 3/2, S. 685.

[94] Weber, Genealogien, Bd. 3, 2001, S. 333.

[95] Pastor, Päpste, Bd. 3/2, S. 925.

[96] Castiglione, Das Buch vom Hofmann, S. 294.
Das Buch von Baldassare Castiglione (1478–1529) vom idealen Hofmann, Il Cortigiano, erschienen 1528, wurde weithin berühmt und gehört zu den wichtigen Quellenschriften der Hochrenaissance. In Form fiktiver Gespräche wird über Verhaltensnormen der gesellschaftlichen Eliten diskutiert. Vorbild ist der Hof in Urbino.

[97] Shaw, Julius II. The Warrior Pope, S. 182. Dieses Buch ist das seltene Beispiel einer Monografie über einen Papst der Renaissancezeit.

[98] Pier Nicola Pagliara, in: Hochrenaissance im Vatikan, S. 213.

[99] Bram Kempers, in: Hochrenaissance im Vatikan, S. 15.

[100] Castiglione, Das Buch vom Hofmann, S. 489.

[101] Pastor, Päpste, Band 3/2, S. 905.

[102] Shaw, Julius II., S. 312.

[103] Jos. E. Vercruysse, Die Kardinäle von Paul III., in: Archivum Historiae Pontificiae, Bd. 38, S. 46.

[104] Burman, Italienische Dynastien, S. 268.

[105] Fornari, Giulia Farnese, S. 250.

[106] Jos. E. Vercruysse, Die Kardinäle von Paul III., in: Archivum Historiae Pontifi

[107] Pastor Bd. 5, S. 136, FN 6.

[108] Zapperi, Die vier Frauen des Papstes, S. 64.

[109] Dizionario, Bd. 45, 1995, S. 82.

[110] Seppelt, Geschichte der Päpste, Bd. 5, S. 14.

[111] Alessandro de' Medici war wahrscheinlich der Sohn von Klemens VII.

[112] Zitat bei Rosine De Diju, Des Kaisers Frauen, S. 174.

[113] Rosine De Diju, ebenda, S. 174.

[114] Pastor, Bd. 5, S. 675.

[115] Reinhardt, Die großen Familien, S. 68.

[116] Ranke, Die Päpste, S. 257.

[117] Die Bezeichnung „Papstkinder" ist bei ihm modifiziert zu sehen, vielleicht waren diese Kinder nicht mehr am Leben, als er Papst wurde.

[118] Enea Silvio Piccolomini, Briefe, S. 78.

[119] Piccolomini, ebenda, S. 78.

[120] Piccolomini, ebenda, S. 80.

[121] Wolkan, Der Briefwechsel, Nr. 162.

[122] Schmugge, Kirche, Kinder, Karrieren, S. 211.

[123] Pastor, Band 7, S. 64, FN 5.

[124] Seppelt, Bd. 5, S. 92.

[125] Lexikon für Päpste und Papsttum, S. 316.

[126] Kühner, Lexikon, S. 294.

[127] Cleugh, Die Medici, Augsburg, 1996, S. 269.

[128] Im dritten Band der Genealogien zur Papstgeschichte von Weber, erschienen 2001, wird Alessandro eindeutig als Sohn von Giulio ausgewiesen. Dieses Werk ist besonders sorgfältig erarbeitet und hat alle bisher bekannten Dokumente in den Archiven ausgewertet. Weber, Genealogien, Bd. 3, S. 437.

"Alessandro war aber wahrscheinlich ein Sohn des Papstes", so auch die Meinung von Cleugh, Die Medici S. 313. Die ältere Literatur weicht davon ab, z. B. erwähnt Seppelt bei Klemens VII. keinen Sohn. Pastor verweist auf die unklare Lage: "Dass der 1510 geborene Alessandro de Medici ein Bastard des Kardinals Medici war, wie Gauthiez 62 f mit Berufung auf Varchi meint, ist jedoch ganz unsicher." Pastor, Bd. 4/2 S. 172, FN 5.

129 Poeschel, Alexander Maximus, S. 250.
130 Weber, Genealogien, Bd. 3, ersch. 2001, S. 76.
131 In der üblichen Papst-Literatur werden bei diesem Borgia-Papst keine Kinder erwähnt, einige gegensätzlichen Aussagen aus Fachbüchern seien hier zitiert: "Zwei der neuen Kardinäle gehören der Familie Borgia an: Francesco, der Erzbischof von Cosenza ist der natürliche Sohn Kalixt III. Als Generalschatzmeister des Heiligen Stuhles verfügt Francesco über ein beachtliches Einkommen". Cloulas, Die Borgias, S. 226. "Er scheint mindestens ein Kind gehabt zu haben. Francesco Borgia, von dem man annimmt, er sei ein natürlicher Sohn des Kardinals Alonso Borja, des späteren Calixt III., den dieser noch in Spanien gezeugt hat." Schmugge, Päpstliche Dispense, S. 210. Die Borgia-Spezialistin Schüller-Pıroli sieht die Vaterschaft von Kalixt als nicht erwiesen an: "Alexander erhob 1 500 zwölf neue Kirchenfürsten, darunter Francesco Borgia, Erzbischof von Cosenza – derselbe, den man häufig zu Unrecht für einen illegitimen Sohn Kalixt III. hielt." Schüller-Pıroli, Die Borgia-Päpste, S. 307.
132 Schmugge, Kirche, Kinder Karrieren, S. 212.
133 Denzler, Das Papsttum: Geschichte und Gegenwart, S. 69.
134 Decker-Hauff, Gärten und Schicksale, S. 125/126.
135 Kühner, Lexikon, S. 255.
136 Pastor, Bd. 2, S. 456.
137 Pastor, Bd. 3/2, 1924, S. 670, FN 5.
138 Durant, Kulturgeschichte, Bd. 8, S. 206.
139 Ranke, die römischen Päpste, S. 171.
140 Ebenda, S. 171.
141 Garin, Der Mensch der Renaissance, S. 111.
142 Enciclopedia dei Papi, Bd. III, S. 14.
143 Schmugge, Kirche, Kinder, Karrieren, S. 210–214.
144 Weber, Genealogien zur Papstgeschichte, 4 Bände.
145 Protokollband Beneimbene, Archivio di Stato di Roma, Bd. 175, S. 339.
146 Pastor, Bd. 9, 1923, S. 24, FN 2.
147 Beide Briefe bei Pastor, Päpste, Bd. 3/2, S. 1084 und 1093; auch die Briefe von Lucrezia und viele andere sind im Anhang von Bd. 3/2 enthalten.
148 Archivio Segreto Vaticano, A.A., Armeria, I–XVIII, 5027, f. 1r.
149 Dizionario Biografico, Bd. 37, 1989, S. 337.
150 Dizionario Biografico, Bd. 45, 1995, S. 81/82.
151 Infessura, Römisches Tagebuch, S. 140.
152 Ebenda, S. 145.
153 Gilbert Felix, Guicciardini, S. 63.
154 Ferrara, Alexander VI., S. 495.
155 Poeschel, Sabine: Alexander Maximus: das Bildprogramm des Appartamento Borgia, S. 99 und 101 Dieses grundlegende Werk interpretiert in einer neuen Weise ausführlich und genau das gesamte Bildprogramm.
156 Poeschel, ebenda, S. 107.
157 Brief Ascanio Sforzas vom 22.10.1484, bei Pastor, Päpste, Bd. 3/2 S. 876.
158 Zapperi, Die vier Frauen des Papstes, S. 100, 102.
159 Hermann-Röttgen, Die Familie Borgia, S. 181.
160 Straße der hundert Brunnen, die zur Fontana dell'Ovato führt, dem Brunnen mit acht Nymphen.
161 Quelle: Ranke, Päpste, S. 1054.

Klaus Günzel

Das Weimarer Fürstenhaus

Eine Dynastie schreibt Kulturgeschichte. 223 Seiten mit 32 Seiten Abbildungen. Serie Piper

Am Weimarer Hof wurde eines der glanzvollsten Kapitel der europäischen Kulturgeschichte geschrieben. Vor allem die Frauen prägten das Gesicht der Dynastie: Herzogin Anna Amalia machte aus dem unbedeutenden Kleinstaat eines der wichtigsten geistigen Zentren des 18. Jahrhunderts. Als ihr Sohn Carl August den jungen Goethe an den Weimarer Hof holt, beginnt der Aufstieg des Fürstenhauses zum strahlenden Mittelpunkt der deutschen Klassik. – Mit leichter Feder zeichnet Klaus Günzel die Geschichte der Weimarer Dynastie und beleuchtet dabei auch die menschlichen Licht- und Schattenseiten ihrer bedeutendsten Persönlichkeiten.

»Eine vorzügliche Schilderung des nicht nur klassischen Weimar.«
Frankfurter Allgemeine Zeitung

Martina Kempff

Die Königsmacherin

Roman über die Mutter Karls des Großen. 464 Seiten. Serie Piper

Sommer 741: Ein prunkvoller Reisezug begleitet Bertrada auf dem Weg nach Saint Denis, wo Pippin, der Sohn Karl Martells, sie zur Hochzeit erwartet – doch er heiratet die falsche Frau. Jahre später wird diese Grafentochter dennoch zu einer der mächtigsten Frauen des Frühmittelalters. Dank ihres Muts und ihres diplomatischen Geschicks wird sie zur Königin und ihrem Sohn Karl eine kluge Ratgeberin. Doch verbirgt sich hinter »Berta mit dem großen Fuß« auch eine leidenschaftliche Frau, die sich für schwere Demütigungen fürchterlich rächt – und dabei mitunter auf die unkontrollierbaren Mächte der Magie zurückgreift.

»Ein pralles Stück Historie, das ein ganzes Zeitalter zum Leben erweckt.«
Aachener Zeitung

SERIE PIPER

05/1603/01/L

05/2003/01/R

James Cleugh

Die Medici

*Macht und Glanz einer
europäischen Familie. Aus dem
Amerikanischen von Ulrike von
Puttkamer. 489 Seiten mit
149 Abbildungen. Serie Piper*

Die Chronik einer Familie, die
wie keine andere die Kultur der
Renaissance verkörperte.
Ob als Bankiers, Feldherren,
Päpste, Herzöge, Despoten
oder geniale Förderer von
Kunst und Wissenschaft – die
Medici haben auf vielen Gebie-
ten Weltruhm erlangt. Sie ga-
ben der römischen Kirche zwei
Päpste und Frankreich zwei
Königinnen. Der Welt schenk-
ten sie als großzügige Mäzene
der Kunst unvergleichliche
Meisterwerke. Im Mittelpunkt
dieser Familienchronik steht
deshalb auch die strahlende
Gestalt Lorenzos des Prächtigen, des Staatsmannes und
Dichters – die ideale Verkör-
perung des Renaissance-Men-
schen. Er war Förderer von
Leonardo, Botticelli und Michelangelo. Unter seiner Führung wurde Florenz zum intellektuellen Zentrum Europas.

Reinhard Raffalt

Große Kaiser Roms

*290 Seiten mit 11 Abbildungen.
Serie Piper*

Wie lebten die römischen Kaiser? Wie regierten sie ihr großes Weltreich? In elf Porträts
werden so berühmte Kaiser
wie Cäsar, Augustus, Tiberius,
Nero, Hadrian, Marc Aurel,
Diokletian oder Konstantin
vorgestellt, und es wird erzählt,
wie sie die Geschichte und
Bedeutung Roms maßgeblich
bestimmt haben. Glanz und
Verfall des Imperium Ro-
manum, der politischen und
kulturellen Weltmacht Rom,
haben jahrhundertelang die
Phantasie von Historikern und
Erzählern beschäftigt. Reinhard Raffalt kennt sich aus
in Kunst- und Religionsge-
schichte und versteht es, aus
trockenen historischen Daten
lebendige, anschauliche Geschichte zu machen.

»Das Buch ist ein großer
Wurf.«
Bayerischer Rundfunk

05/1169/01/L   05/1306/01/R

Katja Doubek

Katharina Kepler

Die Hexenjagd auf die Mutter des großen Astronomen. 416 Seiten mit 22 Abbildungen. Serie Piper

Johannes Kepler gilt als einer der größten Naturwissenschaftler aller Zeiten. Mit seinen bis heute gültigen Forschungen beginnt die wissenschaftliche Neuzeit. Ausgerechnet seine Mutter, eine erfolgreiche Heilerin, entging nur knapp dem Feuertod auf dem Scheiterhaufen. Nur mit Hilfe ihres berühmten Sohnes und des Kaisers selbst gelingt es ihr, den Hexenprozeß zu überleben. Katja Doubek entfaltet das lebendige Porträt einer ungewöhnlichen Frau in der dramatischen, schicksalhaften Zeit des Umbruchs zur Neuzeit.

»Ein ausgezeichnet recherchierter Roman, in dem Realität und Fiktion schön miteinander verbunden werden.«
Lesen und Leute

Franz Herre

Maria Theresia

Die große Habsburgerin. 368 Seiten mit 6 Abbildungen. Serie Piper

Als Nachfolgerin ihres 1740 gestorbenen Vaters Karl IV. übernahm Maria Theresia (1717–1780) als Erzherzogin von Österreich, Königin von Ungarn und von Böhmen die Herrschaft über die Länder des Hauses Habsburg, und als Gemahlin des römisch-deutschen Kaisers Franz I., eines Lothringers, wurde sie Kaiserin. Franz Herre, Autor erfolgreicher historischer Biographien, versetzt uns in das Zeitalter Maria Theresias. Facettenreich schildert er den Lebensweg der lebenslustigen Erzherzogin zur Monarchin, Landesmutter und konservativen Reformerin.

»Herre erzählt spannend, verknüpft Biographie und wirtschafts- und sozialgeschichtliche Aspekte anschaulich und geschickt, und kramt überdies einige Anekdoten hervor.«
Badische Neueste Nachrichten

SERIE PIPER

Thea Leitner

Habsburgs vergessene Kinder

*288 Seiten mit 34 Abbildungen.
Serie Piper*

Thea Leitner verfolgte die Spuren von Nachkommen des Erzhauses, die von der Geschichtsschreibung bislang kaum beachtet wurden. Dabei stieß sie auf Menschen »mit ihren Ängsten und Leidenschaften und Verstrickungen, ihren heroischen Höhepunkten und ihren abgrundtiefen Nöten«.

Thea Leitner

Die Männer im Schatten

An der Seite berühmter Herrscherinnen. 260 Seiten mit 35 Abbildungen. Serie Piper

Mit kriminalistischem Spürsinn folgt Thea Leitner dem Leben der Ehemänner berühmter Frauen: Maria Stuart, Katharina die Große, Maria Theresia und Queen Victoria. Sie beschreibt anschaulich, unterhaltsam und kenntnisreich die zu Nebenrollen verdammten Männer und wirft damit ein neues Licht auf die Biographien der berühmten Frauen.

05/1300/01/L   05/1302/01/R

Sylvia Jurewitz-Freischmidt

Galantes Versailles

Königliche Mätressen – Herzdamen des Hofes und Frauen von Einfluss. 620 Seiten mit 16 Abbildungen. Serie Piper

Die Geschichte der französischen Könige Louis XIV und Louis XV ist zugleich auch die Geschichte ihrer Mätressen. Die Historikerin Sylvia Jurewitz-Freischmidt schildert das Leben der königlichen Geliebten zwischen höfischen Intrigen und amouröser Leidenschaft, steifem Zeremoniell und rauschenden Festen – und nicht zuletzt das spannungsreiche Verhältnis der Mätressen zu den anderen Frauen am Hofe. Zugleich verschafft sie uns erhellende Einblicke ins das öffentliche und private Leben der glanzvollen Herrscher in der Zeit des französischen Absolutismus.

Joan Haslip

Marie Antoinette

Ein tragisches Leben in stürmischen Zeiten. Aus dem Englischen von Christian Spiel. 448 Seiten mit 8 Seiten Bildteil. Serie Piper

Marie Antoinette (1755 bis 1793), jüngste Tochter der österreichischen Kaiserin Maria Theresia, war erst vierzehn Jahre alt, als sie mit dem späteren König Ludwig XVI. verheiratet wurde. Sie war schön, liebenswürdig und aufrichtig, aber auch vergnügungssüchtig und verschwenderisch. Alle Türen zur Macht standen ihr offen, sie übersah jedoch die Zeichen der Zeit. Die Französische Revolution bereitete ihr ein jähes Ende – ihr Kopf mußte als Symbol der alten Herrschaftsstrukturen fallen. Joan Haslip beschreibt das bewegende, tragische Leben dieser umstrittenen Herrscherin und zeigt sie im Spiegel ihrer Zeit.

SERIE PIPER

05/1931/01/L   05/2027/01/R

Alois Uhl
Das Sterben der Päpste
250 S. mit zahlr. Bild-
dokumenten. Gebunden
ISBN 978-3-491-35000-7

Viele Tausende zogen vorbei an der Bahre Johannes Pauls II.,
der am 2. April 2005 sein Leben vollendete. Aber wie sah das
Sterben der Päpste in der Vergangenheit aus?
Alois Uhl begleitet das Sterben der Päpste durch die Jahr-
tausende, von der frühchristlichen Zeit über das Mittelalter bis
in unsere Gegenwart. Nicht alle Päpste beendeten ihr Leben
auf natürliche Weise, manchmal war ein heimlicher Gifttrank
oder der Prügel eines eifersüchtigen Ehemanns im Spiel.
Krankheit, Tod, Leibärzte und Totenzeremoniell – die Papstgeschichte ist reich an spannenden, anrührenden, oft auch
schaurigen Geschichten.

Patmos
Patmos Verlagshaus
www.patmos.de